ミネルヴァ日本評伝選

平和維持は軍人の最大責務なり

永田鉄山

森 靖夫 著

ミネルヴァ書房

刊行の趣意

「学問は歴史に極まり候ことに候」とは、先哲荻生徂徠のことばである。

歴史のなかにこそ人間の智恵は宿されている。人間の愚かさもそこにはあらわだ。この歴史を探り、歴史に学んでこそ、人間はようやくみずからの正体を知り、いくらかは賢くなることができる。新しい勇気を得て未来に向かうことができる。徂徠はそう言いたかったのだろう。

「ミネルヴァ日本評伝選」は、私たちの直接の先人について、この人間知を学びなおそうという試みである。日本列島の過去に生きた人々の言行を、深く、くわしく探って、そこに現代への批判を聴きとろうとする試みである。日本人ばかりではない。列島の歴史にかかわった多くの異国の人々の声にも耳を傾けよう。

先人たちの書き残した文章をそのひだにまで立ち入って読み、彼らの旅した跡をたどりなおし、彼らのなしとげた事業を広い文脈のなかで注意深く観察しなおす——そのとき、はじめて先人たちはいまの私たちのかたわらによみがえってくる。彼らのなまの声で歴史の智恵を、また人間であることのよろこびと苦しみを、私たちに伝えてくれもするだろう。

この「評伝選」のつらなりのなかから、列島の歴史はおのずからその複雑さと奥ゆきの深さをもって浮かび上がってくるはずだ。これを読むとき、私たちのなかに新たな自信と勇気が湧いてきて、その矜持と勇気をもって「グローバリゼーション」の世紀に立ち向かってゆくことができる——そのような「ミネルヴァ日本評伝選」にしたいと、私たちは願っている。

平成十五年（二〇〇三）九月

上横手雅敬
芳賀　徹

永田鉄山（1884～1935）

（軍務局長の頃／永田家所蔵）

欧州から送った絵葉書
（永田家蔵）

（上）ベルリン

（中）ベルリンにて
（左：梅崎延太郎と
右：永田鉄山）

（下）ロンドン

コペンハーゲン

ストックホルム

ベルン

遺品の軍帽と軍刀（永田家所蔵）

永田鉄山胸像

（諏訪護国神社境内／著者撮影）

はじめに――永田鉄山はどのように語られてきたか

「永田の前に永田なく、永田の後に永田なし」

永田《ながた》鉄山《てつざん》は、一八八四年（明治一七）一月一四日に長野県上諏訪《かみすわ》に生まれ、日本陸軍で「超」がつくほどのエリートコースを歩み、将来の陸軍大臣とまで称された昭和期の代表的陸軍軍人である。永田は、これからというときに陸軍内の派閥抗争の餌食となり、現役陸軍軍人相沢三郎《あいざわさぶろう》中佐に殺害され、若くして命を落としてしまった（陸軍中将、享年五一〔満年齢〕）。この相沢事件は、高校日本史の教科書にも載っているほど有名な事件である。しかし、永田がどのような人物だったかについて、実態はあまり知られていない。

永田が世間に注目されたのは相沢事件の前後であった。陸軍省の要職中の要職であった軍務局長としての永田の辣腕ぶりや、「陸軍統制派」の巨頭と目され「陸軍皇道派」との派閥抗争の犠牲になったことなどが、ジャーナリストによって紹介された（阿部真之助「永田鉄山論」『改造』一九三五年九月号、松下芳男「永田鉄山論」小冊子書林、一九三五年、江戸川清「刺された永田鉄山」『文藝春秋』一九三五年九月号）。

＊「統制派」と「皇道派」の争いは、一九三四年半ば頃から部内人事をめぐる対立に端を発する陸軍の権力

闘争として知られている。中央から淘汰されつつあった「皇道派」と国家改造を叫ぶ革新派青年将校が結びつき、一九三六年に青年将校らによるテロ・クーデタである二・二六事件へと発展する。二・二六事件の事後処理の結果、「統制派」の全盛期が訪れると理解されている。ただし本書では、「統制派」という名称が実際には一九三五年一月頃まで使用されていなかったという事実に鑑み、それ以前の時期において「統制派」という言葉を使用するのを極力避けている。

他方で永田の死後、関係者による伝記編纂作業が進められ、日中戦争のさなかに志道保亮《しじやすすけ》『鉄山永田中将』（川流堂小林又七本店、一九三八年）が刊行された。志道は永田と陸軍士官学校の同期（一六期）で、表紙の題字は永田を軍務局長に登用した陸軍大臣林銑十郎《はやしせんじゅうろう》による。この伝記は、戦災で焼失した永田の日誌や関係者の興味深い回顧談を含んでおり、永田を知る上で欠かせない文献となっている。伝記を読むと、永田が徹底的な合理主義者だったことや、非常に有能な軍人であったこと等がよくわかる。伝記序文によると、「永田の前に永田なく、永田の後に永田なし」とまで謳われ、周囲からは相当期待されていたようである（皇道派以外ではあるが）。興味深いのは、この序文が書かれたのが一九三七年一二月という、まさに日中戦争が長期持久戦に移行する時だったことである。一二月一一日には首都南京が陥落し、翌日近衛文麿首相は「真の持久戦はこれから始まる」と声明を出した。ところが、それにもかかわらず、陸軍内には中国との持久戦を懸念する声が小さくなかった。志道もその一人であり、「軍の中枢たるべき人物を要する今日より急なるはない時、『嗚呼永田が居て呉れたら』との感を深う」すると末文で述べ、永田の死を惜しんだ。このような永田イメージは、戦後ますます膨らんでいき、一部には「永田がいれば日中戦争や太平洋戦争は避けられた」とまで言われるようになった（例えば鈴木貞一、片倉衷が談話を残している）。

しかし、この伝記には大きな問題が少なくとも二点指摘できる。というのは、(1)日中戦争中という時代的な制約もあって、肝心の満州事変後の重要時期についてはほとんど記述が省略されていること、(2)対立派閥とされる「皇道派」の証言が皆無であるため、証言の「偏り」が否めないこと、である。それゆえ、結果として伝記の価値を貶めてしまっている。現在「永田がいれば…」という歴史のイフは、評論家や小説家が嬉々として取り上げることはあっても、アカデミズムの世界では軍人たちの単なるカタルシスとみなされ等閑に付されてきたと言える。

他に、永田鉄山中将胸像復旧期成同盟会編『陸軍中将永田鉄山小伝』（非売品、一九六五年）や、右の『鉄山永田中将』と『陸軍中将永田鉄山小伝』を併せ、更に多くの証言や回想を加えた、永田鉄山刊行会編『秘録永田鉄山』（芙蓉書房、一九七二年）が出版された。『秘録永田鉄山』は満州事変以降の永田に関する証言についても数多く追加され、志道による伝記が持っていた前述の欠点を補った面もある。だが多様な証言が入り混じったことで、かえって永田のイメージを複雑にしてしまっているように思われる。

全く異なる二つの永田理解

永田が「統制派」の頭領と目されていただけあって、満州事変以降の永田については、大きく異なる二つの見解がある。

敗戦後、日本を破滅に追いやった集団として、軍閥がジャーナリストや旧軍人らによって徹底的に批判される。そのなかで、陸軍内部に連綿と続いた派閥抗争の実態も赤裸々に暴露された。ところがそれらの政治評論や回想録は、派閥の一方の冤罪を晴らす意図で書かれたものが大半を占めていた。例えばジャーナリストでは、高宮太平『軍国太平記』（酣燈社、一九五一年）は統制派に近く皇道派に批判的で、岩淵辰雄『軍閥の系譜』（中央公論社、一九四八年）は皇道派に近い立場で書いている。当事者では、池田純久（唯一人自らを統制派と名乗った）『日本の曲がり角』（千城出版、一九六八年）や矢次一夫（在野の政治活動家、国策研究会を開き永田と知己）『昭和動乱秘史』（経済往来社、一九七一年）は統制派、橋川学『嵐と闘ふ哲将荒木』（荒木貞夫伝記編纂刊行会、一九五五年）は皇道派の視点からそれぞれ派閥抗争を描いている。小説家松本清張も『昭和史発掘　五』で「統制派」を支持する立場から永田を描いている。

このように派閥の見方が二分されるなかで、永田の評価も二分されることとなった。すなわち、「統制派」の立場から見れば「濡れ衣で殺された永田は犠牲者である」という評価が与えられ、「皇道派」の立場から見れば「日本を戦争に追いやった昭和軍閥の元凶」という、全く相異なる評価が永田に与えられたのである。政治評論などの分野では現在もそのどちらかの流れを汲んでおり、派閥抗争という限定的な視角から永田を論じるものがほとんどである。

ではアカデミズムの世界ではどうか。一九六〇年代以降になると、アカデミズムの世界でも「統制派」の領袖として永田が取り上げられるようになる（代表的なものとして、秦郁彦『軍ファシズム運動史』河出書房、一九六二年、高橋正衛『昭和の軍閥』講談社、一九六九年、等がある）。さらに一九七〇年代に入ると、軍人の私文書などの一次史料を用いた派閥研究が現れる（北岡伸一「陸軍派閥対立の再検討」『年報・近代日本研究』一、一九七九年、佐々木隆「陸軍『革新派』の展開」『同上』など）。これらは、外交や内政の政策対立といったより幅広い視角から派閥抗争の実態を再検討しようとしたものといえる。

他方で、永田に批判的な「皇道派」の主張に近い研究も古くから存在し、現在においても根強い。これらの研究は「統制派」永田と中国侵略を結びつける点が特徴である。すなわち、(1)対英米協調外交と政党政治によって支えられていた既存の秩序を破壊し、(2)関東軍と連動して満州事変を陰で推進し、やがては(3)総力戦論、中国一撃論のもと日本を日中戦争へ駆り立てた張本人として永田を評価するのである（関寛治「満州事変前夜」『太平洋戦争への道』第一巻、一九六三年、永井和「日本陸軍の華北占領統治計画について」『人文学報』一九八九年〔同『日中戦争から世界戦争へ』思文閣出版、二〇〇七年に所収〕、川田稔『浜口雄幸と永田鉄山』講談社選書メチエ、二〇〇九年など。『浜口雄幸と永田鉄山』は、永田の論稿を初めて網羅的に扱い分析した点で一つの到達点を示している）。一言でいえば、これらの研究が提示する永田像は、日本を戦争に追いやった元凶、軍国主義者の代表格といったものであろう。そこには、冷徹で権謀術数に長けた政治屋といったイメージも付随している。もっともそうした理解は、二次文献の中の真偽不明のエピソードに多く依拠しており、なお検討の余地が残されている。

＊永田を国家総動員や総力戦論の代表的プランナーとして分析した研究も少なくない。例えば、纐纈厚『総力戦体制の研究』（三一書房、一九八一年）、前掲、川田稔『浜口雄幸と永田鉄山』、五十嵐浩司「第一次大戦後における日本陸軍の総動員体制構想――永田鉄山を中心に」『駒澤大学史学論集』三五、二〇〇五

年）など。

それに対して近年では、永田の大陸政策や軍備政策に光を当て、戦争への道を食い止めようとした軍人として永田を再評価する研究が現れている。それらは従来の「皇道派」を支持する主張に批判的だが、一次史料を中心に再検討している点で「統制派」を支持するそれまでのジャーナリズムや政治評論とも大きく一線を画している。近年ますます精力的に論稿を発表している小林道彦は、一九二〇年代における軍制改革や満蒙政策の観点から永田の大陸政策と政党政治との親和性などを初めて明らかにしている（小林道彦『政党内閣の崩壊と満州事変』ミネルヴァ書房、二〇一〇年）。筆者も、一九二〇年代中頃において永田が政党政治と共存していけるような陸軍組織改革を目指したことや、満州事変前から一貫して現地軍の統制に努力したこと、永田の死が日中戦争に至る一つのターニングポイントになったこと等を明らかにしている（拙著『日本陸軍と日中戦争への道』ミネルヴァ書房、二〇一〇年）。とりわけ筆者が重視しているのは、一次史料によって明らかにした一九二〇年代の永田の動向であって、一九三〇年代の永田もそれを十分に踏まえた上で分析すべきだということである。要するに、永田が日本を戦争へ追いやった元凶だという見解との違いは、まさにこの点にあるといえよう。

以上のような先行研究の成果を踏まえた上で、一次史料に即して実像に迫り、永田の生涯をトータルに捉えた本格的な伝記を本書は目指すこととする。

本書のねらい

本書では、永田の書き遺した書類、書簡などの一次史料に加え、陸軍の公文書や外務省の外交文書、そして陸軍軍人の私文書を最も重視し、加えて永田に関する新聞記事、雑誌、戦後の回想に至るまでを、書いた人物と永田との関係を慎重に考慮しつつ分析し、永田の実態を探っていく。それにより伝記『鉄山永田中将』が抱える問題点を克服し、新たな永田像を提示することができるであろう。

本書を通じて、永田は五一年という短かい生涯ながら、一貫した信念と大きな理想をもつ軍人だったことが見えてくるであろう。これまでに流布してきたような、単なる合理主義を重んじた有能な陸軍軍人というイメージでは到底収まりきらない、大きなスケールを永田鉄山は持っていたのである。すなわちその信念とは、陸軍を独走（暴走）させないこと、その理想とは日本国民一人ひとりが日本の国防の責任を担うという自覚を持つこと、であった（本論で述べる通り、これは国防を軍の専有物にしてはいけないという意味であり、国民全員が武器を取るとか国民皆兵とかいう意味ではない）。永田は青年時代にはすでにこのように考えていたのである。そして永田は、その信念のためには命をも惜しまない強い精神を持っていた。政治や外交の目標が漠然として定まらない現代日本において、政治信念と理想に命をかけた永田の生き様はますますその輝きを増すであろう。

また、現代において軍（あるいは自衛隊）とは何かということを突き詰めて考える機会があまりない。軍人永田の人生を追体験することは、なぜ昭和の陸軍は政治化していったのか、なぜ戦争への道を歩んだのかという日本近代史の根幹に関わる問題について、改めて考える機会となるだろう。

永田鉄山——平和維持は軍人の最大責務なり

目次

はじめに――永田鉄山はどのように語られてきたか

第一章　陸軍エリート将校への道……I

1　永田鉄山、軍人をめざす……I
永田鉄山の誕生　偉大な父、永田志解理　父の遺言

2　陸軍エリート養成学校の優等生……8
陸軍地方幼年学校に入学　頭角を現す　中央幼年学校へ
語学と精神修養　軍人の責務とは　士官候補生となる
市谷台へ　同期生たち　辛抱の隊附勤務　陸軍大学校に入校

第二章　軍事官僚としての勇躍……31

1　山県閥陸軍と永田鉄山……31
山県閥陸軍の時代　教育総監部へ　軍隊教育令の制定
山県閥から高い評価を得る　大正政変

2　ヨーロッパを経験する……43
いざドイツへ　田中義一の案内役　第一次世界大戦、勃発す
イギリスでのひと時　デンマークでの不遇　スウェーデンでの生活

大戦の長期化

3 永田が見た総力戦……59

臨時軍事調査委員　国内での総力戦政策の受容　シベリア出兵

4 日本陸軍をどのように改革するのか……60

国家総動員に関する意見　原敬内閣と田中義一陸相　三度目の渡欧

失意のスイス行き　「バーデン・バーデンの盟約」　心のゆとり

上達した語学能力　帰国

5 大正デモクラシーと守勢に立つ陸軍……87

大戦後の日本　軍縮世論　関東大震災　「戦闘綱要」の起草

第三章　政党政治との共存を目指して……97

1 陸軍の自己改革……97

宇垣軍政の始まり　宇垣軍縮　青少年教育　陸軍統制の中枢に入る

軍部大臣文官制問題　統帥権独立制の改革　国家総動員準備機関の誕生

一つの帰結　田中義一内閣の成立　第一次山東出兵

永田、熱弁を振るう

2 改革のほころび……121

連隊長となる　第二次山東出兵　満州の危機　木曜会の会合
張作霖爆殺事件処理の波紋　一夕会の結成　小畑との亀裂
浜口雄幸内閣の成立　永田、軍事課長に就任　三月事件
第二次若槻礼次郎内閣の成立　再婚

第四章　満州事変、起こる……151

1　満蒙の危機への対応……151
幣原外交の行き詰まり　永田らの満州問題解決案　永田にかかる期待
国内世論への働きかけ　中村大尉事件を公表する
国論にわかに一致する

2　意図せぬ満州事変の拡大……164
満州事変、起こる　朝鮮軍の独断越境　十月事件　チチハル出兵
若槻内閣、万事休す　永田、荒木を推す　犬養内閣の厳しい船出
上海事変　永田、第二部長となる　上海へ行く　五・一五事件
組織の人間としての覚悟　謀略を統制する　熱河作戦
体系的な大陸政策を提示する　小畑との不和　旅団長は閑職

第五章　派閥対立の渦中へ……219

1　陸軍統制の回復の試み……219

荒木貞夫の陸相辞任　林銑十郎大将の陸相就任　軍務局長に就任する
荒木・真崎系の排除を画策　荒木系排除を世論も支持
大陸政策の建て直し　対中国は暫く静観　板垣征四郎らの不満

2　陸軍統制派と呼ばれて……235

陸軍パンフレット問題　敵視されてゆく永田

3　内政・外交の同時危機――天皇機関説問題と華北分離工作……240

現地軍幕僚らの自立化　天皇機関説事件　人事抗争の激化
「日中親善」の逆効果　華北分離工作

4　伸るか反るか――真崎甚三郎教育総監の罷免……251

現地軍抑制への意欲　真崎を更迭する　永田に批判が集中
相沢三郎という男　死を賭して　八月一一日、別荘　八月一二日
葬儀　郷友藤原咲平　惜しまれた死　統制派とは何か
永田鉄山没後

おわりに――永田鉄山を通して見た戦前日本のすがた……279

参考文献 285
巻末資料 299
あとがき 305
永田鉄山年譜 309
人名索引

図版写真一覧

永田鉄山（永田家所蔵）……カバー写真
永田鉄山（軍務局長の頃／永田家所蔵）……口絵1頁
欧州から送った絵葉書（永田家所蔵）……口絵2～3頁
遺品の軍帽と軍刀（永田家所蔵）……口絵4頁
永田鉄山胸像（諏訪護国神社境内／著者撮影）……口絵4頁

関係地図……xx～xxi
永田家系図……xxii
父・永田志解理（永田家所蔵）……2
母・永田順子（永田家所蔵）……2
永田の生家（『鉄山永田中将』より）……2
陸軍幼年学校の頃の永田鉄山（永田家所蔵）……9
陸軍幼年学校（国立国会図書館提供）……9
明治三三年士官候補生一二期卒業記念写真（永田家所蔵）……18
陸軍士官学校（国立国会図書館提供）……20
朝鮮人の少女たちと手を繋ぐ永田鉄山（志道保亮『鉄山永田中将』より）……25
陸軍大学校……28

陸軍大学校時代の永田鉄山（永田家所蔵）……29
明治四四年陸軍大学校二三期生卒業式記念写真（永田家所蔵）……30
山県有朋（国立国会図書館提供）……32
日本陸軍組織図……32
陸軍省（個人蔵）……33
参謀本部（国立国会図書館提供）……33
ベルリンにて（永田家所蔵）……44
田中義一（国立国会図書館提供）……46
デンマーク駐在時代に永田が住んだ部屋（永田家所蔵）……53
スウェーデンにて（永田家所蔵）……55
少佐時代の永田鉄山（永田家所蔵）……67
原敬（国立国会図書館提供）……69
ベルン滞在時の家の間取り（永田家所蔵）……76
幣原喜重郎（国立国会図書館提供）……89
加藤高明（国立国会図書館提供）……98
宇垣一成（国立国会図書館提供）……99
ボーイスカウト活動にいそしむ永田鉄山（永田家所蔵）……102
若槻礼次郎（国立国会図書館提供）……110
「陸軍大臣文官制に関する研究」（防衛省防衛研究所図書館所蔵）……112

白川義則（『満州事変と満州上海大事変史』より）……115
演説する永田鉄山（永田家所蔵）……118
歩兵第三連隊の司令部（永田家所蔵）……122
連隊長の頃の永田鉄山（永田家所蔵）……123
浜口雄幸（浜口家所蔵）……139
軍事課長の頃（永田家所蔵）……142
南次郎と永田鉄山（永田家所蔵）……154
一九三一年八～九月の排日事件……161
上空から見た北大営（『満州建国と満州上海大事変史』より）……165
荒木貞夫（『満州建国と満州上海大事変史』より）……172
犬養毅（『満州建国と満州上海大事変史』より）……179
張学良と蔣介石（『満州建国と満州上海大事変史』より）……181
重光葵（『満州建国と満州上海大事変史』より）……184
制圧後の呉淞砲台（『満州建国と満州上海大事変史』より）……185
満州国建国式典（『満州建国と満州上海大事変史』より）……186
リットン調査団を迎えて（永田家所蔵）……187
上海へ向かう永田鉄山（一九三二年）（永田家所蔵）……190
病床の白川義則の前で勅旨を読み上げる永田鉄山（桜井忠温『白川大将』より）……191
真崎甚三郎（個人蔵）……195

斎藤実（国立国会図書館提供）……195
万里の長城へ向かう日本軍（『満州建国と満州上海大事変史』より）……204
昭和八年の永田（永田家所蔵）……217
家族との団欒（永田家所蔵）……217
林銑十郎と永田（永田家所蔵）……221
岡田啓介（国立国会図書館提供）……229
支那公使館（国立国会図書館提供）……246
満州視察の一行……250
久里浜にて（一九三五年）（永田家所蔵）……263
凶変の軍務局長室（永田家所蔵）……266
松濤の自宅に戻る亡骸（永田家所蔵）……266
永田鉄山の葬儀（永田家所蔵）……267
永田鉄山墓碑（青山霊園立山墓地／著者撮影）……268
永田鉄山肖像画（永田家所蔵）……271

凡　例

本文中の表記に関しては、以下のように統一した。

一、年齢については全て満年齢で数えた。

一、中華民国については「中国」、中国東北地方の満洲は「満州」と表記した。

一、中国や台湾で使用される簡体字、繁体字は、原則として日本の常用漢字体で表記した。

引用史料の文章表記に関しては、読みやすさを第一に考え、以下のように統一した。

一、旧漢字や異体字は原則として当用漢字に改め、難しい漢字にはふりがなを付けた。

一、一般的に片仮名表記されるものを除き、原則として平仮名に改めた。

一、適宜句読点を付した。

一、筆者注記は〔　〕内に記した。

一、明白な誤字については「ママ」と右脇に記した。

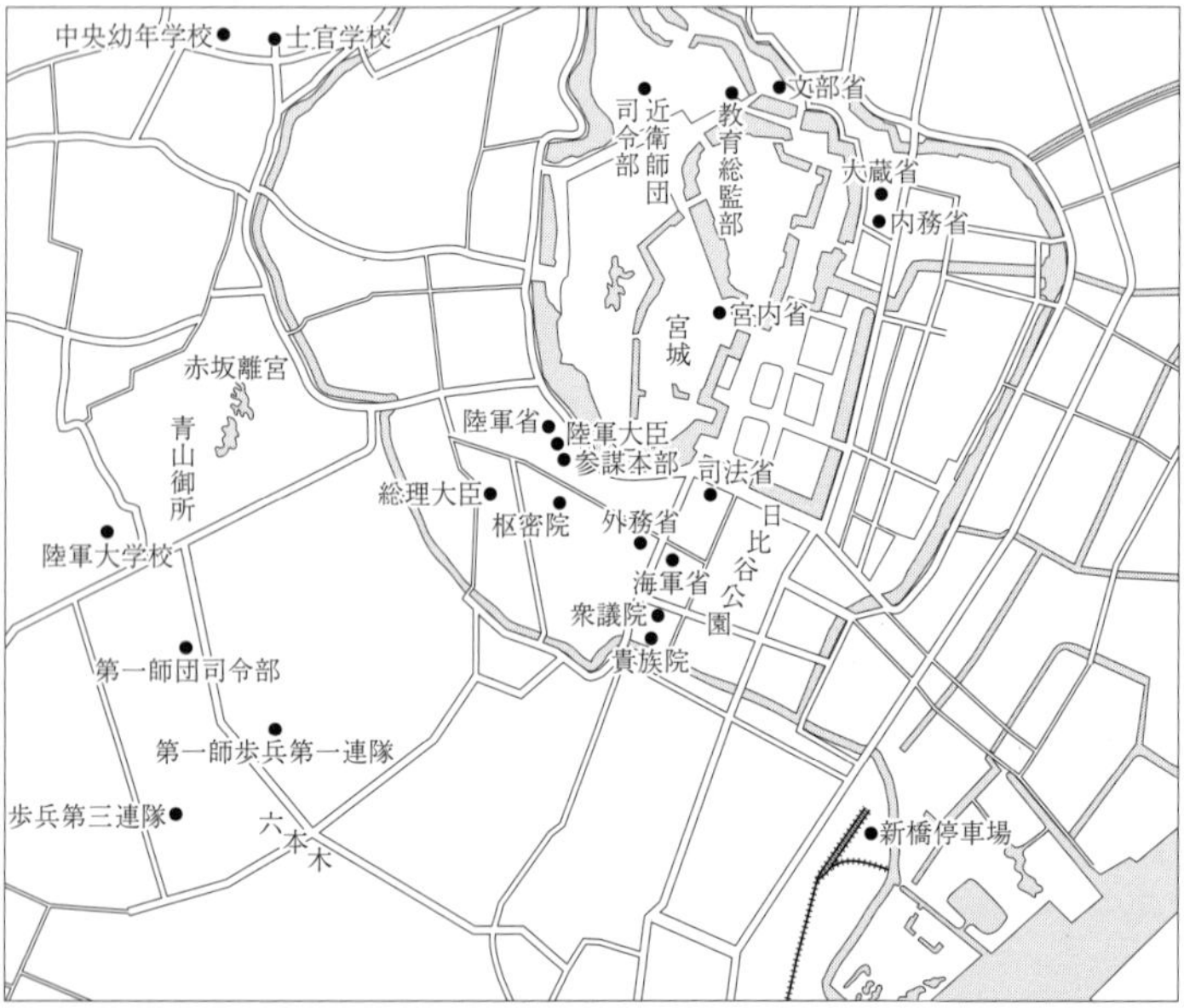

陸軍官衙と学校の位置関係（「東京方眼図」春陽堂，1909年，より作成）

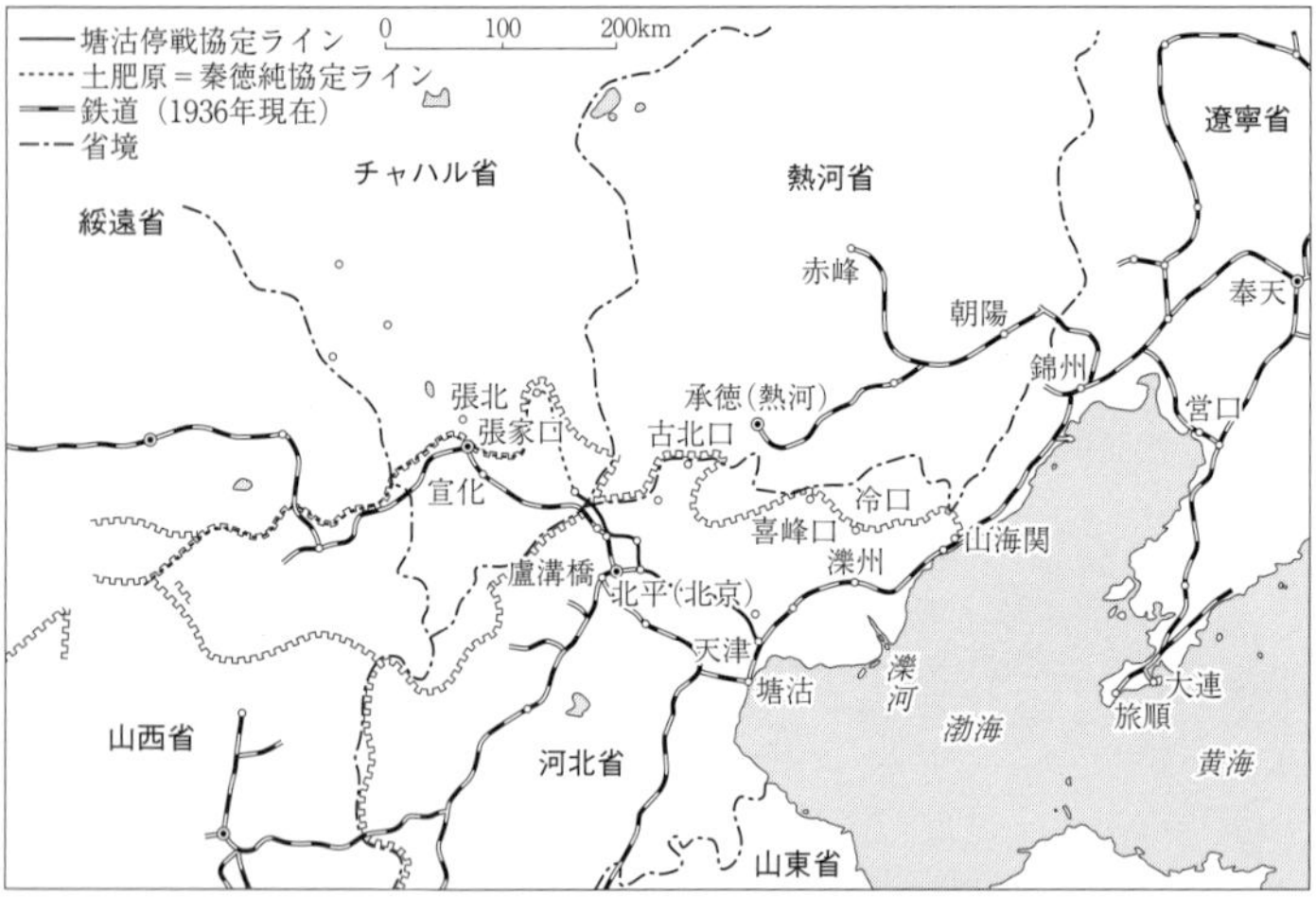

華北分離工作関連地図（江口圭一『十五年戦争小史』より作成）

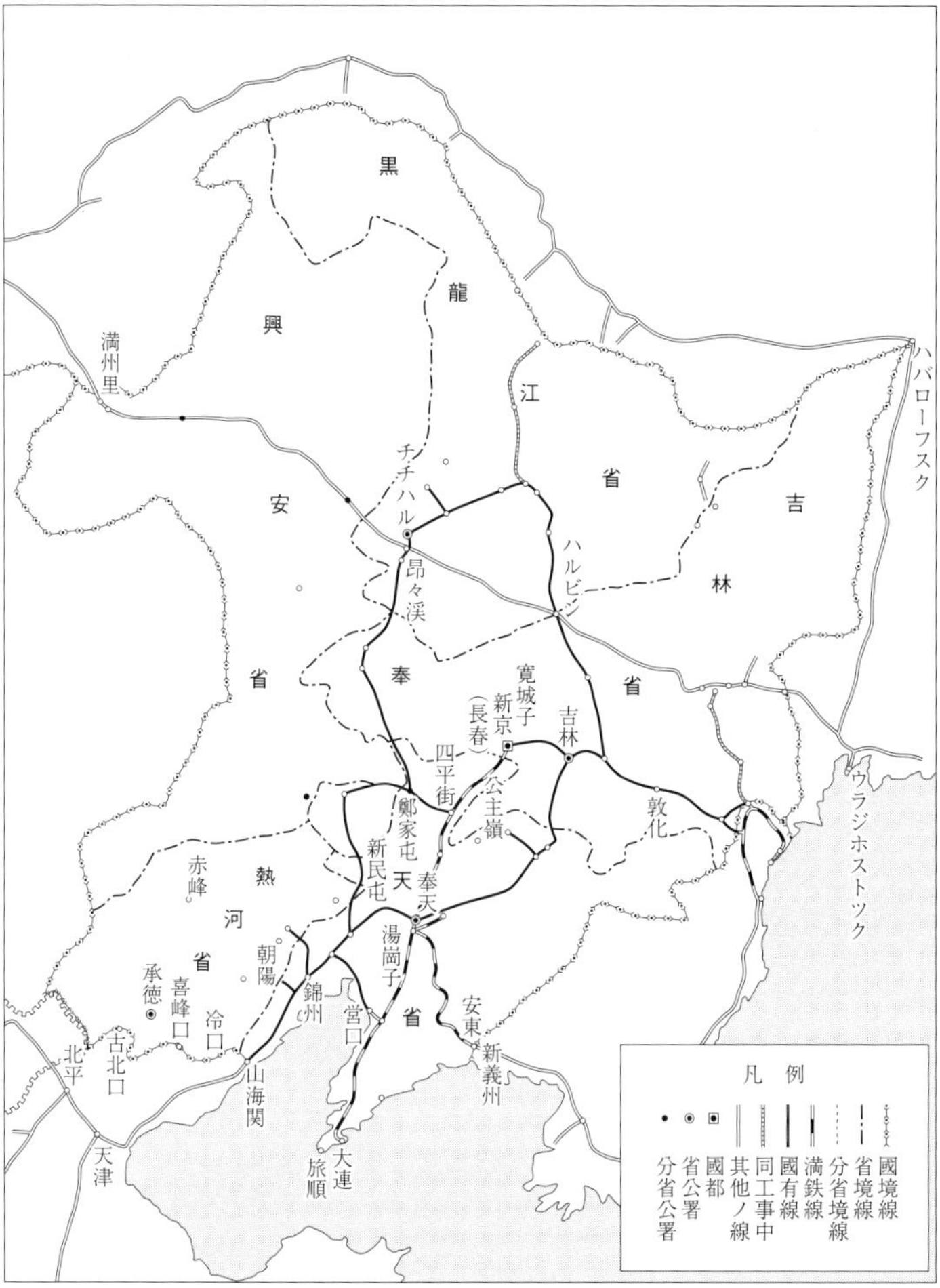

満州国地図（『満州概観』1934年３月号，より作成）

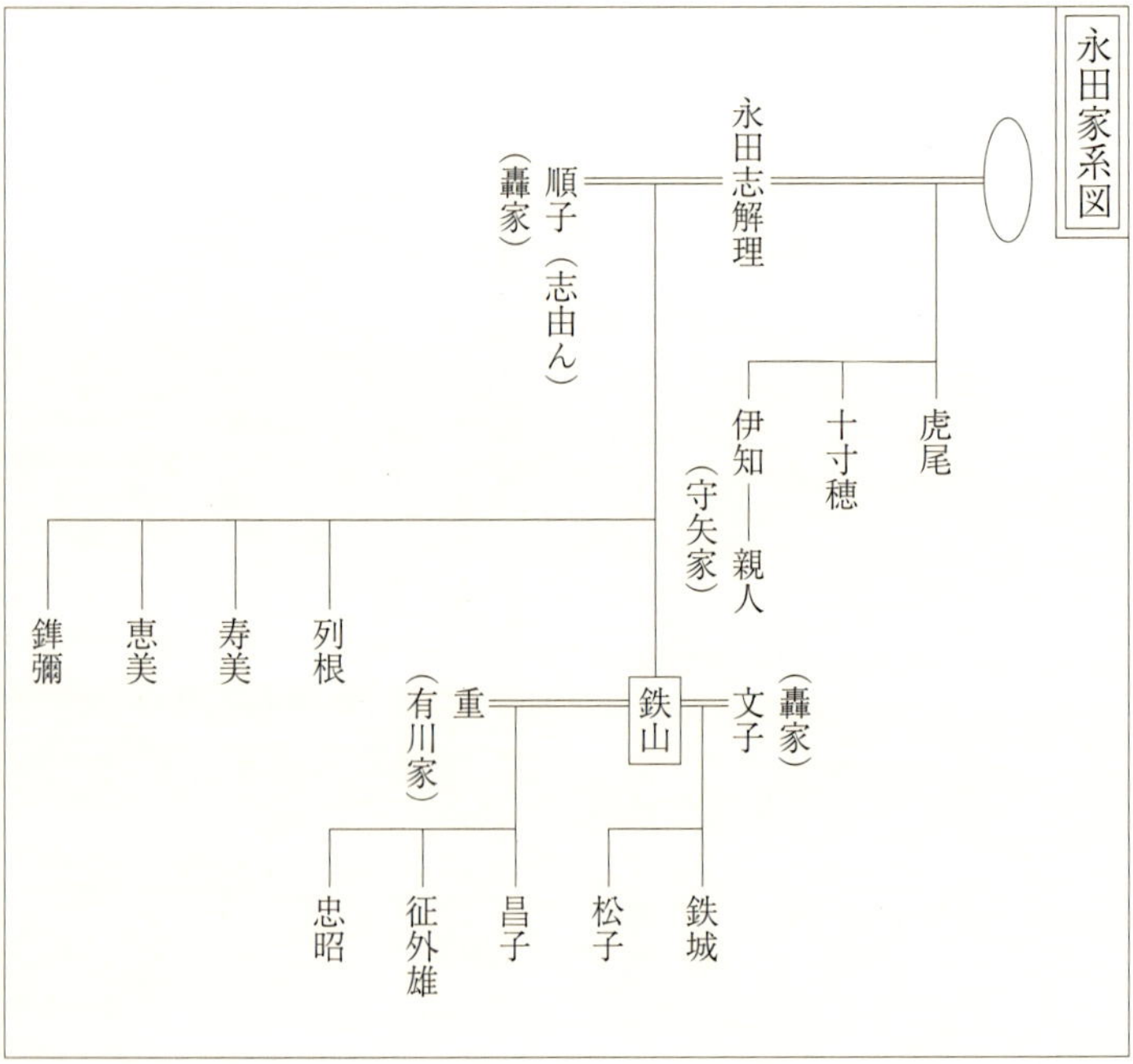
永田家系図
永田志解理
順子（志由ん）
（轟家）
虎尾
十寸穂
伊知
親人
（守矢家）
列根
寿美
恵美
鉾彌
（轟家）
文子
鉄山
重
（有川家）
鉄城
松子
昌子
征外雄
忠昭

第一章　陸軍エリート将校への道

1　永田鉄山、軍人をめざす

永田鉄山の誕生

一八八四年（明治一七）一月一四日、長野県諏訪《すわ》郡上諏訪町本町に元気な赤ん坊が生まれた。永田鉄山である。鉄山は、永田志解理《しげり》と順子（旧姓・轟《とどろき》）との間に生まれた四男坊であった。永田志解理は先妻との間に三男と一女を儲《もう》けており（一番上は早世か）、鉄山は志解理が五〇歳のときに二二歳の後妻順子との間にできた初めての男の子であった。

当時人口およそ二万人を抱えた諏訪郡（現・諏訪市）は、おだやかな諏訪湖をその北西にひかえ、背後には霧ヶ峰の雄大な山岳が広がる風光明美な自然景勝地であった。江戸時代、この町は諏訪一族が治める高島藩の城下町として栄えた。幕藩体制が動揺すると、高島藩は討幕に積極的には関わらず、日和見を決めていた。しかし戊辰戦争が起こると官軍へ藩兵を供出し、明治新政府へ恭順の意を示し

母・永田順子
（永田家所蔵）

父・永田志解理
（永田家所蔵）

永田の生家（×印）（『鉄山永田中将』より）

た（『諏訪市史』下巻、三三五〜三三七頁）。

明治政府は、急速なピッチで近代化政策を進めていった。それに不満を持つ民権派と豪農が結びつき、一八七九年から八〇年をピークに日本全国で自由民権運動を展開していた。しかし諏訪地方には民権運動がそれほど激しく波及しなかった。この地方は、維新後に機械製糸業や養蚕業がさかんとなっており、産業資本家として台頭する地方有産階級は、政府が奨励していた産業育成策の方に力を入れていたと考えられる（同右、八六〜九〇頁）。鉄山は、雄大な自然に囲まれ、このように反政府運動に燃えることなく地道に近代化を目指す諏訪の町で育った。

偉大な父、永田志解理

鉄山は、庭に自前の温泉を持つほどの裕福な家に生まれた。永田家は代々医業をなりわいとした由緒ある家柄で、享保年間から藩医を務めてきた。志解理はこれまた中洲村神宮寺で代々医業を営んできた守矢家から養子に入った。志解理の父、永田叢庵《そうあん》は高島藩主諏訪忠《ただ》礼《のり》の匙《さじ》（侍医）を務めたほどの位の高い医者であった（「藩譜私集」二十『諏訪史料叢書』四、七七頁）。

しかし漢方医であった叢庵は、西洋医学を主流とする明治維新後の医療体制から取り残されていった。これに対して志解理は、医療の近代化の波にうまく乗り、立身出世に成功した。一八六八年（明治元）、三四歳から西洋医学を学び、一八七三年に文部省一五等出仕を命じられ、七八年に内務省より医術開業免状を取得した。そして翌年、四四歳になって自宅に私立永田病院を開業するまでになったのである（『大日本医科実伝』一五二〜一五三頁）。さらには、大規模病院の必要を痛感していた上諏訪村の有識者たちが拠出して設立した鷲湖《しゅうこ》病院の二代目院長となった。

一八七九年はコレラが全国的に大流行した年であった。県下の死者だけで一〇万人を超えた。明治政府はコレラを予防するよう各村へ指示した。時の諏訪郡長坂本俊秀はこれに呼応して防疫《ぼうえき》活動に努めるとともに、公立病院設立を図った。それは、翌年の一八八〇年六月に明治天皇の信州巡幸を控えていたからでもあった。こうして天皇巡幸に間に合わせるようにして、一八八〇年四月に鷲湖病院をもとに公立高島病院が組合立として設立され、初代院長に志解理が就任した（『諏訪郡医師会百年史』一八～一九頁）。鉄山の父志解理は、まさに諏訪医療の近代化の先導者となったのである。志解理の月給は五〇円と、当時としてはかなり高給であった（『諏訪の近現代史』二九〇頁）。また志解理は、一八八八年から諏訪医会会長も務めあげている。

高島病院は「専ら衆庶の疾苦を救済する」趣旨をもって設立されており、往診にも車代をとらず、診察料すらとっていなかった。また薬代が払えない者でも、戸長から証書を持参すれば診療処方を受けることができた。志解理が一八八六年までに無料種痘を施した人数は七〇〇〇人以上であったという。志解理はその業績を称えられ、明治天皇から木杯を下賜された（前掲『大日本医科実伝』一五四頁）。

ただ、その裏で病院経営は悪化の一途をたどった。一八九一年の郡制施行とともに、郡立となった病院の運営は郡会に委ねられたが、三〇〇〇円余りもの病院経費が郡財政を圧迫した。郡会では高島病院の存廃をめぐって議論が交わされた（前掲『諏訪郡医師会百年史』二〇頁）。しかし、そうした苦難を乗り越え、一八九五年一〇月に、民家を借りて診療を行ってきた高島病院を近代的建築物として新築移転することが議決された。高島病院はまさに諏訪の近代化のシンボルとなったのである。

父の遺言

一八九〇年四月に、鉄山は上諏訪町立高島尋常高等小学校に六歳で入学する。さすがに院長の令息というだけあって、身なりはきちんとしていた。父親には厳格に育てられたようである。しかし、周りの少年と違わず、高島公園（高島城跡）などで戦争ごっこをして遊び、いたずらにも精を出し、腕白に育った。当時の同級生の女子はこの頃の鉄山を「黒い顔をして居て強い気質の人だった」と回想している（『秘録永田鉄山』四一七頁）。三年から転入した同級生に、藤原咲平《ふじわらさくへい》がいた。後に中央気象台長となる物理学者である。永田は藤原とよく遊んだ。二人とも成績は優秀で、席次は並んでいた。また諏訪の別の小学校には岩波茂雄がいた。後の岩波書店の創立者である。この三人は永田が死ぬまで交遊を続けていくこととなる（根本順吉『藤原咲平伝　渦・雲・人』一三～一四頁）。

一八九四年七月二五日、日本海軍が清国海軍を豊島沖で攻撃し、日清戦争の火蓋が切って落とされた。鉄山のいた長野県下でも市民が積極的に軍事公債を購入し、恤兵金品《じゅっぺいきんぴん》（戦地にいる兵士へ送る物品）を献納したり、兵士の家族に義捐金《ぎえんきん》を募ったりと、献身的に戦争に協力した（『信濃毎日新聞』一八九四年九月一五日）。上諏訪では町の有力者が中心となり二五〇名が集まって戦勝祝宴会を開き、大本営に向かって祝電を打った（『信濃毎日新聞』一八九四年一〇月二日）。小学校の先生から戦争の話を聞いて興奮冷めやらぬ少年永田は、ますます戦争ごっこに熱を入れていた。

そのようななか、家庭の不幸が彼を襲った。父志解理の死である。志解理は一八九四年三月頃から病気がちとなっており（『明治二七年三月諏訪医会記事　第九号』）、翌年八月二六日にとうとうこの世を去った。享年六一であった。当時でいえば大往生といえた。志解理は、自分の人生を捧げた諏訪の近代化を象徴する新築の高島病院をついに見ることが出来なかった。死の直前、それまでの業績が認められ、志解理は郡長から金一五〇円を賞与された（『信濃毎日新聞』一八九五年八月三一日）。

志解理は死の直前、息も絶え絶えに鉄山へ遺言をのこしたという。

「鉄山！　お前は必ず立派な軍人になれよ！　……そしてお国のために……父も十万億土のあの世で喜ぶように……」

代々医者だった永田家にあって、志解理は息子に軍人になるよう説いたのである。後に鉄山がそのときの光景を右のように日記に記している（『鉄山永田中将』一～三頁）。まさにこのときをもって軍人永田鉄山の一生がスタートしたといってよい。将来の目標も漠然としていて成績も振るわなかった少年は、このとき、偉大な父の夢を果たすことを心に固く誓ったのである。

志解理は、自分の子供たちに「お国のために」働くことを望んだ。志解理にとって、一族の繁栄と国家の発展は分かち難く結びついていた。長兄の虎尾《とらお》は宮内省勤務、次兄の十寸穂《ますお》は陸軍将校となっていた。元気な鉄山にも、やはり軍人になることを勧めた。しかし、鉄山は三男であったため家督を継がせてやることができず、財産も十分に残してやれなかった。当時の家族制度は家父長制的な家制度で、長男が戸主の家督と遺産を相続することとなっていたからである。中学校に相当する陸軍幼年学校に入学するには、それなりの収入がある家庭でなければならなかった。後で詳述するが、陸軍軍人になるには大きく分けると五年制の幼年学校（尋常中学校一年修了程度の学力）を経て入る方法と、士官学校（尋常中学校卒業程度の学力）から入る方法があった。士官学校は官費だったが、幼年学校は将校の孤児以外は学費を自費で賄わなければならず、その学費も六円五〇銭（一八九六年当時）とかなり高額であった（当時の大工の平均月給が一一円七〇銭）。

こうした厳しい条件にもかかわらず、虎尾や十寸穂らは力を合わせて鉄山の面倒をみた。十寸穂は一八九六年に鉄山を養子に迎えた。翌年嫡男が誕生したあとは、転籍して虎尾が養子に迎えた（『東京朝日新聞』一九三五年八月一三日、『興信録』昭和九年）。虎尾は後に、「鉄山は兄弟の中で一番頭のいい奴」で、家族は鉄山の出世を期待していたと回想している（『読売新聞』一九三五年八月）。また学費などの資金の面倒は、母方の轟家も支援したようである（後述）。

父を亡くした一家は一転して生活が不自由となり、母順子は鉄山と弟の列根《つらね》、妹の恵美、須美らを連れて慣れ親しんだ故郷諏訪を離れ、一〇月末にひとまず母の実家がある南安曇へ移ることとなった。鉄山は転出に際して送別会を設けてもらい、集まった二〇名ほどの友達から激励をうけた。鉄山は毎年欠かさず父の墓参りに諏訪を訪れた。鉄山は生涯にわたって諏訪を忘れることはなかった。

数日の南安曇滞在を経て、一家は長兄の虎尾と次兄の十寸穂をたよって上京することとなった。軍人を目指すことを決めていた鉄山は、ひとり次兄の十寸穂の家に寄宿しながら陸軍幼年学校の受験準備をすることとなった。この頃の鉄山は、「自分は早く立身出世して母や弟妹の世話をせねばならぬ」と口癖のように言っていたという。亡き父の遺言をしっかりと胸に刻み、決意を誓った鉄山であった

（前掲『鉄山永田中将』一五頁）。

2　陸軍エリート養成学校の優等生

陸軍地方幼年学校に入学

鉄山は一八九五年（明治二八）一〇月に東京市牛込区愛日高等小学校へ転入して勉学に励むかたわら、陸軍中央幼年学校区隊長であった兄の十寸穂から受験指導を受け、一八九八年九月一日に東京陸軍地方幼年学校の試験に合格し、同校の第二期生として入学した。鉄山はこのとき一四歳である。

日清戦後当時、陸軍将校になるためのコースは主に二つあった。一つは文部省管轄の尋常中学校（五年制。現在の高校にあたる）を卒業してから陸軍士官学校に受験入学する方法、もう一つは陸軍幼年学校（地方幼年学校が三年制で定員五〇名、中央幼年学校に進学、二年制で計五年）を経てから無試験で陸軍士官学校に入る方法である。士官学校に入ると、士官候補生となり、まず半年間下士官の勤務を経験する（隊附勤務）。さらに士官学校卒業後に入校前の部隊において見習士官として再び隊附勤務を行い、これで少尉に任官し、はれて陸軍将校となる。

陸軍幼年学校は「陸軍の中学校」と称されたように、軍学校でありながら軍事専門教育をほとんど行わず、中学校と同じ「普通学」を教えた（教科は中学校と同じで、倫理、国漢文、外国語（仏・独・露の中から選択）、地歴、数学、理科（生物、化学、物理）、図画、習字、唱歌、論理、教練・体操、であった）。もっとも、設立当初は中学校がまだ未整備であったため、中学校が完備するまでのあくまで暫定的な教育機関とされていた。しかし藩閥と民党が激しく争った初期議会の経験を経ると、状況は変わった。陸軍の権力者となっていた山県有朋のもとで陸軍教育政策を一手に担っていた児玉源太郎監軍部参謀

陸軍幼年学校の頃の永田鉄山
（永田家所蔵）

陸軍幼年学校
（国立国会図書館提供）

長は、民党の思想が陸軍教育に波及するのを防ぐため、幼年学校改革を図った。児玉は、中学校と切り離して幼年学校を存続強化させ、幼少期から軍人精神を涵養し、幼年学校をエリート将校の中核的な教育機関として位置づけたようとしたのである。しかも、野邑理栄子によると、中学校では生徒が教員らに対して反乱をおこす学校騒動が深刻な社会問題となっており、そうした状況が児玉の改革を後押しした（野邑理栄子『陸軍幼年学校体制の研究』第一章）。一八九六年に児玉の意見をもとに、幼年学校は、(1)三年制から五年制へ（地方・中央体制）、(2)入学年齢は一五歳から一三歳へ引き下げ、(3)幼年学校卒業式への天皇の臨幸の開始、等へと改革された。これにより入学者は一気に三倍へと膨れ上がった。

　幼年学校の受験には尋常中学校一年卒業程度の学力が求められた。そのため当時の幼年学校入学者は、たいてい尋常小学校（義務教育、四年制）を卒業後、高等小学校（四年制）を二年で終えて尋常中学校（入学年齢一二歳以上）に入学し、一三歳、すなわち中学二年生のときに受験した。鉄山は高等小学校卒業と同時に受験したわけであるから、人より一、二年遅れたが独学で中学校一年の課程を修得したことになる。中学校入学はとくに必須条件ではなかったし、中学校に入学すればそれだけ余分に学費がかかるため、多少苦労してでもそのようなコースを選択したのであろう。この年、東京地方幼年学校には岡村寧次《おかむらやすじ》、大阪地方幼年学校には磯谷廉介《いそがいれんすけ》、小畑敏四郎《おばたとしろう》、広島地方幼年学校には桑木崇《くわきたか》明《あきら》、仙台地方幼年学校には安藤利吉《あんどうりきち》、板垣征四郎《いたがきせいしろう》、土肥原賢二《どいはらけんじ》ら後の陸軍士官学校一六期生が入学している。土肥原以外はいずれも中学校からの入学で永田より学年が下である。先述したように、幼年学校入学には奨学制度があり、入学者の父親が死亡して、それが現役軍人である場合、官費入学（学費免除）することができたが、彼らもまた、永田と同様私費で入学した。

頭角を現す

鉄山が幼年学校に入学した当時、国内政治では板垣退助率いる自由党と大隈重信が率いる進歩党とが合同して憲政党を結成し（一八九八年六月二二日）、初の政党内閣である第一次大隈内閣（隈板《わいはん》内閣、一八九八年六～一一月）が成立していた。尾崎行雄文部大臣が陸軍幼年学校の文部省移管案（幼年学校廃止論）を唱えると、新聞や雑誌などのジャーナリズムもそれを熱烈に擁護するようになった。また憲政党の一派は、行財政整理の一環として幼年学校廃止論を掲げた（前掲、野邑理栄子『陸軍幼年学校体制の研究』第三章）。鉄山にとってはまさに社会的逆風のなかでの幼年学校入学だった。民権運動が盛り上がらなかった諏訪で健やかに育った鉄山にとっては、ショッキングな出来事だったのかもしれない。

とはいえ、幼年学校に入ってしまえば、そんな社会の動きなどどこ吹く風、待っていたのは勉学にひたすら打ち込む生活であった。小柄でシャイな性格で恥ずかしがると真っ赤な頬がさらに赤くなるため、幼年学校時代のニックネームは「アップル」であった。鉄山は真面目に授業に臨み、頭脳明晰で努力を怠らなかったため、成績も抜群であった。そのため鉄山のノートが生徒の間に出回った。永田はとりわけ歴史が好きで、東洋史の岡田正之の授業に感銘を受けたという。岡田は後に学習院教授などを経て一九二五年に東京帝国大学の教授となった漢学者である。岡田の講義を知る手がかりとなるものとして、岡田自身が陸軍中央幼年学校用教材として記した『支那歴史』（兵林社、一八九七年）

がある。『支那歴史』は、先史から唐代に至る王権の盛衰を文化や社会を織り交ぜて著したものである。鉄山が中国の歴史のどこに興味を抱いたのか大変興味深いところではある。また教練・体操についても精励そのものであったが、こちらの成績は中位だった。

生徒監（大尉）を務めた大町豊五郎《おおまちとよごろう》は当時の永田を次のように回想している。

「品行方正、挙動厳格、殊に講堂聴講中の姿勢は端正で、終始教官を正視し、少しもよそ見などしなかった。ノートを取るにしても正確簡明にして要領を得、質問するにしても一語一語をかりそめにしなかった。また、教官に対して礼儀正しく、真に敬う心が外面に表れていた。服装は端正で、常に清潔にしていた。同輩の畏敬を受け、且つ親切丁寧に交際し、少しも他人の嫉妬をうけず、勉学にいそしんでいた。」

（前掲『鉄山永田中将』二八〜二九頁）

この回想から、鉄山が学問や体育のみならず精神修養にも余念がなかったことがうかがえる。また、軍人を目指すからには死の恐怖を乗り越えなければならないが、鉄山は「生等〔我々〕軍人たるもの、死は尚帰する〔生きる〕よりも易きの感あり」と、若干一七歳にして死に対する達観を日誌に綴っている。

こうして一九〇一年七月に、優秀な成績で卒業し、臨幸した明治天皇から銀時計一個を直接下賜された。永田が感激にうち震えたことは想像に難くない。同年九月には市谷本村町（現・防衛省本省所在地）にあった中央幼年学校に進学、東京・仙台・名古屋・大阪・広島・熊本の六つの地方幼年学校の生徒三〇〇名と一堂に会し、共に学ぶこととなった。鉄山は、一七歳になっていた。

中央幼年学校へ

中央幼年学校は地方幼年学校とはうって変わって、軍隊的色彩が強くなる。生徒は三個中隊に分けられて教育された。一個中隊は六区隊からなる（一区隊は約三〇名）。学年ごとに区隊が分かれており、鉄山の配属は第三中隊第六区隊であった（第一・第五は上級生の区隊）。各中隊では中隊長（大尉）、区隊長（中尉）が生徒を指導した。なお、このときの第三中隊第四区隊長は荒木貞夫中尉であった。荒木から直接指導を受けた生徒に板垣征四郎と土肥原賢二がいた。当時の荒木区隊長のニックネームは「ホタル」であった。荒木がいつも軍刀を佩用してお尻がピカピカしていたことに由来していた（『秘録陸軍裏面史（将軍荒木の七十年）』八三〜八三頁）。区隊が異なると生徒同士はあまり接することはなかったが、当然荒木の存在は鉄山の耳にも入ったことであろう。

教練にも射撃や馬術などが教科に入る。陸軍の基礎である歩兵の動作を学ぶのである。初めての射撃訓練では小銃が肩の上で踊るため、瘦せ型の生徒にとっては苦痛であった。しかし永田はがっちりとした体型であったため、それほど苦にならなかったものと思われる。永田は中央幼年学校に入っても抜群の成績で、入学後早くも首席の呼び声が高かった。二年次には護民官（下級生監督のため各区隊から一名ずつ選び、中隊の下級生区隊に配置した）に推された。護民官は優秀のあかしといわれた。ちなみに、永田の直接の上官ではなかったが、次兄の永田十寸穂が第二中隊長として生徒の指導に当たっていた。永田は次兄に終生頭が上がらなかったが、そのぶん学問や教練にも身が入った。もっとも十寸穂に長男が生まれると、鉄山は十寸穂のもとから離縁しており、今度は長兄虎男のもとに籍を移している（一八九九年一二月）。

語学と精神修養

鉄山はことに語学に力を注いだ。永田の履修言語はドイツ語であった。授業以外で、自ら語学勉強会を開き、日曜休日には仲間と共に外国人を訪問して上達に努めたほどであったという。また驚くべきことに、鉄山は麹町にある番町教会にも出入りし、外国人と会話する機会を求めたという。鉄山は、宗教に対する偏見や毛嫌いがなく、語学上達のためならどこへでも積極的に溶け込もうとしたのである。これは、次兄の十寸穂の妻がクリスチャンであったことも影響しているように思われる（後に妹の恵美もクリスチャンとなる）。

また軍人としての教育を熱心に受けるかたわら、精神修養にも余念がなかった。修養の場も禅宗、カトリックの区別なく求めて行った。時には真言宗の釈雲照《しゃくうんしょう》を目白僧園に訪ね、その鉗鎚《けんつい》（師僧が弟子を厳格に鍛錬すること）を受けた（前掲『鉄山永田中将』四九頁）。釈雲照は、明治初期の廃仏毀釈から真言宗を再興し、その厳格な戒律を守る生活や崇高な人格から、かの伊藤博文や山県有朋も教えを請うた名僧として知られる（全雄師「近代の肖像」『中外日報』二〇〇七年二月二二日）。

また語学勉強のため訪れた先で出会ったアドルフ・ウェントフという宣教師とは、人生について問答している。宣教師は「人生の目的如何」と鉄山に問いかけた。鉄山は、「不滅です」と答えた。鉄山は、宣教師が愚人悪人も死すれば神と同様無究的生活を得ることが出来ると説いたのに対し、そうではなく「人生の帰趨する所を知らざるが如きものは、形体は即ち人なりと雖《いえど》も、その内容は禽獣《きんじゅう》と毫《ごう》も選ぶなし」と解釈し、「人生の目的を解し得て、国家社会の為、万有の為、貢献する所大且つ広きが如きものに至っては、その形体は死すと雖もその聖霊は即ち死せず。之を是れ《ママ》無限の生活とは称するなり。」と自らの人生観を堂々と述べた（「日誌」一九〇二年一一月三〇日、前掲『鉄山永田中将』五〇頁）。これは、国や社会に貢献する大きな志をもって生きれば、魂は不滅であり、自分はそのように生きていくのだという決意表明でもあった。鉄山は軍隊教育のみにとらわれず、のびのびと成長を遂げていった。鉄山一八歳のときである。

軍人の責務とは　そして注目すべきは、軍人と社会とのあり方に対する考えがこの中央幼年学校時代にはすでに永田の中で固まっていたことである。少し長い引用となるが、彼の人生に通底する行動原理に関わるものなので、ここに取り上げたい。

・処世の道

人はその前途に理想の灯明台を築き、その光明を望んで漸々これに近づき進まざるべからず。然り而してその取るべき航路は如何に、直行するも可、曲行するも可、要は世と牴牾《ていご》〔くいちがうこと〕せざるにあり（以下傍線は引用者）。古より幾多英雄豪傑回天の抱負を持しつつ空しく屍を草野に埋むるもの、その多くは時と合せざるによるべし。現代に於いても亦然り。如何に才秀で徳高きものと雖も、社会国家と相容れざるものは遂に社会の下層に沈淪〔落ちぶれること〕し、己の名説卓法をも施し得ざるの悲境に沈淪しつつあり、今の青年たるもの豈懼《あにおそ》れて慎まざるべけんや。

・軍人の責務

軍人の責務は独り戦時に於いてのみあるものにあらず、平和の日に於いても亦軍人の責務頗る絶大なるものあって存す。即ち極力平和を維持（勿論自国の国是を施し得て）するは軍人の最大責務なり。然らばその之を尽くすの術、果たして奈辺にあるか。

予は曰はん。正に大に武を練り兵を調え、内は邦家の高枕を図り、外は我が軍隊の光威を海外に輝かし、以て諸強を畏懼せしめ、我が軍隊の精錬にして到底当るべからざるを銘心せしむるに在りと。斯くの如きは即ち幾多無辜の生霊を山野に埋没することなく、多大の国費を支出することなく、逸に居て果を収め、所謂労せずして功を奏するものにあらずして何ぞや。豈得中の得、幸中の幸と謂わざるべけんや。

「日誌」一九〇二年一〇月二六日（前掲『鉄山永田中将』五三～五五頁）

要するに、人は自らの理想に向かって進まなければならない。しかし、それが社会や国家の方向と相容れないならば、その理想がいくら高くとも意味がない。また軍人は戦争において活躍するだけでなく、平和なときに極力平和を維持することが「最大の責務」である。そのためには軍隊を鍛え、列強を畏怖させなければならない。そうして戦争をせずにすめば、犠牲者を出すこともなくかえって浪費することもなくなるからだ、と鉄山は説くのである。常に「国民」や「社会」を意識し、後に大正デモクラシーと政党政治の時代が到来すると、それに合うように陸軍を改革していこうとした永田鉄山、そして満州事変以降も一貫して戦争の危機を避けようとした永田鉄山の姿を早くもここに見出すことが出来るであろう。

もちろん学業を疎かにすることはなかった。二年間の修業を経て、鉄山は再び優等の成績を修め（首席は桑木嵩明）、臨幸した明治天皇の前で御前講演（三名が行った）を行う栄誉に与った。題目は「文武兼備の必要」であった。鉄山は再び銀時計を下賜された。

士官候補生となる

鉄山は、中央幼年学校卒業後、歩兵科を選択し、一九〇三年五月に士官候補生として麻布の歩兵第三連隊に配属された。東京への配属希望が通った。隊附勤務は六カ月で、それを終えると士官学校へと進む。

連隊というのは、陸軍の団隊の基本をなす単位で、各連隊は天皇の分身である軍旗を持ち、独自の兵営を持っていた（歩兵第三連隊は現・国立新美術館に兵営があった）。歩兵第三連隊は三個大隊（一個大隊は四個中隊からなる）からなり、兵員は約二〇〇〇名である。時の連隊長は佐賀県出身の牛島本蕃《うしじまほんばん》大佐であった（なお、日本陸軍では聯隊と表記していたが本書では連隊に統一する）。

教練は学校時代とは比べ物にならないほど厳しかった。しかし負けず嫌いの鉄山は、この教練にも耐え、上官を悪しざまに言う周囲にも同調することはなかった。鉄山は言う。

「徒《いたずら》に清廉を口にし、虚勢を張り、不要の言辞を弄し、上官に抵抗するが如きは、吾人同窓の悪弊なりと信ず。所謂《いわゆる》聖人は、物に凝滞《ぎょうたい》せず、世と推移する底の気魄《きはく》を有し、万事柔順、謙譲を旨

明治33年士官候補生12期卒業記念写真（永田家所蔵）
前から三列目，左から二人目が永田鉄山。

とし、決して反抗的の言動に出でざらん事こそ望ましけれ。」

ここでは、鉄山が『楚辞《そじ》』の「漁《ぎょ》夫辞《ふじ》」から引用していることに注目したい。中国楚国の政治から追放された屈原《くつげん》は、世の中が間違っていて自分だけが正しいと主張し、間違った世の中に混じって世の中を変えるくらいなら、と高潔を貫いて自らの命を絶ってしまう。鉄山は、屈原のような生き方には共鳴しなかった。むしろ、「万事柔順」の態度で反抗的にならないことこそ望ましいのだと考えていたのである。そのほうがよっぽど「気魄」がいるからだ。幼年学校時代の日誌には、「慷慨《こうがい》悲憤は亡国の時に際する涙の声にして平素軽々に安売すべきものにあらず」と記されている。もちろん鉄山のいう「柔順」は、決して盲従するという意味ではなかった。ここには、軍人の軍紀や統制を重視する鉄山の最も重要な信条がよく表れている。

また、公明正大な行動をとるべきだという考えも、この頃から鉄山の信条となっていた。当時の歩兵第三連隊の伝統的風習として、何事も公明正大にやる、例えば先輩の私宅を訪ねるにしろ遊びに出かけるにせよ、決して単独ではやらぬ、必ず数人そろって出かけるという習わしがあったという。鉄山はこの主義に大いに共鳴し、上官から呼ばれた他は決して私的な訪問をしなかった（前掲『鉄山永田中将』七七頁）。この信念をまげなかったからこそ、後に鉄山が派閥的行動をとる軍人に対して非常に厳しい態度をとったのであった。ちなみに、鉄山は生涯にわたって揮毫することはなかった。ただし大佐時代に一度だけどうしてもと言われ、ペンをとって「僕は筆を持ったことがないし字が下手だから」と断り、「公正」と書いたという（『信濃毎日新聞』一九三五年八月一五日）。「公正」は鉄山が死の直前までしばしば使った言葉である。

市谷台へ

鉄山は半年の隊附勤務を終え、一九〇三年一二月一日からはれて市谷台にある陸軍士官学校の生徒となった（士官候補生の階級は軍曹）。鉄山は第一六期生である。当時の就学期間は一年であった（一九期生より一年半、更に二年となる）。同期入学は五六一名、中央幼年学校から入校した生徒は二五二名なので、残りは文部省管轄の尋常中学校から入った生徒ということになる。入校した鉄山は、第四中隊第一区隊に配属された。士官学校生徒は中央幼年学校と同様軍隊式に、一

陸軍士官学校（国立国会図書館提供）

個大隊（＝四個中隊）規模の生徒隊に編成される。生徒隊は四個中隊からなり、中隊は六個区隊からなっていた。一区隊は約三〇名である（巻末資料2）。

士官学校での全寮制生活は規則正しい。朝はラッパの合図と共に五時半に起床（夏は五時、冬は六時）。武器・被服の手入れをしたあと、区隊ごとに食堂に入る（一個中隊を収容）。移動は全て駆け足である。朝食後の自習を終えると、午前中には軍事学、外国語、武技の授業がある。正午の昼食を済ませ、一時から軍事学の授業、校内教練が行われる（週に二日は昼食携行で野外演習）。教練の後は五時まで自習室で自習をし、それから夕食をとる。夕食後一時間の休憩を終えると、再び二時間の自習を行い就寝する。このように授業のカリキュラムはみっちりと詰め込まれており、優秀な成績を修めるためには一日三時間半程度の自習時間や休日の日曜祝日を利用して要領よく予習復習をこなさなければならない。

また士官学校教育では生徒の訓育に相当の重点が置かれていた。すなわち訓育とは、軍人精神を養い、武術（術科）を教え、将校としての服務を教育することである。教育にあたったのは生徒隊中隊長、区隊長である。二週に一度は精神訓話の時間が設けられ、精神修養が求められた。また各兵科二区隊に分かれて教練が一週間に三回（校内一、野外二）行われる。教練は射撃練習や小隊や中隊の動作を学ぶ他に、部隊指揮についても教えられた。その他、一週間の授業には、馬術、体操、剣術などの武技がそれぞれ一回ずつ組まれていた（陸軍士官学校編『陸軍士官学校の真相』第二篇）。これも訓育の一環である。生徒は毎日へとへとになりながら、授業に臨まなければならない。

鉄山が入校した当時は、日露戦争が目睫の間に迫っており、世間と同様に校内も緊張に包まれていた。入校後三カ月ほど経った二月、ついに日露戦争が始まった。そのため一六期生は就業期間を一一カ月に短縮され、三週間の夏季休暇は全廃された。また本来ならば六カ月間の見習士官を母隊で行わなければならないところ、それも校内教育で済まされた。緊迫感みなぎるなか、八月の真夏日には一カ月半かけて千葉県習志野原において実弾を用いた野外演習、現地戦術（図上による戦術を現地で実施）が行われ、負けん気の強い鉄山もさすがに体調を崩した。しかも卒業試験を目前にして、二週間の転地療養を余儀なくされた（前掲『鉄山永田中将』八六頁）。

だがそうした逆風にもかかわらず、鉄山は卒業試験を首席で終えた。一〇月二四日の卒業式では、全校生徒が見守るなか明治天皇の御前で再び講演を行った。題目は「夜間における攻撃戦闘」。内容は不明であるが、恐らく夏に行われた野外演習など士官学校で学んだことを反映させたものであろう。ここにも、動員がかかるかもしれない日露戦争中の緊迫した状況を垣間見ることができる。

卒業にあたり、歩兵科の鉄山、森五六《もりごろく》、藤岡万蔵《ふじおかまんぞう》、騎兵科の土屋義幹《つちやよしもと》、要塞砲兵科の林《はやし》狷之介《けんのすけ》、工兵科の松井命《まついまこと》、輜重科の華房英麿《はなふさひでまろ》、そして野山砲兵科の桑木崇明《くわきたかあきら》が優等生として恩賜の銀時計を下賜された。こうして陸軍将校永田鉄山少尉が将来を嘱望されて誕生した。

同期生たち

鉄山の在籍した一六期には、後に大将や中将となって勇名を馳せた軍人が揃っている。本書でもしばしば登場することとなる、岡村寧次、板垣征四郎、磯谷廉介、土肥原賢二、小畑敏四郎らである。鉄山を中心とするこれら陸士一六期生の面々は、満州事変や日中戦争を主導していく昭和陸軍を牽引したグループとして把握されている。

しかし、永田と彼らとは明確な差異が認められる。第一に、鉄山一人が地方幼年学校、中央幼年学校、士官学校の全てにおいて、優等生として明治天皇から記念品を受けているということである。この事実だけをみると、単に鉄山が彼らよりも優秀であったということになる。しかし第二に、鉄山が立身出世を目指して「柔順に」猛勉強に励み、教練をこなしていったのに対して、彼らは日本陸軍が用意した英才教育をいわば「点とり競争」として蔑み、真正面から立身出世を目指すことに抵抗を感じていたふしがあるのである。このことが成績の差となって表れたように思われる。そして第三に、国の存亡をかけた日露戦争のさなかにもかかわらず、彼らがとりわけ中国問題に並々ならぬ関心を持っていたということである。

板垣征四郎は陸士の頃から中国問題に目覚め、その後陸軍大学校に進学した際も、「出世のためではない。支那問題で口の聞ける立場になるためだ」と妻に語っていたという（『秘録板垣征四郎』九〇頁)。磯谷廉介も幼年学校時代から親友であった岡村寧次と中国問題をやろうと誓い合い、士官学校卒業後は陸大受験よりも中国行きを望んだという(小林一博『「支那通」一軍人の光と影』三〇〜三二頁)。陸軍で中国勤務を選ぶことは、やや出世コースの本流からは外れることを意味していた。それに対して鉄山は、全ての科目をオールマイティにこなしていたのである。小畑敏四郎も立身出世の追求に抵抗を感じていたが、中国問題にはそれほど関心を示していなかったようである。須山幸雄によると、小畑は、刻々と変化する戦場で大切なのは暗記力や頭脳ではなく指揮官としての度胸と勘であると考え、陸幼・陸士において猛勉強する気をなくしていたという(須山幸雄『作戦の鬼　小畑敏四郎』一一九頁)。

もちろん彼らとて難関陸軍大学校に進学するほどの優秀な頭脳を持ってはいた(後述するように小畑は恩賜組で六番の成績だった)。だが生徒の中には、立身出世のためのカリキュラムのなかで他を蹴落として試験の優越を競うことは、ただ私欲を満たすための卑しい恥ずべき行為だ、という声も少なくなかった。それに対して、天皇や皇族を尊いものとして真心から敬い(上から押し付けられたものではなく)、恩賜の御下賜品を与えられることを誇りに感じた鉄山にとって、立身出世は同時に天皇・国家・社会へ貢献することでもあった。

もっとも鉄山が中国問題に関心がなかったということでは決してない。同じ長野出身の同期生中山蕃《しげる》の回想によると、陸士の課目は頗る多く、教練は厳格を極め、よほど勉強しないと学科が身に着かなかったが、卒業試験直前という時でも、鉄山は「一向平気で支那語の本などを読んでい」たという(前掲『秘録永田鉄山』四〇五頁)。実際に、鉄山の中央幼年学校時代のノートには中国語を勉強した跡が残されており、本や語学を通して中国問題に取り組もうとしていたことがわかる（鉄山の専修はドイツ語である）。だが、鉄山が中国語の本を読んだりしたのは、あくまで決められた科目の勉学に余裕があったからである。

鉄山は露骨に立身出世を追求していたわけではなかったので、彼らから蔑まれることはなかった。鉄山は他の生徒から勉学について質問攻めにあっても、それらに対して一々応えていたし、人望も勝ち得ていたと中山は回想している。以上のような鉄山と彼らとの意識の差異は、それが後々の両者のキャリアの差となって表れ、更には派閥対立や中国政策の対立となって表れてくることを考えるとき、見逃すことの出来ない重要な問題なのである。

辛抱の隊附勤務

士官学校を卒業した鉄山は、少尉・見習士官として母隊である歩兵第三連隊の補充大隊（四個中隊からなる）第一中隊に勤務することとなった。少尉任官により、初めて給料を手にすることが出来た。しかし少尉の給料は年俸三六〇円。高文試験に合格したての官僚（奏任六等）は大尉の官等に相当した。大尉の俸給は七二〇円で少尉の二倍だった。その給与で母と弟と妹二人を養うことは難しく、まだ親族の援助を必要とした。

鉄山は補充兵の教育に専念し、いつでも日露戦争の前線へ出征できるように準備をしたが、一九〇五年になっても動員はかからず、三月には戦争の雌雄を決した奉天会戦も日本の勝利によって終わりを告げた。そして六月には休戦となり、鉄山は日露戦争に従軍する機会を失った。しかも東京では九月に、ポーツマス講和条約でロシアに対する賠償金が認められなかったことに憤慨する市民の騒擾、いわゆる日比谷焼打ち事件が起こっていた。こうしたなかで一九〇六年一月、鉄山は戦後新設された豊橋第一五師団管下の高田歩兵第五八連隊付を命じられ、歩兵第五八連隊約一六〇〇名（うち将校七五名）とともに韓国守備にあたることとなった（第五八連隊は第二軍の戦闘序列に入る）。当時、兄の十寸穂が第一五師団副官（少佐）であり、兄の推挙があったのかもしれない。連隊長は同じ長野県出身の堀内文次郎大佐であった。

ところがロシアへの警戒から暫《しばら》く大陸に兵を残存させることを要求した陸軍に対して、第一次西園寺公望内閣は五月に逐次軍政署を廃止し、撤兵を完了させることを元老の合意のもとで決定した。日本の駐留には海外から疑いの目を向けられていたからである。五八連隊も役割を終え、一九〇七年春に衛戍地《えいじゅち》の新潟県高田へ帰還した。韓国の地では病を患い衛戍病院で一時を過ごすなど、鉄山にとっては辛抱のときであった。

というのは、二年以上の隊附勤務と配属先の連隊長の推薦があれば、中・少尉で参謀や将帥の養成を目的とする陸軍大学校を受験することが出来るからである。陸大は陸士同期のなかで一〇人に一人ほどしか入学できない難関であった。合格すれば、将来

朝鮮人の少女たちと手を繋ぐ永田鉄山
（志道保亮『鉄山永田中将』より）

は大佐以上の昇進がほぼ間違いなく、将軍（少将〜大将）への道が大きく開かれることとなる。まさにエリート陸軍将校の登竜門であった。

陸軍大学校はもともと参謀や旅団以上の指揮官を養成することを教育目的としていたが、一九〇一年の陸軍大学校条例で具体的な目的が削除され、「高等用兵に関する学術を習得させ、あわせて軍事研究に必要な諸科の学識を増進させる」と学府的な色彩が強くなっていた（黒野耐『参謀本部と陸軍大学校』七八、一一〇〜一一一頁）。一八八六年に第一期卒業者を出して以来、徐々に陸大卒業者が陸軍の中心となっている。日清戦争時は中尉〜少佐として、大本営や師団の参謀として活躍し、戦後は参謀本部の部長も陸大卒が占めるまでになった。日露戦争は軍参謀長から軍司令部の参謀にまで進出しており、まさに陸大卒の彼らが戦術や戦闘をになった戦争であった。そして日露戦後には、参謀本部だけでなく、陸軍省や教育総監部にも陸大卒の将校が配属されていった（同右、九八、一一三、一五五頁）。おそらく教育目的の変化は、陸大卒業生には用兵だけでなく予算や編成といった軍事行政や軍事教育をも担っていくことが求められるようになったためであろう。

ちなみに鉄山の兄十寸穂は、鉄山が中央幼年学校に入ったとき、ちょうど幼年学校の区隊長をしながら陸大の受験勉強をしていた。一八九八年九月に一次の筆記試験を見事に通過したが、残念ながら陸大入学はかなわなかった。十寸穂は、日露戦争期には内地にあった近衛師団の副官を務め、戦後は第一五師団副官に就いていた。十寸穂の受験と同年に合格した軍人四〇名のなかには、金谷範三《かなやはんぞう》（陸士五期、満州事変勃発時の参謀総長）や津野一輔《つのかずすけ》（陸士五期、田中義一内閣期の陸軍次官）らがいた。永田家の鉄山に対する期待たるや、どれほどのものがあったであろう。

試験は受験者の各兵科の学術を検査するとともに、砲兵教程と臨時築城教程、馬術を検査することになっていた。受験勉強は隊附勤務の合間に行わねばならず、並大抵の努力では合格できなかった。通常は三年くらいの準備期間を要し、二、三回は合格できないことも稀ではなかった（前掲、黒野耐『参謀本部と陸軍大学校』六四～六五頁）。にもかかわらず、鉄山は隊附勤務の成果を活かして、『小戦術』（一九〇七年七月出版）なる大部の書物を出版している。これは、下士官の歩哨を主な対象として、奇襲、輸送物の擁護・略奪といった要務の行動準則を、図上演習を用いて著したものである。高等用兵を学ぶ前に下士官教育に鉄山が関心を持っていたことが窺える。それにしても驚くべきは、その余裕ぶりである。このような余裕があればこそ、後述するように、幅広い視野で柔軟に物事を考えることができたのである。鉄山、このとき二三歳であった。

陸軍大学校に入校

鉄山は一九〇七年四月の初審（一次筆記）受験で見事合格し、一二月の再審試験を通過して同月入校を果たした。一六期生の合格者は鉄山と藤岡万蔵、小畑敏四郎の三名であった。日露戦争中は陸軍大学校が閉鎖されていたため、一一期から一七期までの士官学校生徒が受験しており、合格の難しい年度であったといえる。一七期生は日露戦争中とあって隊附勤務を省略し、一九〇四年六月入学、八カ月に短縮された在校期間を経て一九〇五年三月に卒業した。それから隊附を二年やったため、ぎりぎり受験資格をえたというわけである。一七期生合格者は篠塚義男と前田利為（旧加賀藩前田家当主）の二名である。

陸軍大学校（国立国会図書館提供）

陸大においても鉄山の優秀さは際立っていた。同窓の回想をみてみよう。まず入試では、砲工学校高等科を出たものでも解けなかった数学の難問を鉄山は容易に解答したという。それだけでなく語学は新たにロシア語を専修した。口述筆記も卓越しており、頭脳明晰で物事を整理する力が特別であった。入学後も普通学全ての科目が優等であった。普通学だけでなく軍事学も優秀で、兵站《へいたん》（戦闘部隊の後方で物資の輸送や確保にあたること）などについてもただ一人体得していた。だが決して能力をひけらかすことなく、凡人のごとくふるまい、尊敬されていたという（前掲『鉄山永田中将』一一四〜一一五頁）。ちなみに日本陸軍が兵站を軽視したことが太平洋戦争敗戦の主な問題点として戦後しばしば指摘されている。だが鉄山においては兵站を軽視するということは必ずしもなかったようである。

ただ、体の方はそれほど丈夫ではなく、欠席することもしばしばだったという。しかし、参謀演習旅行、特別大演習参加を経て、卒業試験は二番の成績で有終の美を飾った。一九一一年一一月の卒業式では優等生（六番まで）として、恩賜の軍刀を下賜された。一位は陸士一期先輩の梅津美治郎《うめづよしじろう》であった。永田はこれ以降、梅津の後を追うようにして出世街道を歩んでいくこととなる。一〇番程度までの優等卒業生には、特典として外国留学の機会が与えられた。

陸大在校中の出来事として忘れてはならないのは、結婚である。一九〇九年一二月八日、二五歳の鉄山は母方の従妹にあたる轟文子《とどろきふみこ》（二〇歳）と結婚した。鉄山が幼年学校入学以来ここまでやってこられたのは叔父（母順子の弟）の轟亨《とおる》による財政面などでの支援のおかげでもあった。鉄山は陸幼・陸士とトップで卒業するエリートであったがゆえに、周囲には縁談の話が絶えなかったという。成績が優秀であった軍人が将官クラスの軍人の娘と結婚することは少なくない。それでも鉄山は、病気で高等小学校しか卒業できなかった従妹の轟文子と結婚したのであった。鉄山は「俺は叔父の厄介になって居る。病身の文子を妻に迎えて、労《いた》わるのは叔父に対するせめてもの御恩返しだ」と語っていたという（『信濃毎日新聞』一九三五年八月二二日）。文子は生まれもってのひどい近眼であった。鉄山は結婚という形で叔父への義理を果たしたのであった。

陸軍大学校時代の永田鉄山
（永田家所蔵）

一九一〇年一一月には待望の長男が生まれ

明治44年陸軍大学校23期生卒業式記念写真（永田家所蔵）
最前列右から二人目が永田鉄山。

た。長男には自分の名前の一字をとって鉄城《てつじょう》と名づけた。

第二章　軍事官僚としての勇躍

1　山県閥陸軍と永田鉄山

さて、陸軍大学校を卒業し、軍人として出世を始める鉄山を、本章からは永田と呼ぶことにしよう。永田が陸軍中央官衙に入ったとき、陸軍は山県有朋元帥を頂点とする「長州閥陸軍」の全盛と言われた。陸海軍という特殊で専門的な空間には、慣例的に軍人以外の侵入が許されないものとなっていた。これは「統帥権の独立」といわれる。内閣の構成員たる陸軍大臣には、必ず現役陸軍軍人が就任した。陸軍省のスタッフも軍属（軍で働く一般技術者・補助者）を除けばもちろん全員軍人であった。

山県閥陸軍の時代

山県は陸軍創設以来、陸軍の中心人物の一人であったが、同じ長州出身の伊藤博文らの協力を得て陸軍を切り盛りした。日清戦争後、伊藤博文が自ら政党創立を目指したのに対し、山県は保守系官僚

山県有朋
（国立国会図書館提供）

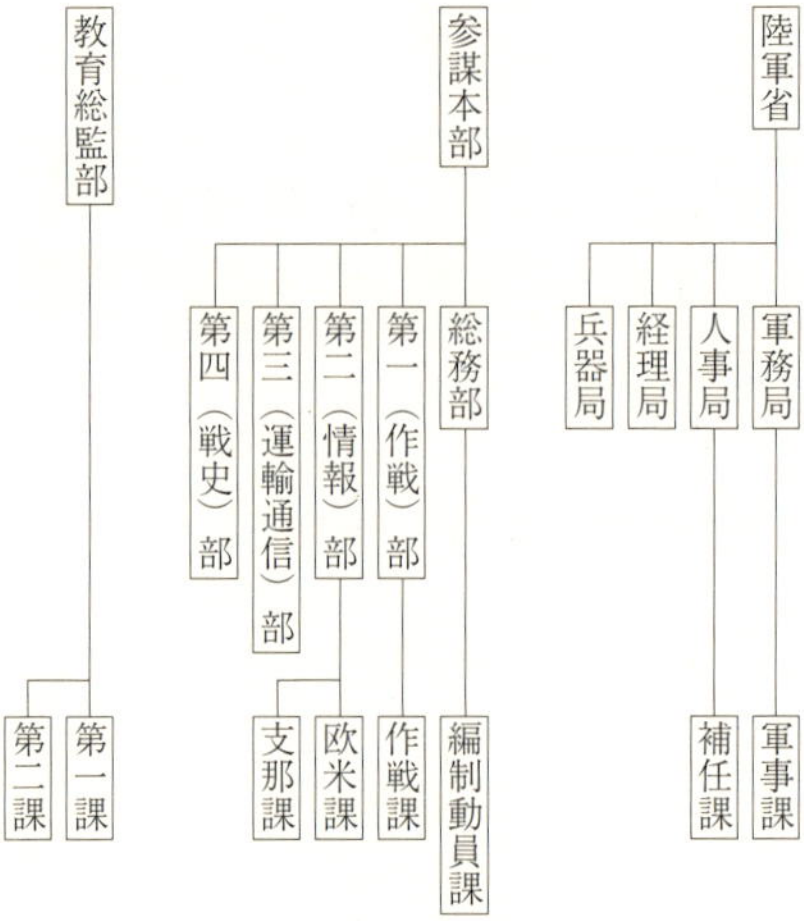

日本陸軍組織図

を結集した山県系官僚閥で対抗する。陸軍は山県閥の牙城となり、薩摩出身の大山巌と共に陸軍の主要人事の決定権を握るようになっていた（伊藤之雄『山県有朋』三〇三〜三〇四頁）。川上操六ら薩摩系は大山巌の下で主に参謀本部で勤務した。その川上は一八九九年五月に没して薩摩系の勢力は弱まり、相対的に山県の影響力が増大した。

山県の下には、桂太郎、児玉源太郎、寺内正毅など、長州出身の武人としての才能にとどまらない有能な軍政家が育っていた。軍政とは平たく言うと、ヒト・モノ・カネ（人事・編制・予算）の管理を通じて陸軍組織を運営することで、陸軍統制の要となる仕事である。陸相、陸軍次官、軍務局長、軍事課長、人事局長などの軍政を担う要職は、陸軍人事権を掌握していた山県閥の手によって独占されていた。山県は、彼らを陸軍省で勤務させて軍政の経験を積ませることで山県閥陸軍を盤石なものと

陸軍省（個人蔵）

参謀本部（国立国会図書館提供）

したのであった。

＊山県は長州出身者ばかりを登用して「長州閥」を築いたのではない。ここで「山県閥」とあえて記したのはそのためである。地縁によって用いられることももちろんあったが、それだけでは陸軍官僚組織を運営できなかったはずである。大江洋代「明治期陸軍における長州閥の数量的検討」によれば、実際数量的に見ても、陸軍における長州出身者は明治末までに大きく減退していたという。

参謀本部では作戦や諜報といった統帥事項のみに従事していればよかったが、それだけが陸軍の仕事ではもちろんない。軍事に関わる対外政策、軍事予算の編成、兵力量の決定といった国務事項と統帥事項とで区別できない「混成事項」が政策実現のために重要な業務となるのだが、それらは陸軍省が主に管掌した。陸軍省のスタッフ、いわゆる軍政官僚は軍人でありながら政治に関わらなければならない。「統帥権の独立」が定着し、政治が軍事に容易に介入できなくなっていた状況で、陸軍を大所高所から見渡して主導していくには、武人に似つかわしくない経営の才と、政治の才が軍政官僚に求められた。

教育総監部へ

永田が配属された教育総監部は、一九〇〇年（明治三三）四月に第二次山県有朋内閣の下で桂太郎陸軍大臣が主導した軍制改革により、陸軍省から独立して誕生した。その結果、陸軍大臣に代わり教育総監部の長官たる教育総監が陸軍の教育全般を一元的に掌《つかさど》ることとなり、天皇に直隷する親補職として陸軍大臣と参謀総長とともに陸軍三長官の一角を占めることとなった（親補職は他に軍司令官、師団長がある）。もっともこの改革は、山県や桂を中心とする山県閥が陸軍内で後退したことを意味するのではない。彼らが圧倒的に陸軍を支配していたからこそ出来たことであった。それに教育総監部は陸軍省や参謀本部に比べて小さな組織であり（次官級の本部長一名、局長級なし、課長三名、課員五名、勤務将校三名）、教育総監が軍備政策や大陸政策などの重要な政策に関わることもなかった。

またこの改革は、陸軍大臣現役武官制の制定と同時に行われたことから分かる通り、陸軍へ政党の影響力が及ぶことを予防する意味が込められていた。それに対して立憲政友会は、一九〇二年三月に桂太郎内閣に対して、軍部大臣文官制の導入、教育総監部の廃止（参謀本部に編入）、陸軍幼年学校の廃止といった行政整理案を掲げて、陸軍への攻撃姿勢を強めていた（小林道彦『桂太郎』一五九頁）。

日露戦争は辛くも日本の勝利に終わったが、その反面、様々な軍事的課題を浮き彫りにすることとなった。その一つが軍事教育であった。軍制調査委員の報告（『軍制調査報告号外其一　教育及典令範条例規則一般の制度及雑件』一九〇七年五月二〇日）によると、戦争では常備兵力のほかに予備・後備兵などの補充兵を動員して戦ったが、兵士とりわけ補充兵の練度が不十分であった。また歩兵や砲兵など各兵の協同が不成功に終わった。というのも、各階級には統一的な行動規範を示すものがなかったし、各兵科にはそれぞれに操典がありその相互の関係は曖昧であった。さらに、兵士の精神力も問題視された。すなわち、突撃の度重なる失敗は攻撃精神（＝勇気）の欠如が主な原因とされたのである（遠藤芳信『近代日本軍隊教育史研究』第一部第三章）。

また軍紀の乱れも問題となった。日露戦争は壮絶な戦闘により多くの死傷者を出して勝ち取った戦争であり、兵士の傷を十分に癒すことが難しかった。またこの頃、社会主義思想が軍隊にも波及していたことも軍紀紊乱の要因とみなされていた。遠藤芳信によると、軍隊の自殺者は一九〇九年にピークを迎え、一万人に対し四・九人と一般社会（一・八五人）に比べ二倍以上の自殺率を記録した（同右、一九四頁）。

こうして日露戦後の主要課題となったのは、軍事教育の一元化と軍事教育と国民教育の関係強化であった。この重要性をいち早く捉えていたのは、山県閥の寵児・田中義一その人であった。参謀本部員であった田中は、日露戦後の大軍備拡張計画を練り、一九〇七年「帝国国防方針」策定の陸軍側担当者として山県の厚い信頼を得ていた。「帝国国防方針」はロシアを第一の主要敵国として大陸攻勢作戦を行うというものであった。対露作戦を可能にするためには、軍事教育の改革が不可欠と考え、田中は軍隊内務書改正、在郷軍人会設立などに深く関わっていった。そしてその先には軍隊教育令の制定による軍事教育の統一という目標があったのである。田中は軍隊教育の実態を自らの目で確認すべく、たっての希望により中央勤務の要請を振り払い、歩兵第三連隊長に就任している。陸軍軍人の部内向け雑誌『偕行社記事《かいこうしゃきじ》』は、一九一一年に軍隊教育に関する懸賞論文を募集して掲載するなど、非常に高い関心を払っていた。応募者の中には、かの真崎甚三郎《まさきじんざぶろう》も「J・M生」として名を連ねていた（「軍隊教育と国民教育との関係」『偕行社記事』一九一一年八月）。後述するように、真崎は軍の統制をめぐって一九三五年以降永田と袂を分かち、永田殺害の原因を作ることとなる。

このような状況の中で、永田は教育総監部付勤務（第一課）を命じられた。勤務将校とは見習的な地位のスタッフのことである。軍事教育を担当する第一課長は長州出身の河村正彦大佐、そして教育総監部本部長は、山県閥ナンバー2の寺内正毅が大臣時代に副官として重用した本郷房太郎少将であった。部下の人事に発言権を持つ彼らは共に山県閥であった。教育総監部のスタッフの面々を見ても、永田の肩書はとりわけ光っていた（巻末資料3）。

また陸大二三期生の優等生は、中尉で陸軍省軍務局付勤務、参謀本部付勤務などを命じられたが、教育総監部付勤務を命じられたのは永田一人であった。一見エリートコースからやや外れたようにも見える。ところが、永田は勤務将校の身分でありながら一九一二年五月に入るやいなや、軍隊教育令起草主任を命じられたのである。それは、日露戦後に行われた一連の軍事教育改革の総まとめ的な大仕事であった。永田が優等生の中でもどれほど特別な期待がよせられていたかが分かるだろう。ちなみに首席卒業の梅津美治郎《うめづよしじろう》は、一九一二年三月に大尉となったので勤務将校にならず、歩兵第一連隊中隊長、参謀本部部員を経て、一九一三年四月に優等生の特典である海外留学（ドイツ）へと旅立った。また永田が教育総監部に入ったとき、陸士同期の面々はどうだったか。彼らは後れをとっており、板垣征四郎は陸士生徒隊付で陸大受験勉強中、磯谷廉介は陸大に合格し一二月に入校（二七期）、岡村寧次は陸大二年生（二五期）、そして陸大三年生の土肥原賢二は一九一二年一一月に陸大を卒業する（二四期）。

軍隊教育令の制定

永田は半年ほどで軍事教育令の原案を作り上げた。しかも永田本人の回想によると、本郷房太郎教育総監部本部長は、原案だけでなく軍事教育令関連の講演原稿まで永田のものをほとんどそのまま採用したという（『陸軍大将本郷房太郎伝』七六二頁）。一二月には起案が完成し、制定理由書と共に陸軍省に提出、一月二四日には木越安綱《きごしやすつな》陸相から同意を得た。

軍隊教育令は、教育責任者たる師団長、旅団長、連隊長等の役割、士官候補生、準士官、下士官、兵卒の教育とそれぞれの連関を明確に規定した。それにより、軍隊教育順次教令や陸軍各兵科下士教育教令など、一二の諸規定が廃止されることとなった。全体に通底する大方針は、兵営における全ての生活と全ての勤務を通して軍人精神と軍紀を徹底的に教育することであった。また、軍隊教育を国民教育全体のなかで大きく位置づけたことも重要であった。すなわち、良兵を養うことは良民を造ることになるという良兵良民主義を掲げたのである。これは、当時軍務局長となっていた田中義一が挿入を要求したという。良兵良民主義は、田中が歩兵第三連隊長時代、連隊内の将校に対して訓示をした際に既に表明されていたものである（田中義一「軍隊教育に就て」一九一一年一〇月『偕行社記事』第四三三号）。

永田は、国民に向けて軍隊教育を分かりやすく説明することにも余念がなかった。平和社から『軍隊教育の精神』（一九一三年）が国民向けに出版されているので、これを見ることで永田の国民に対するメッセージがより鮮明になるだろう。永田は、戦争に必要なものは「軍人精神と軍紀」だと明言する。かといって教練は十分出来なくてよいわけではないし、武技が下手でよいかというとそうでもない。すなわち、教練をきちんとこなし武技に上達することは、軍紀や軍人精神を養うためだと説くのである。軍人精神は「大和魂」と「武士道」などと置き換えることも可能で、国家に事が起これば喜んで天皇の馬前に斃《たお》れるというような精神であると説明する。それは、自己の生命や財産を保護したり自己の利益を図ろうとする個人主義や利己主義と対置される。

そして永田が強調するのは、国民教育と軍隊教育とのつながりであった。日本の男子は、皆国防の責任を負っており、入営しなくとも必要に応じて補充兵として出なければならない。すなわち軍隊教育は国民教育の一部なので、兵営だけではなく国民教育の場で前述の精神修養や教練を実践すべきであるという。軍隊教育で叩き込まれる「服従」や「献身殉国」は社会秩序の維持に、「攻撃精神」は事業の成功に、「信義」は他人と交じって仕事をするために、それぞれ必要なのである。煎じ詰めれば、軍隊教育は悉《ことごと》く良民を養うための教育であるといっても差し支えないという。永田から言わせれば、もし一般国民が軍人と同じ程度に軍人精神を体得できていれば、在営年限はどれだけ短くてもよいのである。このように永田は、良兵良民主義を国民に向けて平たく説明している。

山県閥から高い評価を得る

永田の果たした役割は、既に陸軍の根本方針として打ち出されていた軍人精神や軍紀の徹底というテーゼの下で、十数件あった各種教育令を一本化させたことにあった。それにより、永田は国民教育というより大きなスケールで陸軍を見つめ直すきっかけをつかんだ。田中義一は良兵良民主義を初めて主唱したが、あくまで教育に携わる将校に向けられた言葉であった。それに対して永田は、国民一般に向けてそれを分かりやすく提示し、国民として如何に軍事に取り組むかを説いたのである。まさに軍隊教育令制定の意義はここにあった。またそれは、永田が後に国家総動員の大枠を創り出していく基礎となったといえよう。弱冠二九歳にして国軍の根幹に関わる大事業に携わった勤務将校永田鉄山の名が陸軍内に轟いたことは想像に難くない。

本部長の本郷房太郎から絶大の信頼を勝ち得たことも大きかった。本郷は、その博覧強記ぶりから山県閥が支配していた軍政のなかでも人事畑を歩んでいくこととなる。その山県閥の本郷から高く評価されたことは、当然のことながらその後の出世に決定的な意味を持った。

ちなみに、永田の方も本郷を「立派な軍人」と公言して憚らなかった。実は、永田は生涯にわたって軍人の伝記に寄稿することは殆んどなかったが、唯一筆を執りその人を顕彰した伝記こそが『陸軍大将本郷房太郎伝』（一九三三年）であった。永田は、部下を信頼し自由に働かせてくれる本郷の将帥としての器を高く評価しており、また博覧強記な持ち味が人事局長としても申し分なく発揮されたとし、山県閥直系の本郷の人事采配をも評価した。永田が山県閥であろうとなかろうと素直に上司の本郷を尊敬していたことは、注目に値しよう。しかも出版されたのは一九三三年（書かれたのはそれよりもう少し前か）であり、二〇年経ってもその気持ちは変わらなかったものと思われる。たしかに永田も若い頃は長州閥を罵倒していたと陸士同期の森五六は回想している（「森五六回想録」防衛省防衛研究所図書館）が、従来言われてきたほどに「長州閥打倒」に燃えたわけでもなく、相手によっては良い感情すら持っていたと解すべきではないだろうか。

大正政変

教育総監部勤務時代に、長女の松子が生まれた（一九一二年一一月）。永田は私生活においても順風満帆であった。そしてその年の暮れにドイツ駐在の内命を受けることとなる。一九一三年八月には大尉に進級し、ドイツ留学の準備を着々と進めていった。

もっともその間、永田が幼年学校受験以来世話になってきた兄の十寸穂《ますお》が亡くなるという不幸があった。十寸穂は陸大合格こそかなわなかったものの、一九〇三年三月の陸軍懸賞大射撃大会で見事に受賞し軍服を拝領したり、日露戦争中は近衛留守師団の副官として数度にわたり明治天皇に拝謁を許されたりと、それなりに充実した軍人生活を送ってきた。しかし一九一三年七月三一日に危篤に陥り、そのまま帰らぬ人となった。十寸穂は特旨により正六位から従五位への進階が許された。最終軍歴は堺連隊区司令官・歩兵中佐であった（『東京朝日新聞』一九一三年八月一日）。永田にとってせめてもの喜びは、自らが起草した『軍隊教育令』が兄の生きている間に公布されたことだろう。永田は、道半ばにして斃れた兄の分まで立身出世を果たそうと決意を新たにしたに違いない。また、母順子が癌であることが判明した。父亡きあと女手一つで五人の子供を育ててくれた順子の最期を看取ることができないのは察しがついた。永田は出発にあたり、「去り難く別れ難き悶々の情、令兄〔虎尾〕に励まされて漸く病床の母堂に一別し、低廻しつつ家門を辞した」という（前掲『鉄山永田中将』一二二頁）。

しかし永田をもっとがっかりさせたのは、軍隊教育令制定が大詰めに入った段階で起こった大正政変と第一次護憲運動であろう。日露戦後の陸軍の軍拡要求は国民に極めて不評であった。しかし陸軍は一九一三年度において、二個師団を朝鮮に増設させることを第二次西園寺公望内閣にあえて強くせまった。これは、一九一一年一〇月に清国で辛亥革命が起こったことに対応するため、陸軍が満州権益擁護策として唱えたものであった。しかし西園寺首相や政友会や海軍までもが、行財政整理を進めることを優先し、陸軍の要求を退けた。結局、上原勇作陸相が単独辞職したことで、西園寺内閣は後任陸相を得られず、一九一二年一二月五日に総辞職した（小林道彦『日本の大陸政策』第三章第二節・第三節）。世論は、二個師団増設を強引に進めようとする陸軍、山県系官僚閥に対して激怒した。東京では憲政擁護会が二〇〇〇名余りの聴衆を集めて憲政擁護大会を開き、やがて運動は大阪や地方都市へも広がった。新しくできた第三次桂太郎内閣に対しても、閥族打破・憲政擁護を唱える運動は衰えるどころかピークを迎えた（九日には一万四〇〇〇名もの民衆が大会に参加、伊藤之雄『大正デモクラシー』一六頁）。またこれまで山県系官僚閥と提携してきた政友会も桂内閣との対決姿勢を明らかにした。こうして一九一三年二月一一日、わずか五三日で桂内閣は総辞職に追い込まれた。

大正政変によって陸軍は、増師はおろか、世論を完全に敵に回すという大失敗を犯してしまったのである。桂内閣に続いたのは政友会の協力を得た第一次山本権兵衛内閣であったが、海軍出身の山本首相は護憲運動への対応として陸海軍省官制改革を行い、陸海軍大臣の任用資格を現役の大中将から現役を退いた予備役・後備役の大中将にまで拡大した。こうして陸海軍の既得権益であった軍部大臣現役武官制はもろくも崩れ去った（もっとも、その後予後備の軍人が陸相になったことは一度もなかったが）。永田は軍隊を国民に根付かせるために軍隊教育令制定に精一杯尽力したが、大正政変によって国民の軍隊離れはいっそう加速してしまったと感じただろう。永田が大きく落胆したことは想像に難くない。永田にとっては何とも後味の悪い船出となってしまった。この大正政変以降、永田は生涯にわたって国民の軍隊離れに頭を悩ませられることとなる。

2　ヨーロッパを経験する

いざドイツへ

いよいよ一〇月一九日付で駐在の辞令を受け、一一月一一日に永田は新橋駅を出発した。下関に辿り着くまで大阪砲兵工廠、呉海軍工廠、八幡製鉄所を見学し、一四日に関釜（下関—釜山）連絡船で朝鮮へ渡った。下関からは病気が気がかりな母へザボンを送った（前掲『鉄山永田中将』一二二頁）。釜山からは朝鮮鉄道にて安東まで行き、そこから奉天を経て長春まで南満州鉄道に乗った。南満州鉄道は日露戦争の結果ロシアから獲得した鉄道権益である。長春からはハルビンを経て中ソ国境付近の満州里まではロシアが経営する東支鉄道に乗った。満州里からはシベリア鉄道に延々乗車し、モスクワまで辿り着く。そこからはワルシャワを経てベルリンまで再び乗り換える。ベルリン到着までは日本を離れてから二週間余りである。

この鉄道の旅を共にした日本人は、林権助《はやしごんすけ》駐イタリア大使、菅緑太郎大使従者、鈴木栄作書記官、岡本武三ロンドン領事館員、イギリス留学の補永茂助《ほながもすけ》文学士（日本思想史専攻、帰国後『欧米人の神道観』を上梓）、森鼻保一《もりはなやすいち》等軍医、他二名であった。閉鎖的な空間で過ごしてきた若き将校にとって、軍人以外の高官と長旅を共にするというのはなかなか得がたい機会であった。これも陸大優等生の特権であった。永田は途中の満州里にて、彼らのサインを添えて家族へ葉書を送った。

一一月三〇日朝、ベルリンに着いた。永田を待っていたのは、東京を凌ぐ近代都市ベルリンであっ

ベルリンにて（永田家所蔵）

た。永田は生まれて初めて自動車に乗った。「アスファルトの上を疾駆。気分は得も言われず」、そのアスファルトは「ゴムの畳の上を歩む様」だと妻の文子へ書き送っていることからも、その興奮が伝わってくる。その日は吉岡豊輔騎兵大尉の案内で、ウェルトハイムというデパートで生活品を購入し、夜はアイスハラスト（氷上ダンスショー）を見物した。三日は陸大同期の前田《まえだ》利為《としなり》侯爵に市内の名所を案内してもらった。とにかく全てが新鮮であった。まず車の往来の多さである。日本で車が普及するのは第一次世界大戦後であるが、それも乗合自動車であった。ベルリンの街には地下鉄も走っていた。また、市民が生活するエレベータ付マンションにも驚かされた。マンションには一棟に五〇～一〇〇世帯が生活していた。どれも日本にはないものばかりであった。

宿泊先は日本人が経営する松下旅館であり、そこでは日本食が出た。松下旅館と日本人クラブは邦人が多く集まる場所であった。ベルリンは物価が高かった。日本酒は日本円で四〇銭と高く、大好きなお酒も控えなければならなかった。ドイツの食事は肉食がメインなので、もともと胃の弱い永田は下痢に悩まされた。しかし、アルテスバルハウス（舞踏場）やベルリン最上級の酒場であるフレーデルマウスなどへ行き、ドイツの娯楽を十分に楽しんだ。

外国駐在員は本国の代表でもあり、駐在国の儀礼に参加したり、高官と会談したりすることも主な任務の一つである。一二月一九日に永田は駐独大使館付武官の河村正彦大佐（長州出身）に同道して、プロイセン陸相のファルケンハイン（第一次世界大戦のドイツ総参謀長）を表敬訪問した。ベルリンで購入したフロックコートに初めて袖を通し、シルクハットを被るという出で立ちである。当初は朝の洗面の後でカラーやネクタイを着けるのに鏡の前で三〇分も格闘し、延びた髪を整えるのにも三〇分かけて、ようやく朝食にありつけるという始末であった。慣れない姿を鏡で見て、「ポンチ画よりは少々上等」と照れながらも、活動写真に自分を撮りたいとまんざらでもなかった。妻には、「これよりベルリン児と化すべく候」と書き送った。ベルリンではほとんど銀時計を見かけないと理由をつけて、見栄を張り大枚をはたいて純金の金時計を購入したりもした。金時計は文子にも二四歳の誕生日に送っている。

田中義一の案内役

そうこうするうちに語学研究のため地方小都市への単身滞在が命じられた。陸大成績優秀者の外国駐在は、それが慣例となっていた。永田はエアフルト（エルフルト）を選んだ。一九一四年一月三日にエアフルトへ単身渡った永田は、三〇歳の誕生日をドイツの地で迎えた。エアフルトでは住居がなかなか見つからず、ドイツ人の家へ下宿することとなった。エアフルトでの生活は、都会のベルリンとはうって変わって不便になった。ベルリンでは毎日牛丼、さしみ、牛鍋、味噌汁などの日本食を食べていたのに、エアフルトへ来てからはパンばかりの食事となった。それに安い料理屋にしか行かなかったから、食事がまずかった。しかしビールは安いから、一日おきくらいに小缶一本ずつ飲んだ。生活が不安なせいか、旅費や生活費は陸軍から支給されない

田中義一
（国立国会図書館提供）

が何とか工面するので当地へ来ないかと文子に渡欧を誘ってみもした。

永田のドイツ語は当初は全く通じなかった。下宿先の家人が話すにも、話を中断して辞書を繰らなければならなかった。しかし、持ち前の積極性で、妹の恵美がクリスチャンであることを話題に自分から話をした。また歳が恵美と同じである下宿先の当主の娘と、朝から晩までドイツ語で話をしたり散歩したりした。六月には彼女を連れだして、チューリンゲンワルドという大森林の山へ五日間の徒歩旅行を敢行するまでになる。こうして徐々にではあるがドイツ語会話も上達し、生活にも適応していった。

エアフルト駐在中もっとも大きな出来事は、ちょうどヨーロッパを歴訪していた田中義一少将の案内役を命じられたことである。このとき、すでにベルリンに駐在していた梅津美治郎も一緒に命じられた。陸大二三期の首席と次席である。将来を嘱望されての人選であろう。四月七日から永田ら一行はまずエッセンのクルップ工場（重工業企業として有名。クルップ式火砲は日本が日露戦争でも使用した）を見学した後、デュッセルドルフ、ケルン、コブレンツ、メッツ、ザールブリュッケン、ラーダーブロン、ストラスブルグなどの古戦場や景勝地をめぐり、その後シュトゥッツガルト、ミュンヘン、ライプチヒを回った。旅行資金は計画書を提出して陸軍省から支給された。永田は、至るところの第一等ホテルに宿泊し、ホテルのレストランでライン河を行き来する船を眺めつつライン・ワインに興じている、このようなことは日本では味わえまい、と妹の恵美に自慢した。少なくともここでは、長州閥への反感や恨みとは無縁であった。むしろ彼らに将来を嘱望されていることに誇りを感じていたとすら思える。

永田と陸大同期の前田利為《まえだとしなり》も、案内役ではなかったが田中義一のバルカン旅行に随行した。この旅行には、金谷範三《かなやはんぞう》ウィーン駐在武官（満州事変時の参謀総長）と前田の世話役として前田と行動を共にしていた林銑十郎《はやしせんじゅうろう》（永田が軍務局長の時の陸軍大臣）も随行していた。林は加賀藩出身の軍人であったため、旧加賀藩主前田家の当主である彼に随っていた。前田と陸大が同期の蓮沼蕃《はすぬましげる》ももう一人の世話役で二人の資金は前田家から出ていた。前田も含めて私費留学であった。前田は長州閥の「跋扈」に反感を持っていたが、田中の訓戒には素直に傾聴し、その温情に感謝もした。旅中、田中の話は日清戦争の懐旧談、在露当時の懐旧談、乃木希典将軍の逸事から大隈重信首相と陸軍との関係などの時事談に至るまで多岐にわたった。前田にとって得るところは大きかったようである。ちなみに前田は、渡欧前に山県有朋を私宅である椿山荘《ちんざんそう》に訪れ、その謦咳《けいがい》に接する機会を得ていた。このときも前田は、山県から将来を嘱望され、そこで受けた懇情に感銘を受けていたことを日記に記している（『前田利為　軍人編』第三章）。前田と同様、永田も直接山県や田中といった長州閥の領袖に直接接する機会があったからこそ、反長州閥という執念に囚《とら》われずにすんだのであろう。

一九一四年六月末には、九月一日付でベルリンに駐在することが決定した。これでまた生活も不自由がなくなるだろうと思われた。ところが、事態は思わぬ方向へ展開する。

第一次世界大戦、勃発す

六月二八日にオーストリア帝位継承者フランツ・フェルディナント大公夫妻が、ボスニアのサラエボでセルビア人青年に狙撃されるという事件が起こった。当時、サラエボはオスマントルコ領であったところを一九〇八年にオーストリア＝ハンガリー帝国が獲得していた。バルカン半島では、弱体化したオスマントルコ帝国に対して小国が民族の独立をかけて二度にわたって戦争を繰り広げていた（バルカン戦争）。五大国のイギリス・フランス・ドイツ・ロシア・イタリアは、紛争を局地的に解決しようとした。しかし民族問題や宗教問題で大国の利害関係と絡むバルカン半島はヨーロッパの火薬庫と呼ばれ、大国が戦争に巻き込まれかねない危険な状態にあった。またそれらの大国は、戦争は避けたいと考える一方で、互いを牽制して際限のない軍備拡張を行ってもいた。

サラエボ事件当時は、どの大国も戦争になるとは考えていなかった。ところがセルビア側が暗殺事件の調査を自由に行うというオーストリア側の要求を拒否すると、七月二三日にオーストリアはセルビアに宣戦布告した。八月一日にはドイツが全軍の総動員を開始した。それに対してギリシャ正教の保護者であるロシアがセルビア側について総動員を下令したため、ドイツは翌日にはロシアに対して宣戦布告を行った。ドイツはロシアとフランスとの二正面作戦を計画したシュリーフェン・プランに則り、ロシアの同盟国フランスへも宣戦布告、中立国ベルギーへの通行権を要求して八月四日に中立侵犯に踏み切ったため、中立を保っていたイギリスも八月五日に参戦を決定した。こうしてサラエボ事件から瞬く間に第一次世界大戦へと発展していったのである。

日本では山本内閣が海軍の収賄事件であるシーメンス事件によって総辞職し、第二次大隈重信内閣が一九一四年四月に成立した。大隈内閣は同盟国であるイギリスの参戦要求に基づき、八月八日早々に対独参戦を決定した。大隈首相の求めに応じ、山県などの元老たちも元老会議で参戦に同意した。他方で加藤高明外相は、ドイツが中国の山東半島に持っていた租借地や鉄道などの権益を占領し、それを返還するのと引き換えに、日本の満州権益や漢冶萍公司《かんやひょうこんす》の経営権などを既得権益として中国に認めさせようと考えていた。当時ドイツにいた日本人は約五百名にのぼったが、八月七日に日本大使館はオランダ経由でイギリスへ彼ら在留邦人を避難退去させることとした。

永田も八月一四日に大使館付武官の国外退去命令を受けて、八月一六日にエアフルトからベルリンへ引き揚げ、その日の夕方のうちにオランダへ向かった。無事にオランダの安全圏に入ったのは一八日のことであった。日本は一七日にドイツへ最後通牒を出して、二三日に対独宣戦布告を行った。まことに間一髪であった。永田は、着の身着のままで逃げ出し「戦々恐々」であったが無事に脱出したことを家族へ伝えた。駐在していた陸軍軍人三二名、海軍軍人一一名は全員無事に脱出できたが、約百名の邦人がドイツ官憲によって拘禁されてしまった（船越光之丞述『日独国交断絶秘史』第八章）。ちなみに、邦人脱出の手配に尽力した駐オランダ公使は幣原喜重郎《しではらきじゅうろう》である。イギリス領事館補には若き日の重光葵《しげみつまもる》がいた。

日本軍は九月二日に山東半島へ上陸を開始し、一〇月一四日に赤道以北のドイツ領南洋諸島を占領、一一月七日には青島を占領した。そして翌年一月一八日、大隈内閣は中国に対して、五号からなる二一カ条要求を提出した。第一号から第四号までは、列強が承認する余地は十分にあった。しかし第五号は、中国政府に日本人の軍事顧問を置くことをはじめ、列強の利害に関わる問題を多く含んでいた。そこで大隈内閣は第五号を秘匿して列強各国に通告した。しかし第五号は中国がイギリスに漏洩したため瞬く間にイギリス、フランス、ロシア、アメリカ等に知れ渡り、列国の非難を浴びることとなった（奈良岡聰智「加藤高明と二一カ条要求」小林道彦・中西寛編『歴史の桎梏を越えて』）。

イギリスでのひと時

永田は八月二一日にイギリスに着き、しばらくロンドンに滞在し本国からの指示を待つこととなった。投宿先はトットナムロードにあるグラフトンホテル（現存）と決まった。イギリスは対独墺宣戦布告をしたものの、ドイツとは比べようもないほどロンドンの街は穏やかであった。永田は英語がチンプンカンプンであったが、とりあえず市内観光をして回った。ロンドン塔、国会議事堂（ウェストミンスター宮殿）、トラファルガー広場、マーブルアーチ、ハンプトンコートの旧王城、ピカデリー広場、ハイドパーク、バッキンガム宮殿、大英博物館、ホースガード（近衛兵営）、歴代国王が戴冠式を行うウェストミンスター寺院、新聞社が集まるフリート街、裁判所が並ぶストランド、イングランド銀行、水晶宮（クリスタルパレス）、ナポレオン戦争の英雄ウェリントンやネルソンが眠るセントポール寺院などをめぐった。ハイドパークでは、戦争前までは女性運動家が演説していたところで募兵の演説がなされていたことに感銘を受けた。バッキンガム宮殿の手前にはサーチライトを設置して、敵機の来襲に備えていた。ドイツほどではないにせよ、イギリスも次第に緊張を増しつつあった。

また国会議事堂の上下院には議席のすぐ傍に国王の座る玉座があり、あたかも御前会議を開く部屋のようだと感想を漏らした。イギリス議会は戦争の軍事予算と陸軍への追加予算が決定したばかりであった。また屋内にワーテルローの戦いやトラファルガーの戦いを描いた大壁画が飾られてあることにはとりわけ目を引いた。イギリスのような国王と議会との距離、軍と議会との距離が近いことは、日本陸軍の国民に対する信頼回復を目指す永田にとって大いに参考になったものと思われる。

九月二日に帰国の内命が下された。永田は海路での帰国を望んだが、中国の青島から出港したドイツの軽巡洋艦エムデンが、インド洋で通商破壊戦を行っており、多くの船舶が出港を見合わせていたため、出発が出来ない状況にあった。そのような状況で、永田は母順子の訃報（九月二四日没、享年五二）を聞くこととなった（九月二九日）。知らせを聞いた永田は、一刻も早く帰国することとし、再びシベリア鉄道経由で帰国することとした。同行したのは、梅崎延太郎《うめざきのぶたろう》少佐、瀬川章友《せがわあきとも》少佐（教育総監部時代の永田の同僚）ら三名であった。一〇月七日にロンドンを発ち、一一月九日東京に戻った。母の霊前で悲しみにくれた。しかしいつまでも悲しんでいる暇はない。在外研究の期間が残っているため、またすぐにヨーロッパに渡らなければならないからである。ひとまず永田は教育総監部附・陸軍省俘虜情報局御用掛の命を受け、再度の出発に向けて待機することとなり、久しぶりに家族の団欒を楽しんだ。

デンマークでの不遇

一九一五年六月二四日、軍事研究のためにデンマーク駐在が命じられた。中立国では、敵国であるドイツやオーストリアの新聞が入手できた。連合国ではそれらが一切入手できなかったため、それらの情報収集を行う中立国の駐在員には非常に高い価値が置かれていたのである。七月二三日には東京を発ち、再びシベリア経由でデンマークへ向かうこととなった。行きはルートを変えて神戸から出港し、八月二日に大連に上陸した。大連は初めて踏む土地だ。ロシアが設計した大連の埠頭は中型汽船が数隻も接岸できるほどの規模を誇り、内地では見ることが出来ないものであった。永田は初めて見る大連港に、「嗚呼帝国主義の産物偉大なるかな」と感嘆した。街も中心に大きな広場があり、そこから放射状に道路が延びるという設計で、これもヨーロッパ式であった。三日には日露戦争の激戦地遼陽に立ち寄り、教育総監部勤務時代に世話になった本郷房太郎第一七師団長を訪ね、本郷の官邸で一泊した。

八月四日には長春に到着。長春はこれで三度目である。永田は長春で次のような感想を述べている。「この地が日本の勢力範囲の北端としては何だか寂しすぎるような気がする。帝国の態度如何によってはハルビン近くまで鉄道を我が平《ひら》に収めるが如き芸当は出きざりしにもあらざるべし（出来なかったわけでもないだろう）。惜しいことだ。」これは恐らく日露戦争後の交渉で、日本がロシアから獲得した鉄道権益（大連〜長春）が不十分であったということなのだろう。永田は、理想としては鉄道権益の拡張を通して大陸へ発展することが望ましいと考えていたのだろう。

八月五日ハルピンに到着すると、そこでは陸士同期の黒木親慶《くろきちかよし》ハルビン駐在武官が出迎えてくれた。

久しぶりの再会を楽しみ、ハルビンには一週間余り滞在した。またハルビン領事館補の川越茂《かわごえしげる》と知己になった。川越は黒木と同郷（宮崎）の先輩で外務省の中国畑であり、一九三六年五月から駐中国大使となってそこで日中戦争を迎えた外交官である。川越は永田に湖月会（日露開戦を唱えた陸海軍中堅将校の会合）の話や日独親善論の必要などを語ったという。

八月二五日にはモスクワに到着した。モスクワではドイツ軍やオーストリア軍の分捕品展覧会、日本赤十字社救護班の病院などを見学し、本野一郎《もとのいちろう》駐露大使や小田切政純（大佐）大使館付武官の接待をうけた。また陸士・陸大同期の小畑敏四郎も出迎えてくれた。小畑に案内され、クレムリン宮殿を観光した。永田はとりわけナポレオンが寝たというベッドに見入った。それを見て永田はフランス軍東征の失敗に思いをはせたのであろうか。

二九日にペトログラードを出発し、九月一日スウェーデンのストックホルムに到着した。ストックホルムは人口三五万人の小都市だが、建物も男女の服装も端麗かつ瀟洒で、永田はストックホルムを京都になぞらえた。着くや、在スウェーデン公使の内田定槌《うちださだつち》夫妻の歓待を受けた。

九月三日、日本を離れてから約四〇日

デンマーク駐在時代に永田が住んだ部屋
（永田家所蔵）
左に竹久夢二のポスターが貼ってある。

かけてようやく赴任地デンマークのコペンハーゲンに着いた。デンマークの国土は九州くらいで、人口は三〇〇万人。コペンハーゲンには五〇万人が生活していた。デンマークはドイツとの関係やロシアとの関係を顧慮して、第一次世界大戦では中立を維持していた。このことが永田に思わぬ展開をもたらすこととなった。既にデンマークには林桂大尉と梅津美治郎大尉が駐在していたが、デンマークは、ドイツに宣戦布告し青島を占領した日本の駐在武官をこれ以上受け入れることに躊躇したのである。その結果、二カ月間何も出来ぬまま、一一月一六日スウェーデンのストックホルムに移ることとなった。

スウェーデンでの生活

スウェーデンにもすでに畑俊六少佐と渡辺良三少佐が駐在していた。すると、スウェーデンもデンマークと同様、なかなか永田の駐在を公式に認めなかった。スウェーデン国王の皇太子妃はイギリス王族だが、皇后はドイツ王族の出身であり、二人の母国は敵国同士であった。このことも関係していたのかもしれない。永田はストックホルムに来ても、言葉が通じない上、一二月になってもホテル暮らしを続けざるを得なかった。不愉快な三一歳の誕生日を過ごした永田であったが、一九一六年一月末、先任の畑が帰国することとなり、その後任として晴れてスウェーデン駐在員となった。宿は畑が使っていた宿をそのまま借り受けた。宿は公使館の近くブラへー街の老婦人の家の二階であった。

先述した通り、中立国ではイギリスの新聞もドイツの新聞も読むことが出来た。そのため、これらを総合して、公使館へ通じ参謀本部へ電報で報告するのが駐在員の任務であった。また戦時中、日本からヨーロッパにわたる日本人は皆ロシアからスカンジナヴィア半島を経由するのが常であったため、駐在員らは訪れた日本人の宿泊から食事、観光に至るまでを世話しなければならなかった。かなり面倒な役回りではあったが、幅広い人脈を作るためには最適の地位であった。大戦参加国に従軍しないのであれば任務はこれくらいのもので、永田にとっては悠々自適、思索の日々が続くこととなった。

ストックホルムは戦争で物価が高騰していた。月給は一カ月三〇〇円だったが、下宿代が月一〇〇円、煙草一本が三銭、入浴が一回六〇銭、散髪代は五〇銭、語学の先生が一時間一円であった。永田は健康維持のためにテニスを始めたが、これもコートの一時間使用料五〇銭と費用が嵩んだ。外食は少なくとも三円はかかるので、下宿で出る三食でなるべく済ませた。また、たまに休暇をとって気分転換にスキーやスケートにも出かけた。長野県上諏訪出身の永田にとって、これらのスポーツはお手の物であった。もちろん、語学や軍事研究にも余念がなかった。勉強のしすぎで体調を崩すこともあった。

スウェーデンにて（永田家所蔵）
写真裏には「『ハイカラ』振り（一九一七年五月）」とある。

二度目の渡欧からは、鉄城や松子ら子供たちへも積極的に手紙を出すようになった。子供の成長が気になる永田は、健康が第一だが「精神を立派に教育なさい」と妻の文子へ書き送り、子供の教育をしっかりするよう言いつけた。具体的には、冬の寒い日は風邪を引かないため冷たい衣類を着て寝ること、外で喧嘩をするなら年長の者と喧嘩することなど、健康と精神修養の教育だった。また文子には、日本の新聞や雑誌を送るように依頼した。雑誌は『日本及び日本人』などであった。

ストックホルム滞在中、永田は興味深い経験をしている。それはとある百貨店で昼食をとっていたとき、スウェーデン皇太子のヴェステルボッテン公グスタフ・アドルフ王子が来店して隣に座ったというのである。永田はそのことを家族へ驚きをもって書き送ったが、王室の在り方に批判めいたことは書いていない。開かれた君主制のもとでは、王室は国民にとって親しみやすい存在となることを今回は身をもって実感したことであろう（ベルリンでも街でアウグステ・ヴィクトリア皇妃と遭遇して家族に知らせている）。君主への自然な忠誠心を国民（・兵隊）が育むことも大きな課題であった。

大戦の長期化

第一次大戦の緒戦はオーストリア軍がセルビア軍との戦闘に敗れたものの、ドイツ軍が快進撃を続けた。八月一四日から二四日にかけて西部戦線で英仏と激突したフロンティアの戦いでは、ドイツ軍が圧倒した。東部戦線においても、ロシアをタンネンベルグの戦い（八月一七日〜九月二日）で撃破した。しかし、東部戦線に戦力を割いたため西部戦線では兵力不足となり、パリ東方のマルヌ河までフランスを追い込んだが、フランスの頑強な抵抗にあった（第一次マルヌ会戦、九月五〜一〇日）。これ以降西部戦線は塹壕戦による持久戦となり、戦線は膠着状態となる。

膠着状況を打開するためにドイツ軍はヴェルダンにおいてフランス軍に対して消耗戦を展開した

（一九一六年二月二一日～一二月一九日）。両軍は、互いに強固な要塞を築きあげ、激しい砲撃戦を繰り広げた。ドイツ軍の損傷も激しく、作戦は失敗に終わった。この戦いで両軍合わせて約七〇万人の死者を出した。また英仏連合軍は一九一六年七月から一一月にかけて、フランス北部のソンムにおいてドイツ軍に大攻勢をかけた。ソンムの戦いでは新たに機関銃や戦車などの新兵器が登場し、戦争はより凄惨を極めた。その結果、英仏軍はわずかな土地を獲得したものの、六〇万人以上の死者を出した。一九一七年春には英仏軍が正面突破を図って攻勢に出るが（ニヴェル攻勢）、失敗に終わった。そのほか、伊墺国境、アフリカなどの植民地やトルコ領などで連合国と同盟国の戦闘が繰り広げられたが、依然膠着状態が続いた。

各国では国民が長期化する戦争に厭戦気分が増してきた。ロシアでは首都ペトログラードでのデモをきっかけとして各地で国民や兵士の抗議運動が発生し、一九一七年三月にニコライ二世が退位に追い込まれた。このロシア革命によって臨時政府が樹立されたが、レーニンの率いる左翼ボリシェビキ党が混乱に乗じて革命政府樹立に乗り出し、混乱状態が続いた。また、英仏独での労働運動は革命に触発されて高揚していった。永田もスウェーデンで「日比谷事件ほどではないが」激しいメーデーの運動を観察しており、一九一七年内には何とか戦争も片が付きはしないかと期待を込めて戦局を窺っていた。勝利のためには手段を選ばないとして二月にドイツが無制限潜水艦作戦に踏み切ると、それを受けて四月にアメリカが参戦に踏み切った。永田の期待は、アメリカにより戦争終結が近づくことだったのであろう。

一九一七年四月までに、永田と渡辺少佐の二人の駐在武官はドイツについて冷静な分析を行っている。一九一六年末にドイツが連合国側に極めて妥協的な講和を提議したことに関して、決して屈服を意味しないとはいえども、内部の疲弊と困難とに起因することは争い得ないと一九一六年一二月一六日に参謀本部へ書き送った（瑞典発電報、一九一六年一二月一六日、「参謀本部日独戦役」防衛省防衛研究所図書館所蔵）。講和の提議は受諾される可能性が低かったが、戦争の責任を回避し国民により一層の犠牲に耐えさせるための提議であるというのであった。また、ドイツ宰相ベートマンがロシア革命に対して同情的で、東部攻勢の意思がないことを言明したことから、ドイツがロシアとの講和に傾いていることを一九一七年四月九日に伝えた。これにより、ドイツが最後の勝敗を西部戦線にて決しようとしていること（瑞典渡辺少佐→参謀次長、三月一二日発、「欧州戦争に関する情報／陸軍の部第九巻」外務省外交史料館所蔵）は確かとなった。さらに、ニヴェル攻勢に対して十分に応戦の準備が出来ているとドイツが対抗したことに対して、「やや疑わし」と低い評価を下したし、ドイツ潜水艦による海上封鎖も完全に有効とは認められないと判断した。このように、同盟国側にやや低い評価を下したのは、反戦デモにまでは発展していなかったが、食糧不足によりドイツ国内で労働者のデモやストライキがロシア革命後に拡大し始めていたことを注視していたからであろう（瑞典発→参謀総長、一九一七年四月一二日発「欧州戦争の際における各国の態度一件／独国の部第二巻」外務省外交史料館所蔵）。

さて、帰国の日はあっという間に迫ってきた。先任の渡辺少佐が一九一七年五月に帰国した。永田は帰国の際にイギリスとフランスを視察したいと本国へ申し出ていた。交戦国の現場を自分の目で観察したかったのであろう。また帰国はアメリカ経由を希望した。この頃すでにアメリカは参戦に踏み切っていた。結局永田の希望は通り、サンフランシスコを経由して、九月に帰国の途に就いた。

3 永田が見た総力戦

臨時軍事調査委員

一〇月初めに帰国すると、永田は教育総監部付として一一月から臨時軍事調査委員に命じられた。臨時軍事調査委員は、ヨーロッパの大戦を調査して日本の軍隊の改善を図るという目的で、一九一五年一二月に陸軍省内に設置された。委員長には長州出身で、陸軍省で軍政を務めあげ、岡市之助陸相の副官であった菅野尚一《すがのしょういち》少将が就任した。永田と陸大同期で共に欧州駐在を経験した篠塚義男や藤岡万蔵（陸士も同期）も永田より先に帰国し、臨時軍事調査員を経験している。

臨時軍事調査委員は特にエリートコースであったわけではない。梅津美治郎は一九一七年五月付けでデンマークから帰国し、参謀本部部員（総務部）となっている。また陸大同期の前田利為や陸士同期の桑木崇明は参謀本部付勤務（第二部）で、帰国後は調査委員に命じられずともそれぞれヨーロッパ分析に従事していた。あくまで欧州帰りの大尉たちにとっては中央要職の一コースにすぎなかったし、臨時の組織だったためその後のキャリアにどう影響するかはまだ不明瞭であった。いずれにせよ、永田にとってはヨーロッパ経験を生かし、腰を据えて第一次大戦研究に従事する絶好の環境を得たわけだ。

内閣は山県有朋の庇護の下で元帥寺内正毅が首班となっていた。寺内内閣の誕生は軍閥の復活としてジャーナリズムから不評であった。政党の勢いは強く、政治運営は衆議院をコントロールすることが不可欠となっていた。原敬率いる政友会は、寺内内閣に対して単に官僚閥・軍閥だからという理由だけで批判するのではなく、政策の善し悪しで対応する「是々非々主義」を掲げて寺内内閣の準与党として次期政権獲得を狙った。一九一七年四月二〇日の総選挙では政友会が加藤高明率いる憲政会を破り、第一党復活を遂げた。憲政会にとっては大隈前内閣時代での失政が響いた結果となった。

寺内首相は一九一七年六月、政党を含む政界の有力者を網羅した臨時外交調査会を設置して、第一次世界大戦中の軍事・外交の主導権を確保しようとした。これは政党に外交問題をある程度オープンにして政権への協力を求めるとともに、大隈内閣期に中国政策で独自に動いていた参謀本部を掣肘《せいちゅう》するというねらいがあった。永田が配属された臨時軍事調査委員はこの新設された臨時外交調査会へヨーロッパ情勢に関する情報提供を行っていた。

臨時軍事調査委員は、既に一九一七年一月にヨーロッパ交戦諸国の兵力、損傷、戦費、兵器の概況、戦況の一般などを報告した『欧州交戦諸国の陸軍に就て（第一版）』をまとめ、貴衆両院、陸軍各方面に配布していた。また調査委員の任務として、各方面へ大戦に関する講話を行うことが決められていた。永田は一九一七年一二月一四日に教育総監部において「外部より見たる独逸の情況並瑞典（スウェーデン）事情」と題する講演を行い、同年一二月二五日には山県有朋邸において「独逸戦時施設に関する所感」を講演している。これは当時の駐在員の慣例であった所属部局や山県への帰朝報告も兼ねていた。翌年二月二八日には高田偕行社にて「独国戦時施設の一部に関する所見附瑞典の状況」、三月二日には松本連隊集会所にて「開戦当時に於ける独国の状況並外部より見たる独国の戦時諸施設」、牛ヶ淵公園で開催された東京青少年連合大会で「欧州戦乱の現状と小国民の覚悟」、四月一〇日には偕行社本部で在郷将官を集めて「独墺両国に於ける交戦諸国の国民状態について」、二八日には福岡市九州沖縄各県連合共進会にて「世界戦争の外観に就て」、六月五日には護国寺で開催された豊山派伝道講習会にて「欧州戦争に関する所感」、とほぼ月一ペースで講演をこなしていった（「臨時軍事調査委員解散顚末書」防衛省防衛研究所所蔵）。講演の内容までは分からないが、題目を見る限りドイツの国家総動員体制や、駐在国スウェーデンの状況に在欧時から注目し、帰国後の研究テーマとしていたことが見て取れる。

国内での総力戦政策の受容

第一次世界大戦は、国力の総体を動員する総力戦と呼ばれる新たな戦争形態による戦いとなっていた。もはや軍が中心となって行う戦争は不可能となり、その国の経済力や工業動員力が戦争の帰趨を決定するという理解が、一九一七年以降日本国内全体に浸透していった。陸軍は従来兵器などの軍需生産を独自に行っていたが、先述した『欧州参戦交戦諸国の陸軍に就て』（一九一七年一月）を皮切りに研究を進め、民間資本を含む新たな軍需供給体制への転換を図る。それらは一九一八年一月の軍需工業動員法起案と砲兵工廠条例改正（民間への技術援助が可能となる）へと結実した。

この頃政友会総裁の原敬も、右記の陸軍の総力戦認識を共有していた。一九一七年末に早くも戦後経営の方針を打ち出した。その政策は、「教育の改善」「交通の発達」に加えて「国防の充実」を内容とするものであった。原は一九一八年一月の党大会で「この国防の充実ということは何を差し措いても、如何なる場合に於いても出来得るだけの準備を立てなければならぬ」と述べ、平時において総力戦を戦い抜けるよう「自衛自給体制」を整えることを訴えたのである（『政友』二一五）。また新兵器の登場にも敏感であり、「航空隊は大に拡張するの必要あるべし」と大島陸相に述べ、軍備拡充の方向へ「国民の気風」を「誘致」すべきとまで語っていた（『原敬日記』一九一七年一二月一〇日）。三月の第四〇議会では、法文の杜撰《ずさん》などが指摘されながらも、軍需工業動員法が野党の憲政会を含め満場一致で可決された。工業動員に関しては、日本の政界だけでなく財界からも反対が出なかった（高橋秀直「総力戦政策と寺内内閣」）。

政友会はヨーロッパ帰りの陸軍軍人などに講演を依頼して、ヨーロッパの戦争に関する新知識の吸収にも努めていた。講演を行ったのは梅崎延太郎騎兵少佐（ドイツ駐在）、藤岡万蔵歩兵大尉（フランス駐在）、それと永田であった。梅崎と永田とはドイツ駐在中に交流があり、大戦勃発後も一緒に列車で帰国した仲である。梅崎は「欧州戦の近況」と題する講演（一九一六年八月四日政友会臨時談話会にて、『政友』九八、九九）の中で、特にヴェルダン戦を例にとり、日露戦争とは比較にならないほどの兵力の動員と損害の概数を示し（ドイツ軍の砲弾消費数一日に一四万発に対して旅順戦で日本が消費した全砲弾数一五万発。ドイツ軍の損害五〇万人に対して奉天会戦での日本の損害約三〇万）、日本の将来の作戦は到底ヨーロッパのような真似は出来もしないし、又やるべきものでもないと述べた。日本の今後の課題としては在郷軍人や青年団の教育、また各種学校での軍事思想の注入といった教育にあるとした。藤岡は「西方戦場経過及交戦国の状態」と題する講演（一九一七年五月一五日政友会本部茶話会にて、『政友』二〇七、二〇八）で、ドイツ、イギリス、フランスにおける戦費、徴兵、弾薬生産量、そして工業動員などに関して詳細な報告を行った。

二人に対して永田は、似たような「最近西方戦場の状況」と題する講演を一九一八年四月一五日（『政友』二二八号）に政友会本部茶話会で行っているが、上の二人の講演より時期が下ることもあって、かなり突っ込んだ分析を行っており、内容でも非常に優れたものとなっている。

まず冒頭に永田は、ドイツ最大の弱点は「戦用の資源が全く孤立」していることだと述べている。しかしそれでもドイツは健闘を続けており、その弱点を補うものは「国民の精神力」と「国家社会の『オルガニゼーション』」（国家総動員の意か）であるという。しかし、その精神力は日に日に衰えており、ロシアとの単独講和後も依然としてドイツにとって戦争が不利な状況にあると結論づけた。その論拠としては、(1)一九一六年一月以降、ドイツの新聞で平和を望む論調が表れ出したこと、(2)一九一七年二月の無制限潜水艦作戦は陸上戦で成功の見込みがないために行われたとの推測がなされ国民の士気が落ちたこと、(3)ロシアへ講和を呼び掛けたにもかかわらずロシアは戦争継続を宣言したこと、など永田がスウェーデンに駐在していたころから注視していたことであった。さらに二度にわたる宰相の更迭を経て、一九一八年一月に三〇〜四〇万人が参加する大規模な同盟罷工（ストライキ）が起こったことが、永田の主張を補強していた。こうしたことを踏まえ、英仏軍を分断しイギリスをドーバー海峡へと追いやるため一九一八年三月から始まったドイツの春季攻勢も失敗に終わるだろうと結論づけた。

ここに興味深いエピソードがある。それは、外交調査会に大戦の帰趨に関して臨時軍事調査委員が情勢判断の資料を提供しなければならなかったのだが、陸軍内のヨーロッパ通のなかで独墺側が勝つという意見が有力であったなか、永田は国家総動員に着眼してその意見には同意しなかった。後日結果は永田の主張通りとなり、同僚は永田の情勢判断に敬服したというのである（前掲『鉄山永田中将』一三四頁）。在欧中に参謀本部へ送った電報や政友会での講演内容から見ても、このエピソードは事実と見てよいだろう。いずれにせよ、永田らの活動は政友会に総力戦体制に対する認識を深めさせることに少なからぬ意義をもったといえる。

シベリア出兵

さて、寺内内閣はシベリア出兵問題で大きく揺れていた。この頃ドイツ側がロシア革命の混乱状態に乗じてロシア東部、中東方面、シベリア地方などへ進出（「東漸」と呼ばれる）して連合国の攪乱工作を行おうとしていると見られていた。一九一七年末にイギリスからシベリア方面で革命に干渉するよう要請があったが、これに積極的に反応したのが参謀本部と外務省の一部であった。参謀次長となっていた田中義一中将は、すぐに対応して「シベリアに関する意見書」を寺内首相へ提出し、ドイツの「東漸」に対抗するためシベリア出兵を要求した。他方、本野一郎外相は帝政ロシアへ強い愛着を持つ外交官で、公使大使を含めて一〇年以上のロシア駐在経験を持っていた。本野外相もイギリスの要求に積極的に応じた。彼らの主張は列強の批判をあまり顧みない自主出兵論であり、原政友会はもちろん、陸軍出身の寺内首相や山県も反対であった。三月にアメリカが本野外相の出兵提議に反対したことを受けて、出兵は三月一七日の外交調査会、一八日の閣議でいったん否定された。

　ちなみに永田は、四月一五日に行った政友会本部での講演のなかでドイツ「東漸」についても話をしている。そこでは、ドイツが「自分が有利にすることの出来るものは総て敵であろうが見方《ママ》であろうが遠かろうが近かろうがそんなことには頓着なく之を糾合し統制をして巧く自分の方に利用することを常套手段とする」国であるため、ドイツ「東漸」はあり得ない話ではないとしながらも、だからといって出兵すべきという所までは踏み込まなかった。永田はドイツがいずれ破綻することを予想しており、ドイツ脅威論を盾にシベリア出兵を行おうとする参謀本部とは一線を画していたといえる。

　ところが状況は一変した。チェコスロヴァキアがオーストリア＝ハンガリー帝国からの独立をかけて戦っていたが、援助を受けていたロシアが崩壊すると革命政権と対立し、シベリア鉄道経由でウラジオストックへ出て海路ヨーロッパへ戻ろうとしていた。民族自決原則を掲げるアメリカは、チェコ軍の救出を訴える世論に後押しされて、七月六日に日本に対してウラジオストックへの協同出兵を提起したのである。その結果、山県や寺内首相も出兵に積極的となり、アメリカの意図を超えてシベリアへの出兵を行うこととなった。

　シベリア出兵の方針を固めたことで、大戦中の好景気で価格が高騰した米の買い占めと投機に拍車がかかり、七月下旬に事態は米騒動に発展した。騒動は八月中旬に全国の市部に広がり、寺内内閣は責任を取る形で九月二一日に総辞職した。政党内閣の出現を嫌った山県は最後の悪あがきで元老の西園寺公望を天皇に推薦したが、二五日に西園寺はこれを拒否し、西園寺は原敬を推薦した。元老の山県と松方正義もこれを承諾したため、ここに初の本格的政党内閣である原敬内閣が成立することとなった（九月二九日）。

4 日本陸軍をどのように改革するのか

国家総動員に関する意見

一九一八年（大正七）夏、ヨーロッパの戦局は連合国に傾きつつあった。本国から派遣されたアメリカ軍は一〇〇万を超え、八月上旬には五万人以上の捕虜を出したドイツ軍は、それ以降は退却を続けた。九月一四日オーストリアが降伏し、二五日ブルガリアが休戦を申し立てた。一〇月にはドイツ軍兵士の反乱をきっかけに革命が起こり、皇帝ヴィルヘルム二世は退位しドイツに共和国が成立し、休戦協定が成立した。ドイツは一九一九年六月二八日、全海外領土及び植民地の没収、国境付近の工業地帯を割譲する、等の厳しい条件を付したヴェルサイユ条約を受諾して、遂に四年以上に及んだ戦争は終結した。

一九一九年四月に少佐に昇進した永田は、大戦終結後もいっそう国家総動員の研究に精を出した。その研究は『国家総動員に関する意見』（一九二〇年）として実を結んだ。臨時軍事調査委員における国家総動員研究は、永田が中心となって行われ、陸軍省から出版された一八〇頁にも及ぶこの『国家総動員に関する意見』も、永田の執筆によるものであった。それでは、永田がプランニングした国家総動員とはいかなるものだったのであろうか。次に見ていくことにしよう。

まず国家総動員の定義を、「一時若《もしく》は永久に国家の権内に把握する一切の資源、機能を戦争遂行上最有効に利用する如く統制按配する」ことと定めた。将来取り組むべき動員として、「国民動員」「産業動員」「交通動員」「財政動員」「精神動員」などを挙げた。総動員の準備としては、国家が戦時に利用できる諸資源諸機能を計画的に行うための戦時兵額〔兵力量〕の策定、平時から国防資源を統制するための準備施設の設置、総動員を実施する中央地方機関の設置、などを主張している。それらは総動員を統一的、効率的に実施するためのものであった。

少佐時代の永田鉄山
（永田家所蔵）

黒沢文貴が『大戦間期の日本陸軍』で指摘したとおり、永田の意見は大正デモクラシーの潮流に配慮して、国民の権利や政党との協調にも目配りをした総力戦体制論であった。さらに永田の意見は軍のみにとどまらず国民全体に対して提示されたものであった。それは『国家総動員に関する意見』が陸軍関係だけでなく、内閣、各省、貴衆両院〔三七部〕へ配布されたことからも分かるであろう。

日本が将来起こり得る総力戦を戦い抜くために永田

は、(1)経済力の育成、(2)政府機能の強化、(3)国民の自発性の喚起を課題としていた。(1)については、戦争を継続するためには工業力や豊富な資源が必要であり、軍需物資はすべて自給自足により供給することが理想とした。しかしながら、日本は鉄や石油といった重要な国防資源を海外の輸入に依存していた。そこで、国内産業の大組織化による効率化、日中を中心とする東アジアの自給自足経済圏の形成、が求められた。その後がポイントとなるのだが、永田は国内の統制経済について、自由主義経済との調和、工業部門と農業部門との調和、国民生活の保護についても留意していた。また東アジアの自給自足経済圏の形成に対しても、欧米諸国との自由貿易との調和を考慮している。

(2)については、周到な計画により「一貫せる国家意思の下に」統一的に実施するため、政府による強制権の所有を総力戦は必須とした。しかし、永田は「事情之を許す限りは立法の手続きに依り政府の権能を律するを要す」とし、議会の機能を極めて重視した。政府の強制権の適用も「事急なるか若《もしく》は爾他の手段を以てしては国防の目的を達し難き最後喫緊の場合に限定せらるべき」と必要最小限に強制権を限定した。そこには「政府の強制権適用による国民の有形無形上における不利を努めて撲滅する」という「国民福祉の保護」が念頭に置かれていたのである。

(3)の主張については、永田が「軍隊教育令」起案以来頭を悩ませてきた、国民の国防への参加という課題に通ずる問題であった。大戦の結果、問題は切実となっていた。というのは、総力戦が国民の結束によって戦われ、国民の自発的な精神動員が戦争の帰趨を左右する「根源」となっていたからであった。ドイツの敗戦はそのことを実証していた。そのためには軍隊教育や国民教育を改善して、国民に国防に関する知識を普及させ、国防の自発性を喚起することが必要とされ、手段としては議会を通して国民の理解や協力を取り付けることが主張された。

このように、永田は政党ひいては国民に理解、協力を得られるように配慮しながら、来るべき戦争にどのように備えるべきか、その青写真を極めて明快に提示したのであった。永田はこの大仕事を終えるや否や、三度目のヨーロッパ出張を命じられた（一九二〇年六月一八日）。永田三六歳のときである。

原敬内閣と田中義一陸相

原敬内閣が初の本格的政党内閣として出発した頃に話を戻そう。原敬は自分の内閣の閣僚を自党から選出したが、陸海外の三大臣は政党外から原首相の主導により選出した（『原敬日記』一九一八年九月二七日）。とりわけ陸軍大臣の人選では山県有朋に相談した上で、田中義一参謀次長に決定した。原敬内閣とて、今までの慣行を無視して山県系官僚閥と対決するには時期尚早だったからである。ちなみに寺内前首相は本郷房太郎を原に推していたが採用されなかった。永田が慕ったかつての上司はあと一歩のところで陸相になりそこねた。

原敬（国立国会図書館提供）

田中陸相は原首相へ積極的に歩み寄った。一〇月七日には、陸軍次官や参謀次長の人事についてまで原首相の承諾を求めた。これは、今までの慣行にない行動である。陸軍の重要人事は、それまで山県が最終決定を行うのが慣例となっていた。制度上陸相が人事を管掌することとなっていたが、その陸相人事を山県が握っていたのである。また一〇月一七日には「自分一己の責任を以て今年は一切の拡張を見合すべし」と原首相に述べ、田中は軍備拡張の優先順位を海軍に譲る構えを見せた（『原敬日記』一〇月一七、一九日）。さらに一二月には、自らが積極的に関わったシベリア出兵問題についても、国際的な批判や議会での批判も考慮し、治安部隊のみにとどめて他は撤兵することを原首相に提案した（『原敬日記』一九一八年一二月一八日）。一一月二六日にアメリカから出兵数やシベリア鉄道独占について抗議があったことを受けてのことだろう。

田中は早くからヨーロッパの戦争が総力戦となっていることを認識しており、一九一五年一二月の在郷軍人会の演説で、今後の戦争は「国民全体があらゆる力を傾け尽して最後の勝敗を決する」と述べていた（纐纈厚『近代日本政軍関係の研究』一四五頁）。大戦中の臨時軍事調査委員の報告は、陸軍指導者層にも深く影響を及ぼしていたのである。田中は陸相となってからも、在郷軍人会や青年団組織において講演を活発に行い、国民の総力戦概念の普及に努めていた。先述したように田中は、国防に理解のある原首相という協力者を得て、政治全体のバランスを考慮しながら国防の充実に備えようとしたのであり、まさに永田が描いた『国家総動員に関する意見』の体現者となっていた。永田と田中はともに日露戦後の軍隊教育問題に深くコミットして以来、ドイツでの旅行を経て、気脈を通じるまではいかずとも、この頃にはますます国防問題について立場を共有するようになったといえる。

原首相のスタンスは、陸軍の改革は陸軍に任せておけばよい、というものであった。田中陸相はその原を後ろ盾として、シベリア撤兵などの難問題を通して陸軍の統制に乗り出した。田中の意気込みは、並々ならぬものがあった。大先輩の上原参謀総長率いる参謀本部は、山県元帥の後ろ盾を期待して撤兵に反対していたが、田中は自らの辞職と参謀本部の陸軍省への吸収案をちらつかせながら参謀本部を圧倒した。当時、政友会の高橋是清が参謀本部廃止論を唱えており、原や田中は廃止に反対であったが、上原ら参謀本部を脅す効果をもった。ここへきて原と田中の思惑は一致したのである。田中は陸相主導体制構築の一環として、次々と組織改革のための委員会を立ち上げていく。一九一九年二月の教育制度調査委員会、同年三月の制度調査委員会、一九二〇年九月の作戦資材整備委員会、同年一〇月の陸軍航空制度研究委員、要塞整理実行委員などがそれである。田中は臨時軍事調査委員の大戦研究を評価しており、彼らを各委員会の委員に任命した。もはや田中に長州閥のホープとしてのかつての面影はなく、自他共に認める陸軍改革のリーダーとなっていたのである。

三度目の渡欧

永田は臨時軍事調査委員の任を解かれ、一九二〇年六月に軍事調査のためウィーン駐在を命じられた。調査目的はドイツ・オーストリア両国の国家総動員に関する事項であった。差遣期間は一カ年、往路はインド洋を経由し、復路は米国を経由することまで定めてあった。支度金として三五〇円が支給された。九月一〇日に東京を出発して、門司より乗船、一六日に上海、一九日に香港、二九日にマレーシアのペナンを中継し、インド洋経由で海路ヨーロッパを目指すこととなった。陸士同期の小畑敏四郎（ベルリン駐在）、桑木崇明（フランス駐在）も同船しており、小畑とは黒白ゲーム〔オセロゲームか〕をして時間をつぶすなど、仲が良かった。一〇月五日コロンボに到着、一九日にはスエズ運河のポートサイドを通過し、一〇月二五日にフランスのマルセイユへ到着した。一一月三日のパリでは佐野光信、桑木崇明、小畑敏四郎、谷口元治郎、森五六、林猏之介ら在欧の陸士一六期生が一同に会し、旧交を温めた。

フランスでは第一次世界大戦の戦跡を見学して回り、十分な休養をとってから一一月一三日にウィーンへ入った。一九二一年一月に永田のもとを訪れた前田利為少佐が、「墺国《オーストリア》の首府維納《ウィーン》の壮麗は巴里《パリ》に匹敵すべく、実に中欧大国首府たるの面目堂々乎として備わる」と感じたように、ウィーンは敗戦国の首都ながら、かつての栄華を偲ばせるに十分な大都会であった。永田が借り受けた住居もやはり瀟洒《しょうしゃ》な建物であった。近所付き合いのあった大蔵省主計局勤務の矢部善夫から「素敵な邸宅に御占拠の由、やっぱりブルジョワ気分は悪しからぬものに御座候。願わくは王侯気取りの御風采を御嗜《たしな》みのカメラにして送って頂きたいものと存じ候。」と羨まれるほどであった。恐らく永田がいたずらっぽく矢部へ自慢したのであろう。

しかし敗戦後は工業地帯を多く含むチェコスロヴァキアを失い、農業国ハンガリーを分立させられたオーストリアは、「頭部のみを残して生存を強いるに似たり」という無残な状態となり、物価の高騰は収まらず「鳥一羽の価六五〇K〔クローネ〕、にして、教員一カ月の俸給四〇〇〇K」という有様である、と永田は妻の文子に書き送っている。国家総動員の研究に従事する上で、敗戦国がこのように惨めな状態となっていることは永田に強い印象を残したことであろう。

ウィーンでは多忙を極めた。というのも、永田が到着した当時は外交官が一人もおらず、大使館業務など外交に関することまで永田が一人で行っていたからだ。一二月三〇日に井田守三臨時代理公使が着任したが、仕事にも慣れず依然として忙しかった。とうとう三月中旬には体調を崩して、サナトリウムへ入院することとなった。四月一四日には文子へ以下のように書き送った。「この頃身体が疲労しがちでいけない。何分にも多忙なので疲労に陥りがちで困る。人からあんまり勉強しすぎると云われるから少しなまけようと思うが生まれつきでどうしてもなまけられないで困る。何とかしてなまける稽古をしたいと思っている。定命の四〇までにはまだ三、四年あるから少々用心をしやうと思って居る」。永田は一切仕事に手を抜かなかったため、体調は一向にすぐれなかったようである。それに追い打ちをかけるように、ウィーンには旅行者が絶えず、その案内役もこなさなくてはならず、「まるで無報償のガイドだ」と文子に愚痴をこぼした（五月一九日）。

六月六日にはフランスへ出張した。それは皇太子の裕仁親王（後の昭和天皇）が一九二〇年三月より渡欧しており、欧州各国に駐在する大使館附武官一同が御機嫌奉伺し赴任国の状況を言上するように命じられたからであった。皇太子の渡欧は、皇太子に政治や人に接することに慣れさせ、ヨーロッパで見聞を広める必要があるとして、原首相と山県の主導により一九一九年一一月頃から計画された。しかし計画の過程で、皇太子妃に内定していた久邇宮《くにのみや》良子《ながこ》の色覚異常問題で婚約に反対した山県が批判にさらされ始め、その動きと連動して計画を阻止する運動が国粋主義者の間で起こり、計画は難航した。皇后が洋行に反対であったことも計画の妨げとなった。結局、原首相が重視したアメリカ経由の計画は採用されなかったが、ようやく三月に渡欧が実現した（伊藤之雄『原敬内閣と立憲君主制』）。山県は、皇太子妃の一件で著しく権力を失墜させ、山県系官僚閥の解体が決定的となった。

皇太子の一行は、イギリスを見学して五月三〇日にフランスに入っていた。フランスでは、国際連盟の代表や条約実施委員などを含む四〇人以上の陸軍軍人が参集した。梅津や小畑や桑木もこのなかにいた。侯爵軍人である前田利為は、イギリスからお伴をし、フランスではゴルフも同伴した（前掲『前田利為・軍人編』一九九～二〇二頁）。おそらく、永田が裕仁親王と身近に接したのはこのときが最初であったものと思われる。皇太子は、フランスの著名な軍人であるペタン元帥、ジョッフル元帥、フォッシュ元帥らとも会見し、西部戦線の戦跡などを訪問した。こうした訪問計画は陸軍に配慮してのことであろう。しかし、イギリスでの自由な王室の雰囲気を味わったことが皇太子にとっては最も強い記憶として残り、帰国後は洋服姿でメディアに登場するようになる。それまで通常皇族は軍服であった（伊藤之雄『昭和天皇と立憲君主制の崩壊』第二部第一章）。

失意のスイス行き

そこへスイス公使館附武官候補に永田が選考中であることが本国から伝えられた。永田は、「同地（スイスの首都ベルン）は人口二〇万位の小都で墺国《オーストリア》に比し物価も頗る高く、生活は維也納《ウィーン》に比し甚だ困難なるべし。仕方が無いから景色でも見て暮らすつもりなり。二年位は辛抱したら返してくれるだろうと思う。もう欧州生活も飽きた。そろそろ日本へ帰って刺身や天麩羅でも食べたくなってきた。」と文子に心情を吐露した。すると、とうとう六月一三日付で教育総監部付を免じられ、スイス公使館附武官に補せられた。

間違いなく栄転ではあった。公使館附武官は駐在武官のトップであり、ただの駐在武官とは身分や待遇が違う。前任者は陸大同期の梅津美治郎であった。陸軍軍人の昇進順位は士官学校の卒業年次

（少尉任官）と卒業成績によってほぼ決定する。陸大同期で一、二を争い、共にドイツで学んだ大尉時代まではほとんど差はなかったが、少佐になると永田と梅津はもはや前任者と後任者の関係となっていた。永田には「軍隊教育令」を起案し、国家総動員計画の大枠を作るという大仕事をやってのけたという自負があっただろうが、永田の教育総監部勤務という肩書は陸軍の花形参謀本部勤務という梅津の肩書に対してどうしても見劣りがしたし、梅津に追いつくことはできなかった。しかも国内では田中陸相がすでに陸軍の大改革に乗り出していた。仕方がないとはいえ、悔しさや焦りは隠しきれなかっただろう。もっとも永田と梅津は良い意味でのライバル関係にあり、在欧期間を通じて親交を深めていた。例えば、永田がウィーンにいた頃、物価高騰で困っていた梅津に上等な毛皮の外套を安価で買えるよう便宜を図った。また永田がスイスに駐在していた間に永田の息子が病気になった際には、文子が相談すべき人に梅津の名を挙げていたように、永田は梅津を信頼していた。

さて、永田は七月二日ハンガリーのブダペストを見学するためドナウ河を下った。六日ウィーンに帰り、八日出発、九日にチューリッヒに一泊した後、一〇日ベルンに到着した。ベルンでの住まいは、前任者の梅津から譲り受けた。やはり大使館附武官となれば、住む家も違った。そのことがせめてもの慰めであったろう。永田の周囲では「瑞西の重箱生活」（遊佐幸平、陸士一六期）「年余の山籠り」（見留喜兵衛、陸士一九期）と永田の境遇を同情する声も少なくなかった。永田は「ベルンは人口一二万ばかりの小さな町で見物するところも何もなく、人口二〇〇万もあった墺太利《オーストリア》の維納《ウィーン》からくるとさ《マ》む《マ》しくて仕方ないくらいだ。併し景色は良く空気は清いので、勉強したり運動したりするには都合が

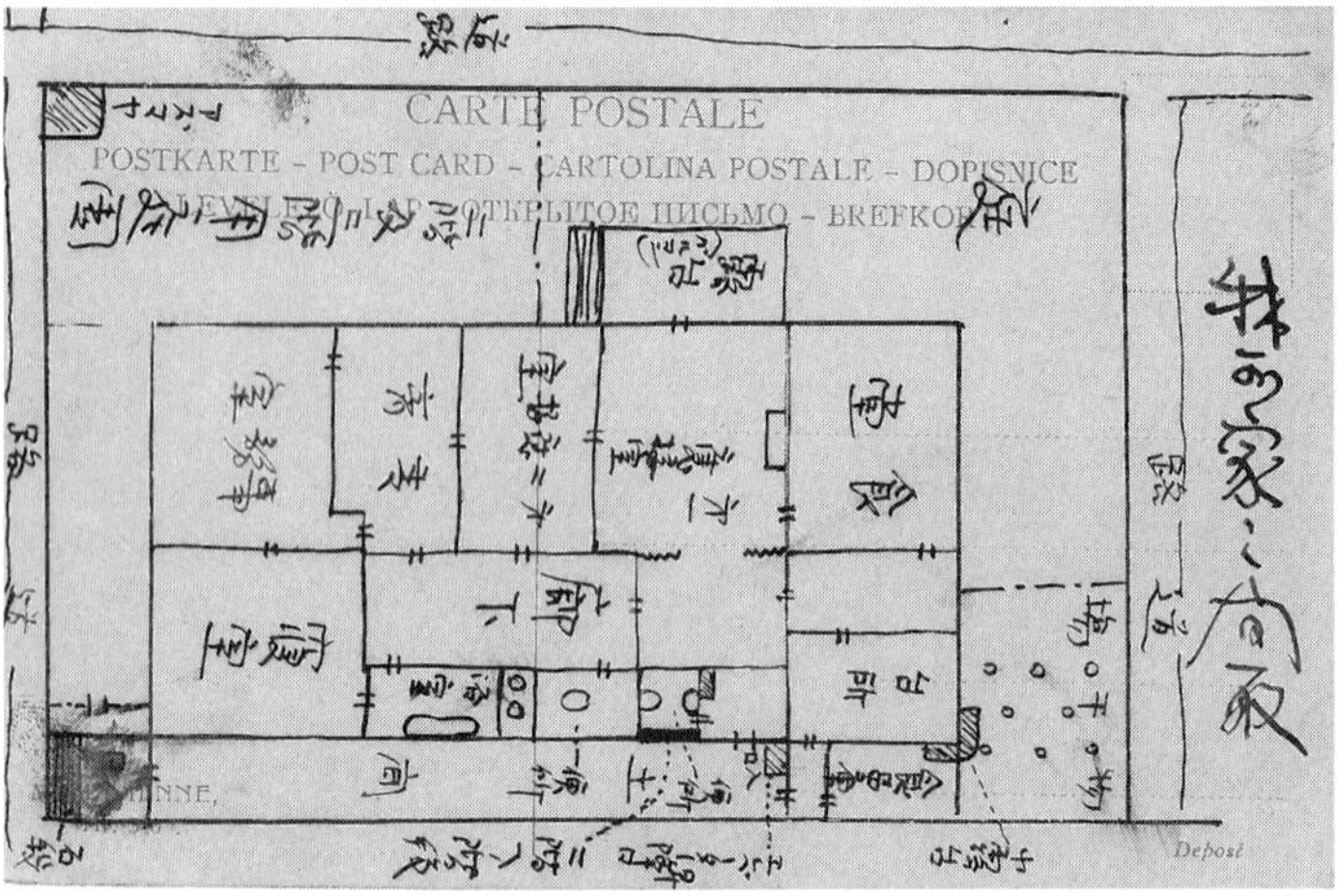

ベルン滞在時の家の間取り（永田家所蔵）

よい」と覚悟を決めて文子へ書き送った。

「バーデン・バーデンの盟約」

一九二一年一〇月二七日、永田はドイツ南部の温泉地バーデン・バーデンを訪れ、合流した小畑敏四郎、岡村寧次とホテルで深夜まで話し込んだ。ここで話し合われたことが、後に「バーデン・バーデンの盟約」と称され、今ではなかば伝説と化している。「盟約」とはすなわち、(1)長州閥専横の人事の刷新、(2)軍制改革（軍備改編、総動員体制の確立）の大目標に向けて同志を結集すること、であった。この「盟約」を端緒として、昭和陸軍へ向けた胎動が始まり、彼らを中心とする横断的結合の「一《いっ》夕会《せきかい》」（後述）がやがては満州事変の原動力となり、ひいては日本を戦争においやった、と解釈されてきたのである。極東軍事裁判の証言で明るみになった「盟約」は、戦後に読売新聞記者の高宮太平が世に公表し、当事者である岡村寧次がそれを事実として認めたことで、多くの伝記や研究書までが軍部独走の端緒としてこの「事実」を引用するようになった（例えば、高橋正衛『昭和の軍閥』、筒井清忠『二・二六事件とその時代』など）。注意すべきことは、これはあくまで岡村の立場にたった岡村史観だということである。

そこへ永田の伝記に寄稿した稲葉正夫（陸士四二期、防衛研修所戦史編纂官）が、「永田を中心とした同志を結集することを盟約した」と記し、あたかも永田がリーダーであったかのように記述した（稲葉正夫「永田鉄山と双葉会・一夕会」『秘録永田鉄山』所収）。稲葉は永田の伝記ゆえ永田の役割を誇張して書いたのであろうが、その後稲葉の記述は多く引用され、同志の結集→双葉会結成→一夕会結成→満州事変→軍部の暴走という歴史のシナリオをあたかも永田が主導したかのように一部では理解されている。はたして永田は、この日の出来事をどのように考えていたのだろうか。そもそも誰が「盟約」の主唱者だったのか。史料的制約はあるのだが、ここはあえて再検討する必要があるだろう。

＊戸部良一も『日本の近代9　逆説の軍隊』（中央公論社、一九九八年）のなかで、永田・岡村・小畑らが帰国後陸軍革新の核になったことは間違いないとしつつ、「はたして、この会合がそれほど画期的なものだったのか、またそこで盟友と呼ばれるほどのものが取り決められたのか、これはいささか疑問である。」と指摘している。熊谷光久の研究によれば、双葉会が主張したとされる長閥打破についても、長州出身者が占める割合は明治期に比べてかなり低下していたという（熊谷光久『日本軍の人的制度と問題点の研究』国書刊行会、一九九四年）。また省部の要職に就く長州出身者が一九二二年で消滅しており、実質的

に長州閥は消滅していたことも掘茂によって明らかにされている（掘茂「『長閥』の数量的実態に関する一考察」）。

岡村は一九二一年一〇月二七日の日記をこう記している。「七時過ぎ小畑と共に出てベルリン発途中囲碁をなしつつ午後一〇時五〇分バーデン・バーデン着　永田と固き握手をなし三名共第一流ホテルステファニーに投宿快談一時に及び隣客より小言を言われて就寝す」「派閥の解消、人事刷新、軍制改革、総力戦態勢につき密約す」。そして同志の結集のため「われわれ同期だけではいかんということで、ちょうどライプチッヒに留学しておった東条（英機）のところに私が行って説いて、まず十六期、十七期で始まった」と回想する（『支那派遣軍総司令官　岡村寧次大将』二三頁）。

いったい岡村は当時どのような境遇にあったのだろうか。岡村は一九〇四年一〇月に陸軍士官学校を卒業してから、日露戦争で後方勤務の後、士官学校生徒隊付清国学生隊の区隊長として勤務した。前章で述べたように、岡村は同期の土肥原賢二や磯谷廉介らと共に中国大陸で活躍しようと「同志的契合」を結んでいた。永田に遅れること二年、岡村は陸大に入学、卒業後は念願が叶い、参謀本部第二部支那課の支那班勤務となり、一九一五年二月に山東省青島へ派遣された。一九一七年二月には寺内内閣の援段政策（孫文の革命政権と対立する北京政府の中心人物段祺瑞を支援する政策）の実行を担っていた青木宣純《あおきのりずみ》中将の補佐役となり、一九一九年七月までの約四年半を中国で過ごした。青木本人は孫文らに同情的であったが、山県系の陸軍主流に縁故のない青木の役割は自ずと限定された。青木は原敬内閣成立後の一九一九年八月に予備役編入となった。

陸軍において中国のスペシャリストは、陸軍や政府に対中国情報を提供する重要な任務を担ったが、陸軍大臣や参謀総長まではもちろん、参謀次長や対外情報の調査分析を担当する第二部長にすらなれず、陸軍中央の政策決定にも関われなかった。中国の革命に身を投じてひと旗あげたい気持ちの一方で、中央とつながりがないまま中国勤務をしても出世はおろか情勢を何も変えられないという焦りは、岡村の中で当然あったであろう。岡村も青木と共に帰国を命じられ、その後陸軍省新聞班配属となり臨時軍事調査委員として、国民への宣伝活動について調査を命じられている。親友の黒木親慶から紹介されて昵懇となった秦真次《はたしんじ》新聞班長の引きがあったという（前掲『支那派遣軍総司令官　岡村寧次大将』二七頁）。委員のなかで長期の中国勤務を経たのは岡村一人であった。岡村にとっては幸運であった。そして一九二一年六月に、臨時軍事調査委員として大戦後の国民と軍隊との関係を調査するため半年の渡欧を命じられた。岡村にとって中央のエリート街道を歩む軍人たちと繋がりを持つ絶好の機会であった。

岡村はアメリカ経由でイギリスに入り、七月二〇日にスイスの永田へ、「一二日倫敦《ロンドン》着、二週後巴《パ》里《リ》に行き二週後、即八月下旬巴里より貴地に向かはん。万事宜しく頼む。話すべきことも不少、九月中旬より一〇月下旬まで伯林《ベルリン》に居り、一一月初め帰朝の途に着くべき予定なり。梅津兄尚在らるれば宜しく御伝言ありたし」と、ベルンへ訪問したい旨を書き送った。岡村は、八月二〇日にベルンで永田と会い一泊、翌々日には梅津と三人との夕食を実現させた（前掲『支那派遣軍総司令官　岡村寧次大将』三二頁）。なお岡村の伝記によると、岡村はなぜか永田ではなくベルリンにいた小畑の下宿を滞欧中の拠点としている。岡村は小畑と陸士の同区隊でいわばクラスメートだった。永田はスイス駐在中頻繁に旅行に出かけているし、日程さえ調整すれば岡村を泊めてやれないことはなかったはずである。岡村は永田に遠慮していたのだろうか。その後岡村は、後輩の東条英機や山下奉文《やましたともゆき》、鴨脚光弘《かもあしみつひろ》らの下へも訪れている。渡欧は半年しか許されていないため（船旅もあるため実際は四カ月程度）、軍事調査という任務を帯びながら岡村がかなり積極的に飛び回っていることがわかる。

他方で、青木宣純の下で岡村と共に中国で働いていた土肥原賢二も岡村と共に欧州へ出張していた。土肥原も一〇月頃から前田利為に誘われて青年将校研究会を開き、中国の革命の経過やアメリカの対中国野心などについて報告するなど、積極的に駐在組と交流していた（『前田利為　軍人編』一八三頁）。こうした状況を踏まえると、むしろ「同志の結集」を図ったのは岡村ではなかったのかと推測されるのである。ちなみに「同志」とはcomradeの日本語訳だが、日本に亡命した清朝末期の中国人官吏や革命家たちが明治維新の志士を気取って中国で愛用していた（邸永君「漢語〝同志〟一詞之由来与衍変」）。

次に、永田、小畑、岡村がバーデン・バーデンのホテルで「盟約」した、⑴長州閥打破（人事刷新）、⑵軍備改編（総力戦体制の整備）についてはどうか。⑵については永田のまさに専門分野であり、永田が主張したと見て間違いないだろう。しかし⑴については、永田が仲間を結集してまで強いて主張しなければならなかったこととは到底思えない。当時は漠然と長州閥の専横という批判が陸軍内外でなされていたことは確かであった。軍人が国民の模範となるべきことを説いた「軍隊教育令」が大正政変によって反故になり、真相を知らない永田は新聞を読んで大正政変を引き起こした「長閥」に憤りを感じていたかもしれない。またこれより以前、薩長閥以外で初めて陸軍省の要職である軍事課長になった真崎甚三郎を擁護しようと三人で話したこともあったと岡村は回想している（前掲『秘録永田鉄山』）。真崎は上司である田中義一陸相、山梨半造次官、菅野尚一軍務局長、直近の部下である児玉友雄軍事課高級課員と全て長州閥で固められ、孤立していたというのである（前掲、高橋正衛『昭和の軍閥』九九頁）。山梨を除く三名は山口出身だが、山梨は神奈川出身で、参謀本部総務部長のときの参謀次長であった田中義一が採用したのであって、これは能力主義の人事ともいえた。軍事課長もすでに大正時代から能力主義の人事に移っており、宇垣一成《うがきかずしげ》（岡山出身）、鈴木朝資《あさとも》（山形出身）、井上幾太郎《いくたろう》（山口出身）、津野一輔《つのかずすけ》（山口出身）、畑英太郎（福島出身）、そして真崎甚三郎（佐賀出身）と歴代の軍事課長を見ても長州専横とは言えなくなっていた。ちなみに津野は山口出身だが、陸軍省で長年キャリアを積んだベテラン軍政官僚だった。それに田中は総力戦体制に向けた陸軍改革の主導者となっており、その田中を長州閥の専横と批判するのはややピントがずれてはいないだろうか。こうしてみると、(1)の長閥打倒という目標はやや情緒的で、客観的分析をもとに主張されたものとは言いにくい。

これまで述べてきたように、永田は山県閥直系の寺内正毅の腹心であった本郷房太郎に才覚を認められ、永田も本郷を慕っていた。ドイツ駐在時に世話になった山口出身の河村正彦駐独大使館附武官ともその後手紙による交流が続いていた。また田中義一の覚えもよく、軍隊教育問題や総力戦論に関してはほとんど同じ考えを持っていた。教育総監部勤務は陸軍省や参謀本部に比べてやや見劣りがするが、極めて重要な任務を帯びていたし冷遇されているわけではなかった。おそらく「長閥打破」という目標は、長州閥に縁故のない岡村か小畑が、反長閥の一般的空気を背景として仲間内で最有望株の永田に働きかけたのではないだろうか。ちなみに、小畑は土佐藩士小畑美稲《みうね》の四男として生まれ、父美稲は元老院議官で男爵だった。土佐藩出身官僚の多くは征韓論政変を機に下野し、民権運動などを通して藩閥政府に対抗するようになった。元老院も反藩閥の空気が強かった。このような政治的風土のなかで生まれた小畑が長閥の「専横」に強い反感を持っていたとしても不思議はない。

もっとも永田にとっても、長州閥の実態がどうであれ、同世代の軍人が派閥対立をせず一丸となることは、決して無駄なことではなかった。むしろ(2)の国家総動員の理念を専門外の軍人仲間に広めていくという意味では有意義であった。

心のゆとり

永田が岡村らによる「同志の結集」の呼び掛けに応じたのは、当時置かれた環境にもよろう。ストックホルムやウィーンにいた頃より訪問客は減ったし、忙殺され体調を崩していたウィーンから一転、ベルンの生活はまさに悠々自適、永田は心にも余裕が持てた。世界一景色が良いと永田がほれ込んだスイスの景勝地を訪れ、十分に英気を養った。山岳リゾート地のアクサルプ（Axalp）、湖畔の美しいブリエンツ（Brienz）、渓谷で有名なアーレシュルフト（Aareschlucht）、山岳リゾート地として古くから知られるリギ（Rigi）、そしてアルプスのユングフラウ（Jungfrau）。永田は、それらを故郷の諏訪湖、安曇野《あずみの》、菅平《すがだいら》、耶馬渓《やばけい》、南アルプスなどになぞらえた。そこで大好きな登山や散策を楽しみ、冬にはスキーを満喫した。そんな心の余裕からか、再び文子にスイスへ来るよう誘った。

そして相変わらずの猛勉強であった。当時スイス大使館員だった田代重徳は、永田がスイスの学者を自宅に招いてその頃台頭しかけたイタリアのファシスト運動の講義を聞いていたと回想している（後に永田は、「伊太利の怪傑ベニト・ムッソリーニ首相と黒シャツ団」なる論文を「偕行社記事」に寄稿している）。田代はフランス語の達者な美人タイピストに毎朝フランス語を習っていたが、そのことが上司にばれ、永田の例を引っ張ってその不見識を面罵されて大いに恐縮したようだ。他方で永田は、余暇を楽しむときは人一倍楽しんだ。永田はなかなかの酒豪で、酔うと踊り出すほどの元気さであったという（田代重徳『思ひ出つるまゝ』三三頁）。

上達した語学能力

永田の語学能力、とりわけドイツ語は相当な域に達していたようである。現地の人々とも積極的に接した甲斐あってネイティヴの会話にも全く不自由しなくなっていた。そのことを如実に示す史料がある。それは、ヨーロッパ人女性の友人から送られた熱烈な葉書である。

Meinäußer einziger Fredo!
私の唯一の友人へ！
Ich bitte Dich. ich möchte so gerne zu Dir hinauf kommen. Sag mir was ich tun will.
私はあなたを求めています。あなたのところに飛んで行きたい気持ちで一杯です。どうしたらいいか言ってください。

Es küßt Dich. Deine einzige Nilla.
口づけをこめて、あなたの唯一の Nilla

日本人男性がヨーロッパ人女性にここまでの思いを持たせるには、性格やコミュニケーション能力が前提となるが、それ以上にかなりの語学能力が必要であろう。内容から察するに永田は、現地の女性をも惹きつけてやまないほどの人間的魅力を兼ね備え、現地の言葉を自在に操っていたといえる。長年の努力の賜物であった。

　長年日本を離れていたため、子供たちのことも気がかりだった。鉄城には「一番大切なことは立派な精神をもつ事、其次が身体と学問です」と書いて送り、鉄城へスイスの有名なメッカノ社の車のおもちゃを送った。松子には「瑞西は春から夏にかけて景色もよく気候も暑くなく涼し過ぎもしないから外国のお金持ちが沢山遊びに来ます。松子さんなんかも大きくなったらお金持ちになって一生に一度位瑞西へでも遊びにお出でなさい。それには勉強と健康が大切です。」とベルンの景色を載せた絵葉書を送り、手足が動く西洋人形や真っ赤な外套をプレゼントした。妹たちにもスイスの高級時計を買って送った。しかし鉄城は、足の大病を患い、障害を負うこととなった。永田は妻の監督不行届を責めたが、どうすることもできなかった。

　永田は一九二二年三月末に北白川宮《きたしらかわのみや》成久王《なるひさおう》のスイス案内役も果たしている。皇族は陸海軍に入隊することが慣例となっていた。北白川宮も陸軍に入隊し、階級は砲兵少佐であった。北白川宮の渡欧目的は公式には軍事視察ということになっていたが、本人の「極めてデモクラチックの空気を味わいたい」との希望でフランスが渡航先に選ばれた（広岡裕児『皇族』一〇六頁）。北白川宮は平民的な生活に憧れた皇族の一人であった。それに応えるように、永田は北白川宮を自宅へ招き、牛鍋、サバの味噌煮、たんぽぽのおひたし、白魚の吸い物、わかめの味噌汁、等のいたって平民的な日本の手料理を振る舞った。北白川宮は「大変御喜び」であったという。お礼として、金製御紋章の真ん中に真珠をちりばめたカフスの釦《ぼたん》を北白川宮から拝領した。「デモクラシー」の潮流がもはや日本の皇族にまで及んでいた。永田はその流れに抗うのではなく、むしろ柔軟に対応していこうとしていた。

ところが不幸にも北白川宮は、在仏中の一九二三年四月一日に自動車事故により若くしてこの世を去った。

帰国

さて、一九二二年一一月には帰朝の内命が下った。ようやく四月頃には日本に帰れるだろうと文子に伝えた。梅崎延太郎が一九二一年七月に大佐、梅津美治郎が一九二二年二月に中佐に昇進しているので、自分も今年は中佐になる予定であることも文子に書き送っていた。陸軍給与令（大正九年）によると、中佐に昇進すれば年収は少佐時代の二六〇〇円から三六〇〇円と約一・四倍となる。永田は、女中を捜しておくこと、今より上等の家（土地も含めて）を捜しておくこと、手頃な物件がなければ待つこと、等を文子に言いつけた。このことから、永田がステータスの上昇に従って今より豊かな暮らしを送ろうとしていたことがわかる。さらに、永田に東京に新築計画があったということは、帰国後は中央勤務が中心となるのを永田が自覚していたことを示唆している。言い換えるなら、それはエリート軍事官僚としての自覚である。他方で、軍人が家を建てることは陸軍部内では評判が良くないので、文子の実家の轟家が購入したと周囲には話しておくよう文子に注意を与えた。永田は世間の軍閥批判に敏感にならざるを得なかった。永田は同期の小畑と岡村と共に軍閥批判で気炎を上げたばかりだった。しかし永田は自分自身がその批判を受ける立場になることも十分に自覚していたのである。ちなみに小畑も帰国後、白金台に洋風建築の家を建てている（前掲『作戦の鬼　小畑敏四郎』二〇一～二〇二頁）。

永田は二月下旬にスイスを出発し、イギリスのサザンプトン港から大西洋に出て、アメリカはワシントンに到着、アメリカ大陸を横断して三月二〇日にサンフランシスコを出発、海路ハワイ経由で、四月六日に横浜に辿り着いた。このときの永田のアメリカ体験を物語る史料は残されていない。ただ、永田はワシントンから家族に宛てた葉書に、前年開かれたワシントン軍縮会議の模様が描かれたものを選んだ。アメリカの工業力や、日本人移民問題などにも注目したであろうが、永田の関心の一端はやはり「軍縮」にあったことをうかがわせる。

帰国した永田をめぐっては、教育総監部と参謀本部の間で人事の綱引きが行われ、参謀本部が「国家のため永田を教育総監部に譲ることにした」という（前掲『鉄山永田中将』一四〇～一四一頁）。当時の教育総監は田中陸相に近く田中と同期の大庭二郎《おおばじろう》大将、教育総監部本部長はこれまた田中陸相に連なる宇垣一成中将、第一課長は教育総監部叩き上げの川島義之大佐である。彼らの中でも、なかんずく宇垣の下で初めて働くこととなったことに注目したい。宇垣はかつて教育総監部第一課長を務めたこともあり、軍隊教育にも明るかった。永田のこれまでの業績を宇垣が知らなかったはずはない。後に宇垣が陸相に就任すると永田も陸軍省へ異動することとなる。そう考えると宇垣が永田を教育総監部に引っ張ったということは十分考えられるであろう。永田は教育総監部第一課高級課員（課長補佐）となり、引き続き軍隊教育改革の問題に従事することとなった。第一課は軍隊教育全般の事務、操典や教範の編纂を行う部署である。小所帯であったところを山梨軍縮で更に中佐一名、少佐二名、大尉二名に減員された。

5　大正デモクラシーと守勢に立つ陸軍

大戦後の日本

さて、永田が帰国した頃には政界の巨星が次々と世を去っていた。原敬（一九二一年一一月四日没）、大隈重信（一九二二年一月一〇日没）、そして山県有朋（一九二二年二月九日没）である。とりわけ、官僚勢力に隠然たる影響力を保持し、政党政治を嫌った山県の死は、一つの時代の終わりを象徴していた。すでに時代は大正デモクラシー一色に染められていた。

第一次大戦後から普通選挙運動や労働運動が高まりを見せていた。米騒動後に再燃した普選実施要求の声は大衆運動へと発展し、第四一議会（一九一八年末～一九年三月）の下で全国的な規模（主に都市部）で展開されることとなった（松尾尊兊『普通選挙制度成立史の研究』Ⅱ部一章）。原敬首相は普選を即時実施することには反対であった。原は選挙権の制限を緩和し（納税資格を一〇円から三円に引き下げ）、小選挙区制を基本とする選挙法に改正したことで、一九二〇年の総選挙で大勝利を収め、普選即行論を退けた。原政友会が支持基盤としていた農村部の地方名望家層は、普選よりも産業基盤の整備を要求していた。なお労働運動は、川崎造船所や八幡製鉄所に代表される大規模な労働争議があったが、原内閣が労働者の賃金増額といった待遇改善に応じつつ、徹底的に争議を弾圧したため、普選運動に結びつくことなく収束していった。

しかし原内閣の予想を超え、農村部にまで普選要求の声は広がっていった。この時期には戦後不況が続いたため、大戦中の急激な経済成長も停滞した。こうして原内閣の膨大な地方公共事業計画や軍備拡張政策も行き詰まりを見せた。政友会はこのような新状況に対応すべく改革を主張する勢力と伝統的な政策を主張する勢力との間で対立が続いた。原の後を継いだ高橋是清総裁は改革を主張したが、政友会を掌握できずにいた。高橋是清政友会内閣が倒れた後も加藤友三郎内閣、第二次山本権兵衛内閣と政友会が第一党を占めていたが、第三党の国民党が一九二〇年初めに、第二党の憲政会が二一年末にそれぞれ普選論に転換したにもかかわらず、党内混乱のため身動きがとれずにいた（伊藤之雄『大正デモクラシーと政党政治』二・三章）。加藤（友）首相や山本首相ですら世論を受けて普選に前向きであり、もはや普選実施は必至の状況となっていた。

他方で軍縮も大戦後の既定方針となった。一九二一年七月に、軍備制限問題、山東問題、日英同盟問題などが絡む極東及び太平洋問題について国際会議を開くことをアメリカが日本、イギリス、フランス、イタリアに提案した。原首相はアメリカの台頭を重視しており、アメリカの提案を歓迎した。

アメリカの真意は、日本の中国進出の抑制と日米対立の誘因となっていた日英同盟更新の阻止（二一年七月に満期）にあった。日本は幣原喜重郎駐米大使が全権として極東問題を主導し、日本の満蒙権益を抑制されない限りにおいて、アメリカの唱える門戸開放主義に賛同した。ワシントン会議の結果、日英同盟は廃棄され、海軍軍縮条約と中国に関する九カ国条約が結ばれた。海軍軍縮条約は、戦艦・航空母艦など主力艦の保有トン数とその比率を米・英・日・仏・伊で五、五、三、一・六七、一・六七と既定した。全権の加藤友三郎海相は、日本の経済力からみて妥当であり、補助艦で国防が保たれると判断しており、海軍全体は結果に満足していた。中国問題については、中国の主権と独立と領土の保全、中国における商工業上の機会均等の維持が九カ国条約に謳われ、アメリカの思惑通りとなった。日本は第一次大戦でドイツから奪った山東省のドイツ権益の大部分を中国に返還した。もっとも、幣原全権が日本の満州における特殊な地位を再三強調し、それがアメリカなどに承認されたと理解していた。

幣原喜重郎
（国立国会図書館提供）

軍縮世論　すでに海軍では、大隈内閣の海相を務めた加藤友三郎が、山本権兵衛や東郷平八郎ら薩摩閥とバランスをとりながら彼らの支配していた海軍を政党政治に適応できるように改革しようとした（平松良太「第一次世界大戦と加藤友三郎の海軍改革──一九一五～一九二三年（一）（二）（三）・完」）。戦後不況のなか、陸軍軍縮も避けては通れなくなっていた。大戦中から大正デモクラシー運動のオピニオンリーダーであった吉野作造らによって軍部批判がさかんになされていた。彼らは、平時においては帝国内の治安維持に必要な兵力の保持で十分であり、軍部大臣現役武官制や帷幄上奏権といった特権も軍閥を温存するものとして廃止を主張した。もちろん国防を無視した軍縮論ばかりであったわけではない。国民党総裁の犬養毅は産業立国論を説き、総力戦の際に高い軍事力を発揮できるよう、財政整理や軍縮によって国際的に対抗できる工業力、産業力を身につけるというものであった。犬養自身、陸軍の少壮官僚に同じ意見を持った者が沢山いると述べ、陸軍との親和性を示唆していた（前掲、黒沢文貴『大戦間期の日本陸軍』九三頁）。政友会の軍備縮小案も総力戦に適合する軍事力の創出を目指している点では同じであり、大岡育造などは国民の軍事思想の普及なども唱えていた。こうして高橋内閣の下で開かれた第四五議会において、政友会や国民党が共同で提出した陸軍軍備縮小建議案が可決された。しかし、建議案は歩兵在営年限を一年四カ月に縮小するなどのほか、常備一〇個師団を削減し、経費も四〇〇〇万円を削減するという、かなり急進的なものとなっていた。しかも政党の軍縮案は、軍部大臣現役武官制廃止といった陸軍の「特権」剝奪要求とセットになっており、否が応でも陸軍を硬化させた。

山梨半造陸相は、第一次大戦で立ち遅れとなった装備の近代化を進めつつ、大幅な人員整理の必要に迫られた。その結果、加藤友三郎内閣成立後の一九二二年八月、第一次陸軍軍備整理計画を発表した（山梨軍縮）。続いて翌年四月にも第二次軍備整理計画を実施した。山梨軍縮は、常備師団を削減せず、約五個師団相当（約六万人）の人員削減を行い、機関銃、野重砲、航空機といった最新の近代兵器を取り入れようとしたものであったが、結果として弥縫《びほう》的なものに終わった。陸軍内では上原勇作参謀総長率いる参謀本部が「質より量」を重視し、経済不況を省みず常設師団を維持する既定の国防方針に固執したことが響いた（小林道彦『政党内閣の崩壊と満州事変』二二一～二二三頁）。ちなみに、第一次大戦後に改定された参謀本部の作戦計画は、仮想敵国として新たにアメリカを加え、米、中、ソという多数国との戦争を想定していた。しかし、それぞれが個別に計画され、兵力も重複するものがあり、紙面上で何とか辻褄を合わせた杜撰なものであったと当時作戦課にいた遠藤三郎が証言している（遠藤三郎『日中十五年戦争と私』一三頁）。

山梨軍縮は整理であって縮小ではないとの評価が新聞などでは一般的であり、軍縮を要求する世論がおさまらなかったのは当然といえた（前掲、纐纈厚『近代日本政軍関係の研究』第四章三）。総力戦体制の整備に一定の理解を示しつつも、政党やメディアの陸軍に対する目は依然として厳しかった。大幅な人員削減による装備の近代化を嫌う参謀本部の「抵抗勢力」の存在も足かせとなっていた。

永田は八月二八日付けで作戦資材整備会議幹事を命じられた。このとき永田の上司であった川島義之第一課長も同会議の委員長に就任した。この月に永田は期待通り中佐に昇進している。田中陸相の下で組織された作戦資材整備会議は、松木直亮（山口県出身）を初代委員長とし、総力戦体制を整えるために求められる作戦や資材に関する研究チームである。こうしてまた一歩、永田の陸軍省入りが近づいた。

加藤友三郎首相が病死したため、一九二三年八月二六日に加藤内閣は総辞職し、元老西園寺公望は八月二七日、後継首相に山本権兵衛を推薦した。西園寺は加藤内閣の行財政整理や協調外交の方針を継承し、普選問題を解決することを山本に託した。依然として混乱する政友会や協調外交批判の余韻の残る憲政会は、政権を担当するに不十分と判断された（伊藤之雄『大正デモクラシーと政党政治』一三五頁）。こうして組閣の準備がなされていた九月一日午前一一時五八分、関東一円を大地震が襲った。これにより帝都東京は麻痺状態に陥り、朝鮮人の暴動や社会主義革命などの流言飛語が飛び交い、市街は混乱状態となった。震災直後は内田康哉《うちだやすや》外相が臨時兼任首相として指揮をとり、九月二日山本内閣が成立すると新内閣のもとで戒厳令が布かれた。陸軍は戒厳司令部を編成し、約五万名の部隊を東京、神奈川、千葉、埼玉などへ配置し、警察や市民が組織した自警団と連携して治安維持に努めた。また道路、水道、鉄道線路、港湾設備といったインフラの復旧活動にもあたった。帰国して間もない永田も戒厳司令部指揮下の震災救護委員として横浜に派遣され、食糧の配給作業などにあたった。

陸軍の部隊は、破壊的な被害を受けた街で感泣をもって迎えられた。『東京日日新聞』や『読売新聞』などは、部隊の活動を軍閥の発言権の増大と揶揄する論調を一蹴し、陸軍の災害救助活動を正当に評価すべきことを論じ、震災の復興の最大の功労者は陸軍であると評するなど、陸軍の救援活動を高く評価した。

しかし、九月一六日に甘粕正彦《あまかすまさひこ》憲兵大尉が大杉栄《おおすぎさかえ》・伊藤野枝《いとうのえ》らを殺害した甘粕事件が発生すると、新聞報道された二〇日以降陸軍の処分の不透明を批判する論調が強まった。一八日午後一時に湯浅倉《ゆあさくら》平《へい》警視総監の報により事件を知った山本首相は「五十年感じたる最大の苦痛なり」として田中義一陸相を呼び出して詰問した。一度は何も知らないと述べた田中に対し「不都合なり」と詰め寄ったところ、田中は午後八時に間違いないことを山本へ告げ、一九日朝には自身の進退伺と共に、福田雅太郎戒厳司令官の免職と後任に山梨半造前陸相をすえること、甘粕大尉は行政処分に処することを悲痛の面持ちで山本に告げ、翌日上奏したという（「財部彪《たからべたけし》日記」一九二三年九月二〇日）。このとき小泉六《こいずみろく》一《いち》憲兵司令官、小山介蔵《こやまかいぞう》東京憲兵隊長らも停職処分となった。田中陸相は、首相の気魄に押され、真相を究明せずに即断で処分を決めてしまったのである。処分の理由はこのとき明かされなかった。このような対応は世論に猜疑心を植え付けたばかりか、陸軍内にも動揺を与えた。甘粕大尉は行政処分により一〇月停職となり、一二月に軍法会議で禁固一〇年を言い渡されたが、真相は闇に葬られた。上層部が甘粕大尉へ責任を押し付けたとの噂が絶えず、甘粕大尉の母を救済する動きが起こった。永田も頼まれて義捐金をいくばくか送ったようである。

一一月一五日、ようやく戒厳令が解除された。死者九万九四七四名、罹災した世帯数は五九万二二六四、家屋、家財、商品などの被害総額は五〇～二〇〇億といわれ、前年度の政府の歳出決算の三・五～一四倍にもなった。震災の結果、陸軍装備の近代化のためには軍縮がますます不可避となった。

山本首相は、震災復興に努めるかたわら、普選実施を掲げて政界刷新を図り、新党を樹立し、政友会の絶対多数を打破しようとした（松尾尊兊「山本地震内閣の普選構想」）。しかし、無政府主義者の難波大助が摂政裕仁親王を狙撃した虎ノ門事件の責任を取り、山本内閣は一二月二九日に総辞職した。

「戦闘綱要」の起草

永田は一九二三年一一月まで震災復興に携わり、翌年八月郷里にほど近い長野の松本歩兵第五〇連隊に隊付として勤務するまでの約九カ月は、教育総監部第一課高級課員（課長補佐）として軍隊教育問題に従事した。なかでも「戦闘綱要」の起草は、組織のルール作りに長けた永田にとって意義深いものであった。「戦闘綱要」とは、第一次世界大戦の教訓を踏まえて、師団を単位とした戦闘における各レベルの指揮官の行動に原則を定めたものである。その特徴は第一に、「戦闘一般の目的は敵を圧倒殲滅して迅速に戦捷を獲得するに在り」と綱領にあるように、包囲殲滅戦を中心とする速戦即決主義が貫かれている点である。殲滅戦が十分に効果を得られない場合、予備兵を配備して持久戦に備えることとなっていた（『戦闘綱要』綱領）。

しばしば誤解されることだが、総力戦論者＝持久戦論者ということでは決してない。永田とて、万が一戦争となれば速戦即決により矛を収めるに越したことはないと考えており、国家総動員の準備が出来ていれば、より迅速な解決ができるし、持久戦という最悪の場合にも備えられると考えていたのである。すなわち、「国家総動員の施設が十分に出来て居れば万一のことがあった場合、（中略）戦争の初めから多くの戦争能力を発揮することが出来、自然戦争の期間を短縮し所謂速戦即決と云うことが求め易くなるので、戦費を著しく減ずると云う効果を齎すのである」（永田鉄山「国家総動員準備施設と青少年訓練」）。

第二の特徴は、「戦闘綱要」は歩兵を戦闘の中心としながら、騎兵、砲兵、工兵などの各兵科との共同運動にも重きを置いていた点である。また、軍隊の要は兵の多寡ではなく攻撃精神、士気の旺盛であり、資材の充実、補給の円滑を常にあてにしてはならず、「堅忍不抜よく困苦欠乏に堪え」なければならないとしていた。ドイツの敗戦がこの点にあったという永田の反省が反映されているといえよう。これも誤解されやすい点であるが、永田とて近代兵器による物量作戦で戦えばよいと楽観していたわけでは決してなく、最終的には士気とそれを支える精神力が最も重要だと考えていたのである。

第三の特徴は、軍紀の重要性である。陸軍は現場の判断に任せる独断専行を奨励するところがあったが、「独断は其精神に於ては決して服従と相反するものにあらず」とその解釈を拡大解釈することを警告している。この点は永田が士官養成時代から重視してきたことである。

こうして永田は、自らの第一次大戦の経験を戦闘を行う末端部隊にまで浸透させるための仕事を成し遂げた。これまでの在欧経験と中央勤務のすべてが、陸軍の最中枢である陸軍省軍務局軍事課に入ることで一気に開花することとなる。ちなみに「戦闘綱要」は一九二九年に制定され、さらに日中戦争を経て一九三八年に「作戦要務令」として改編されることとなるが、教義が独り歩きし、歩兵偏重、精神主義の経典と化していった。

永田は、一九二四年一二月一五日、遂に陸軍省入りを果たす。しかも四〇歳にして用意されたポストは軍務局軍事課高級課員、かつて山県系官僚閥が独占し、陸軍首脳部への登竜門であった軍事課の課長補佐である。課長は近代兵器とりわけ航空機に明るい杉山元《すぎやまはじめ》、前任者はやはり梅津美治郎であった。

第三章　政党政治との共存を目指して

1　陸軍の自己改革

宇垣軍政の始まり

永田が教育総監部にいる間、陸軍内部や政界の状況は新たな局面を迎えていた。一つは、世間でも話題となった新旧陸相の交代劇である。虎ノ門事件の責任をとって山本権兵衛内閣が総辞職した。一九二四年（大正一三）一月七日に成立した後継の清浦奎吾《きようらけいご》（前枢密院副議長）内閣の陸相をめぐって、宇垣一成《うがきかずしげ》陸軍次官を推す前任陸軍大臣の田中義一と腹心の福田雅太郎《ふくだまさたろう》を推す上原勇作元帥とが対立したのである。上原は人事権に介入して第二の山県たらんとした。田中は、上原の野心を見抜き、軍縮の足かせとなっていた上原ら参謀本部系を統制するためにも上原らの動きを阻止しようと考えた。しかも福田は甘粕事件の責任者として田中が処分したばかりであった。そこで田中は「三長官会議」なるレトリックを持ちだした。陸相、参謀総長、教育総監の意見が宇垣で一致しているので、福田案は取り下げてもらいたいというのである。清浦首相に推薦したのは上原の方が早かったが、田中はそれを覆した。山県が死んでからは、後任陸相の推薦は首相と前任陸相との間で相談して決められており、「三長官会議」なるものは明らかに田中が創り出した「慣行」だった（拙著『日本陸軍と日中戦争への道』第二章）。こうして、紆余曲折を経ながらも、軍政経験の豊富な宇垣一成次官がそのまま陸相へ格上げされた。

加藤高明
（国立国会図書館提供）

もう一つは、第二次護憲運動である。山本内閣の後を襲った清浦は、かつての山県系官僚であり、貴族院議員であった。元老西園寺公望は、普通選挙を中立的立場で行うため、あえて清浦を推薦した（前掲、伊藤之雄『大正デモクラシーと政党政治』）。しかし清浦首相は外相と軍部大臣以外に貴族院議員をあてたため、都市部や農村部に至るまで普選即行を訴える第二次護憲運動がまきおこったのである。政友会内部では清浦内閣を支持して総選挙を有利に戦い、政友会単独内閣をねらう床次《とこなみ》竹《たけ》二郎《じろう》ら保守派一四九名が脱党して政友本党を作ったが、これが誤算となった。残った政友会（一二九名）、第三党の憲政会（一〇三名）、革新倶楽部（四三名）が普選実施を高々と掲げ、次期内閣をこれらの護憲三派による連立内閣とすることを約束し、総選挙の結果、加藤高明率いる憲政会が一人勝ちして第一党となった（憲一五一、政一〇五、政本一〇九、革三〇）。こうして六月一一日に内相、蔵相、外相などの有力閣僚ポストを憲政会が独占する護憲三派内閣が成立した。

加藤高明は、第二次大隈内閣以来の苦節十年の野党生活の間、党内でリーダーシップを発揮して憲政会を政権政党として成長させた（奈良岡聰智『加藤高明と政党政治』）。加藤首相は宇垣前陸相に交渉して留任の承諾をとりつけた。加藤と宇垣は、政党と陸軍との間でお互いに要求をつきつけないことで意見が一致した。加藤は原敬と同様に、陸軍の改革は陸軍に任せるという姿勢を見せたのである。ここに、憲政会と宇垣陸軍省の提携関係が新たに成立し、宇垣は腰を据えて軍縮と軍備整理に着手することができるようになった。

宇垣一成
（国立国会図書館提供）

宇垣軍縮

宇垣陸相は津野一輔次官を長とする陸軍制度調査委員会を設置し、四個師団の廃止によって捻出した経費を編成や教育施設の改善に充当するという方針を打ち出し、一九二四年八月の軍事参議官会議（上原勇作元帥らを含む長老会議）で辛くも同意を取り付けることに成功した。憲政会は七個師団削減、政友会は六個師団、革新倶楽部は一〇個師団削減をそれぞれ主張していたが、加藤首相が宇垣陸相の案で閣内の了解をとりつけた。宇垣陸相も、政友会や革新倶楽部に了解を取り付けるために自ら出向いた。その結果、飛行中隊一〇個、戦車四〇輌、高射砲隊二個などを新設する軍備近代化計画を五年間で完成させることとなった。

宇垣陸相は将来起こり得る戦争は短期決戦が望ましいとしながら、英米との持久戦争をも想定していた（『宇垣一成日記Ⅰ』四〇二頁）。おそらく日本の特殊権益である満州をめぐる争いを予期してのことだろう。しかし、対外的には「国際主義四海同胞主義で行くことが必要」とアメリカが主唱する国際協調、いわゆるウィルソン主義に同調することも吝《やぶさ》かではなかった（前掲『宇垣一成日記Ⅰ』三九三頁）。また宇垣はワシントン会議で日本が譲歩したことを評価し、「英米との利害にも名誉にも感情に於いても衝突少なき方面を選択せねばならぬ」と日記に記し、対英米協調による戦争回避を重視していた（前掲『宇垣一成日記Ⅰ』三〇八頁、四四三頁）。このような対外政策を持論として持っていたがゆえに、いたずらに多兵主義に陥ることなく軍の近代化に集中することができたのである。

小林道彦が指摘するように、資源に乏しい日本は速戦即決を第一に考え、それで勝利の見込みが立たない場合には一切の国力を傾注して持久戦に備えなければならないという宇垣陸相の考えは、永田の発想とも重なる部分が多い。永田は、「常に必ずしも速戦即決ということは望み難く、戦争が持久戦に陥るという場合を覚悟せねばならぬので、軍備の外に更に国家総動員の準備も忽せに」してはならないと述べている（永田鉄山『国家総動員』）。繰り返しになるが、永田は戦費節約のためにもあくまで速戦即決が望ましいと考えていた。

このように合理的な発想から国防を考え抜いていた宇垣と永田であったが、究極のところまで突き詰めると、強い日本をつくるのは近代的な装備でもなく、自給自足の経済圏でもなく、堅忍不抜の国民「精神」であるという考えでも共通していた（前二者も勿論重視する）。先述したように、永田はドイツの敗戦は国民の精神が戦争継続に堪えられなくなったのが原因であると考えていた。宇垣陸相も「精神は軍成立の主要素なり。最新の学理も精鋭なる兵器も皆此精神威力を基礎として其光輝を発することを得るものなり」「偉大なるものは精神である。一人の力良く千万人を奮起せしめ、無限の富無限の進展も此精神の力によりて遂げ得る」と書きとめているように、今後の戦争は「国民の戦争」であり、国民の国防意識の向上や自発性にかかっていると考えていたのである（前掲『宇垣一成日記Ⅰ』四四〇、三五八、三二五頁）。

青少年教育

それゆえ宇垣陸相は、軍事教練の推進を主張し、政党が主張する在営年限（兵役として兵営の中で軍務に服する期間のこと）の縮小にも応じた。宇垣陸相は岡田良平文部大臣（貴族院議員）と協議の上、中学校以上に将校を配置して軍事教練を施し、義務教育を終えて中学校に行かない青年のために青年訓練所を設置して、青年訓練所を修了した者には在営年限を六カ月短縮する措置をとったのである。岡田文相は「陸軍の強制ではない」と述べ、兵式体操といった教練の普及に積極的であった（『東京日日新聞』一九二四年九月一三日）。在営年限の縮小は、労働に従事する青年の経済的負担を軽減させることを主張する政党に陸軍が譲歩したという意味も持ってはいたが、宇垣はむしろ積極的な意味を見出していた。すなわち、学生に軍事教練を施すのは単に国防の見地よりのみではなく、「端正なる姿勢、剛健なる身体、特に忍耐心の養成、機敏なる観察力、秩序、服従、協同及愛国心等の養成など」平時の生活にも極めて必要との認識を宇垣は持っていたのである（前掲『宇垣一成日記Ⅰ』三六九頁）。また在営年限の縮小は、当時同様の措置をとっていたフランスと同様、「戦

ボーイスカウト活動にいそしむ永田鉄山（永田家所蔵）

後の産業復興の為労力の供給を必要とする」目的を持つと考えていた（前掲『宇垣一成日記Ⅰ』三四五頁）。

永田も同様であった。永田は渡欧中イギリスの青少年教育に範をとり、息子の鉄城をボーイスカウトに入れ、自らもそれに参加するほどの熱心な、かつ実践を伴った教育論者であった。永田によれば、青少年訓練を総力戦と結びつけて誰でも彼でも兵隊として徴集するというのは誤解であり、「平戦時を問わず国家に十分貢献の出来るような精神と体力とを有する人材を養成しようというのが主旨」なのであった。すなわち「産業の方面にも国防の方面にも其の他あらゆる方面に対して従来より良材を送り出す事を目的として」いたのが青少年訓練なのである。これは永田が起案した軍隊教育令の良兵良民主義の延長上にある考えと言って差し支えないだろう。つまり、在営年限縮小は青少年教練の充実によってもたらされたのであり、政党から言われるまま在営年限を縮小した結果教練を充実したわけでは決してないのである（永田鉄山「国家総動員準備施設と青少年訓練」）。宇垣や永田は、訓練軽減の代替措置としての青少年の大量動員ではなく、強い精神力と身体を持った日本人の育成を図っていたといえよう。

こうした考えは、政党側の理解を得やすかった。政党とてやみくもに軍縮を唱えて軍部攻撃を行っていたわけではない。普選運動で活躍した憲政会代議士の川崎克（陸軍参与官）は、青年訓練問題を

「直ちに軍国主義の宣伝であり、軍閥の教育侵略であると言うに至っては、曲解も甚だしい」と述べ、むしろ国民が国防を理解することが「国民の義務であって、国防は国民の国防であることが実体化する」ものと捉えていた（川崎克《かわさきかつ》「国防の基準と訓練問題」『憲政』一九二五年二月）。同じく憲政会代議士の関和知《せきわち》も、軍部に対する一般国民の反感は「一種の因習的誤解」であり、現在は「閥族の亡び、軍人政治家の凋落せる」に至ったものと認識していた。そして、帝政ロシアが崩壊しても国防は安全とはなっておらず、むしろ「一の特別なる友邦をも有せず、而して四囲の関係は寧ろ一髪千鈞を引くの状（細い髪の毛で重いものを引くように非常に危険なことをすること）」にあるという情勢認識を関は持っていた。それゆえ、国民が「国防を閑却し、若くは無視せんとするが如きは沙汰の限りと謂わねばならぬ」と、国民の自発的な国防への参加を喚起した。関にとっても軍事教練は「国民の本分を完うすべきもの」だったのである（関和知「国防上の立憲的施設」『憲政』一九二四年九月）。

他方で、田中義一前陸相は陸軍統制の実績と、何よりも在郷軍人会が持つ約三〇〇万の票田を期待され、一九二五年四月に鳴り物入りで政友会の総裁として迎え入れられた。田中や宇垣の登場により、陸軍と政党の関係は新たな時代を迎えつつあった。そして永田は、その両者と共同歩調をとり、あるいは政策を下支えすることで、もはや将来を約束された押しも押されもせぬ陸軍エリート中のエリートとなったのである。

陸軍統制の中枢に入る

永田は一九二四年一二月に陸軍省軍務局軍事課高級課員（課長補佐）に任命される。課長は杉山元大佐である。長らく教育総監部で勤めた永田が、陸軍省の枢要ポストに登用されたことの意義は非常に大きい。陸軍官僚組織には大きく分けて軍政系と軍令系のキャリアコースがゆるやかに形成されていた。組織を統制する上で、ヒト・モノ・カネを管理する主に陸軍省の軍政畑の軍人が、作戦用兵・諜報業務や部隊勤務などの軍令畑の軍人に対してキャリア上優位に置かれることは自然なことである。軍政に長じた軍政長官たる陸軍大臣が人事権を行使して軍政キャリアが豊富な軍人で軍政スタッフを固めるからである。そして陸相は政党勢力と協調することで陸軍を統制する。作戦や情報業務などの軍令に携わる軍人は、文官が全く関与できない仕事をしていることから、自らを天皇大権たる統帥権の番人と称した。そしてときには軍政系の軍人に対してすら統帥権干犯を訴え、自分たちの仕事への介入を嫌った。だが、軍令系に対する軍政系の優位は揺るがなかった。第一次大戦後に戦争の形態が総力戦となり、経済・産業などあらゆる分野を結集して戦争を行う時代になると、軍令系の軍人の役割も相対的に低下する。大正デモクラシーの時代にあって軍務局軍事課員のような、陸軍省の軍政系官僚はまさに陸軍内の花形であったのだ。

日露戦後は、元帥山県有朋の意向を無視して陸相や参謀総長などの人事を決定することは不可能であった。陸軍が大正以降も長州閥といわれたゆえんである。だが山県や山県系の陸相らは、軍政経験の全くない軍人を陸相に据えることは極めて希であり（上原勇作、楠瀬幸彦は例外であった）、各人のキャリアに応じて能力人事を行った（拙著『日本陸軍と日中戦争への道』第一章）。永田は軍政系の重要なポストである軍事課の課長補佐となった。このことは、平時が続く限り、永田に陸軍首脳部への道が大きく開かれたことを意味していた。

軍部大臣文官制問題

政党が国家総動員や軍事教練の普及にそれなりに理解を示していた一方で、世論を背景として軍部に強く要求していた問題があった。それが軍部大臣文官制問題である。それは、かつて藩閥と民党が激しく争った一八九〇年代に端を発していた。一九一二年一二月に二個師団増設問題をめぐり上原勇作陸相が単独辞職して西園寺内閣を総辞職に追いやると、軍部大臣文官制要求のボルテージは一気に上がった。第一次護憲運動を背景として、第一次山本内閣が大臣任用範囲を予備役にまで拡大した。しかし、大臣は現役軍人が就任するという不文律は守られた。それは「軍閥」の総帥山県有朋が死んでも変わらなかった。政党は、軍閥の衰退にあきたらず、政党中心の内閣にあって軍部大臣のみが超然としていることは憲政の発達を阻害するものとして問題視していた。こうして一九二四年六月に護憲三派内閣が成立すると、再び軍部大臣文官制問題が浮上してきたのである。一九二五年二月の第五〇議会において、憲政会の尾崎行雄らは護憲三派の連名で「軍部大臣任用資格制限撤廃に関する建議書」を提出した。こうして軍部大臣文官制問題は、お互いに要求しないことで一致していた加藤首相と宇垣陸相の関係に揺さぶりをかけることとなった。

陸軍関係者には政党に援護射撃するものもいた。退役軍人となって憲政会に入っていた蟻川五郎作《ありかわごろうさく》少将は、「軍閥も真に国家を思い、亦国防は国民総掛りで気持良く遣らする方が、真に御国の為であると思うならば、速やかに眼を拭うて、国民の主張を見、却て此の際自ら進んで此の文官制に同意するが知である、亦真に忠なる所以である。」と述べ、文官制導入に賛成した（蟻川五郎作「陸海軍大臣文官制に就て」『憲政』一九二四年一一月）。また陸軍予備役中将の渡辺満太郎は、「軍部内に於ても相当の賛成者を有して居る」と述べ、国際的にみても軍部大臣文官制は大勢であり実現すべきであると述べている（渡辺満太郎「軍制改革の此頃」『憲政』一九二四年一一月）。ちなみに彼らは、政党、陸軍、官僚の代表者を交えた国防会議の設置を提唱していたほどであり、もはや統帥権の独立は時代に合わないものと認識していたのである。

統帥権独立制の改革

政党が「憲政の運用を阻害する」という大義名分をもって、軍部大臣文官制や帷幄上奏権の廃止といった軍の法体系の根幹に関わる改革を要求していることに対して、陸軍も「知らぬ、存ぜぬ」で通すことには限界があった。原敬内閣のもとで高橋是清《たかはしこれきよ》蔵相が参謀本部廃止論を唱えたとき、陸軍省軍務局軍事課が用意した説明案は、陸軍大臣―陸軍省が陸軍を統制しており、軍政の運用上支障をきたすことはないというものであった。参謀本部廃止論は政治問題とならずに済んだが、このような説明で政党が納得するはずはなかった（「参謀本部廃止案に対する意見」一九二〇年一一月二日、防衛省防衛研究所所蔵）。

一九二四年六月に成立した護憲三派内閣では、成立早々に江木翼《えぎたすく》内閣書記官長が宇垣一成陸相と財部彪《たからべたけし》海相を訪ね、軍部大臣任用資格の拡大に尽力するよう促した。それに対して宇垣と財部は軍部大臣文官制の政治問題化を避けることで一致した。加藤首相も宇垣との約束を守り、彼らをそれ以上深追いしなかった。しかし一九二五年二月に尾崎行雄らが出した建議書によって、政治問題化を避けることは難しくなっていた。

そこで四月、永田ら軍事課は統帥権独立について検討を行った。政党の要求が通り、統帥権独立そのものの否定につながることを憂慮したためである。もっとも、彼らの言う統帥権とは、現場の作戦・用兵など狭義のそれであった。つまり裏返せば、党利党略によって作戦を運用することによって部隊の人命が犠牲になるという事態を防ぐことができれば、統帥権独立に再検討の余地はあると考えていたのである。それは、軍事課が第一次大戦でドイツが敗れた最大の理由について「統帥部の異常なる権力の拡大」「戦争全般の指導権を自己の掌中に収めんとした統帥部の増長慢」にあると述べ、統帥事項は「国務の遂行上支障なき事項に限らねばならぬ」と述べていることからも窺い知ることが出来よう。もちろんこれには永田の意見が色濃く反映されているとみてよい。

他方で、参謀本部でも同様の検討が加えられていた。作戦課は文官制導入に反対であったが、実現した場合に備え、参謀本部を改革し、これまで部内で優位を占めていた総務部の編成や動員の権限の一部を移譲し、作戦計画や用兵を担当する第一部（作戦課が属する）の権限を拡大すべし、というものであった。総務部は参謀本部の予算や人事を管掌し、軍隊の編成や動員にも発言権をもっていた部局で、陸軍省系の軍人に占められていた。それゆえ、作戦課はこの機会を通じて陸軍省の統制からの脱却を図っていたといえる（「鈴木重康関係文書」防衛省防衛研究所図書館所蔵）。

その総務部の編制動員課は、小磯国昭課長が文官制に強く反対する意見を出していた。その理由は、(1)軍令は軍政と不可分であり、武官である大臣が軍令にも関与して初めて全軍人を統制できる、(2)諸外国は文官大臣制をとっているが、大臣の下に軍事参議院（英）や武官の最高顧問（米、仏）を置いて権限が抑制されており、実態は武官制と大差がない、(3)政党党派が軍の団結を破壊し軍隊の分裂を招く、というものであった（「文官を以て陸海軍大臣に任用するの制度に関する是非論」一九二五年五月、参謀本部第一課、防衛省防衛研究所図書館所蔵）。

永田は、旧態依然たる参謀本部の態度に業を煮やした。小磯の意見に対して永田は、自らの意見を付した。まず、武官制によって大臣選考の選択範囲が狭められている事実を認め、武官文官にかかわらず適材を任用すべきであるという一部政党の意見にも理解を示した。さらに、陸相は陸軍の首長であると同時に国務大臣としての立場をも重視しなければならず、政党内閣の政綱や政策と歩調を同じくしなければならないとした。そして、小磯の言うように欧米と大差がないのであれば、なぜ世論が熱望する欧米と同様の文官制にしないのかという反論も可能であろう、と指摘した。陸軍組織を守るだけでなく、共存の道も模索していた永田にとって、参謀本部の意見はあまりにお粗末と感じたに違いない。世の中の大勢を見きわめていた永田は、軍部大臣文官制に対して柔軟な考えを持っていたのである。

しかし宇垣陸相は文官制導入に反対を表明していた。一九二五年一一月に天皇に御進講を行い、宇垣個人の意見を奏上した。もっともこれはあくまで私見であり、もし憲政の運用上支障をきたすような問題が発生したならば、改めて確定案を持参することとした。つまり、文官制の反対はまだ決定しておらず、議論の余地を残していたのである。宇垣は政党との関係も良好であり、軍の統制にも自信を深めつつあったため、自分が陸相である限り「憲政の運用上支障をきたす」事態は起こり得ないという強い自信を持っていた。いわゆる「宇垣軍縮」に成功したばかりか、用兵の面でも加藤内閣との連携がうまくいっていた。というのは、一九二五年一一月に、満州の奉天軍閥の将軍で中国の武力統一を目指していた張作霖《ちょうさくりん》が、華北の地で部下の郭松齢《かくしょうれい》の謀反にあい、関東軍は介入に動こうとしたが、加藤内閣の内政不干渉の基本方針にしたがって、宇垣陸相らは関東軍を統制したのである（小林道彦『政党内閣の崩壊と満州事変』序章）。こうした実績のもと、宇垣陸相は現役武官である陸相が有効に機能していることを誇示したのであった。

国家総動員準備機関の誕生

かつて原敬内閣は軍需局（一九一八年五月）、その後身の国勢院（一九二〇年五月）を設置して国家総動員に備えようとしたが、各省の対立が多く、国勢院は廃止され、国家総動員準備の動きはほとんど停止状態に陥っていた。しかし加藤高明内閣は、国家総動員体制の整備に向けてようやく動き出した。先述したように、陸軍出身の憲政会代議士蟻川五郎作は政党を交えた国防会議の設置を主張しており、第五〇議会において「国防会議設置に関する建議案」を衆議院に提出した（一九二五年一月三〇日）。それに続き、陸軍出身で中正倶楽部代議士の長岡外史《ながおかがいし》（長州出身で最終軍歴は陸軍中将）も同様の建議案を提出し、政友本党の松田源治ら三〇名の賛成者を得ていた（一九二五年二月三日）。これらは一本化され、「防務委員会設置に関する建議」と名称を変更されて、三善靖之が代表者として改めて建議した（三月一〇日）。一三日には建議案が議決し、同日政府に提出された。さらに貴族院においても、徳川義親侯爵をはじめ一〇名が「国防の基礎確立に関する建議」を提出し、国家総動員の準備を進めるよう訴えた（三月二四日）。これには松方巌ら一二八名の賛成者を得て、二七日には議員会議で議決された（「国家総動員準備委員会を設置す」『公文類聚』国立公文書館所

若槻礼次郎
（国立国会図書館提供）

蔵）。

　このような流れを受けて、陸軍省は九月一二日に、国家総動員機関設置のための準備委員会の設置を閣議に提議した。陸軍省の案は、法制局長官を委員長として、内閣統計局長、内閣拓殖局長の他、関係八省庁の局長各一名を委員とし、各庁から高等官一名ずつが幹事となる構成で、資源の調査や国家総動員業務やその分担に関して意見を調整することを任務とするものであった。このように陸軍案は、決して陸軍が突出するのではなく各省が連携して国家総動員体制を作ろうとするものであった（「国家総動員準備機関を設置す」『公文類聚』国立公文書館所蔵）。

　審議中の一九二六年一月二八日に加藤高明首相が病没するというアクシデントが発生した。宇垣は日記に「伴侶として安心できる好政友を失したることは余個人としても国家としても大損失」とその早すぎる死を悼んだ（前掲『宇垣一成日記Ⅰ』五〇三頁）。今や政友会を率いる田中義一も「政界稀に見る真面目な政治家として心密かに尊敬した人」として加藤を評価し、「国家の現状多々益々人材を要する際、前途尚ほ幾多貢献して頂かねばならない伯の如き逸材を失った事は返すゞも遺憾」と惜しんだ（『憲政公論』加藤前総裁追悼号）。加藤は軍縮や陸軍改革に強い意欲をもちながら、国家総動員や軍隊教練についても理解がある政党指導者であった。宇垣は好パートナーを失い、田中は好敵手を失ったのであった。加藤の後継で内閣を引き継いだ憲政会の若槻礼次郎首相は、加藤の遺志をついで審議を継承し、一九二六年四月に陸軍案を閣議決定した。陸軍省の委員は軍務局長の畑英太郎、幹事は永田が任命された。こうして八月には内閣のもとに資源局が設置されることが決定した（制定は一九二七年五月二六日）。資源局設置は国家総動員準備の一大進歩であった。

当時永田の希望により永田を補佐した安井藤治《やすいとうじ》中佐は、永田の役割を次のように評価している。「総動員機関設置準備をリードしたものは陸軍であり、永田中佐であった。陸軍が推進しなければ誰もやろうとしないし、また出来もしない」。準備委員会の検討審議は難航したが永田の手腕によって辛うじてまとまったという（『戦史叢書　陸軍軍需動員〈1〉計画編』二四一頁）。先に述べたように、こうした機運は政党側の建議によるところが大きく、永田一人にその功績を求めることはできない。しかし陸軍内でそのように評価されていたことは注目されよう。

陸軍は資源局の設置に先立ち、陸軍省内に新たに整備局を設置して、軍需動員をより円滑に行うこととした。宇垣陸相は七月九日に閣議に請議し、九月三〇日に正式に制定された。永田は功を認められ、初代整備局動員課長に任命された。局長は作戦資材整備会議幹事長であった松木直亮少将が任命された。整備局課員の大半も、作戦資材整備会議のかつてのメンバーであった。よって整備局は作戦資材整備会議の後身といえた。永田は中佐にして陸軍省の課長（他は大佐）へと出世を果たしたのであった。課長就任は陸士同期組で一番乗りである。

一つの帰結

永田は一九二六年三月二三日に軍事課を去り、専任の作戦資材整備会議幹事となっていた。軍事課を去るまで国家総動員準備委員会に深く関わる一方で、永田は抜本的な

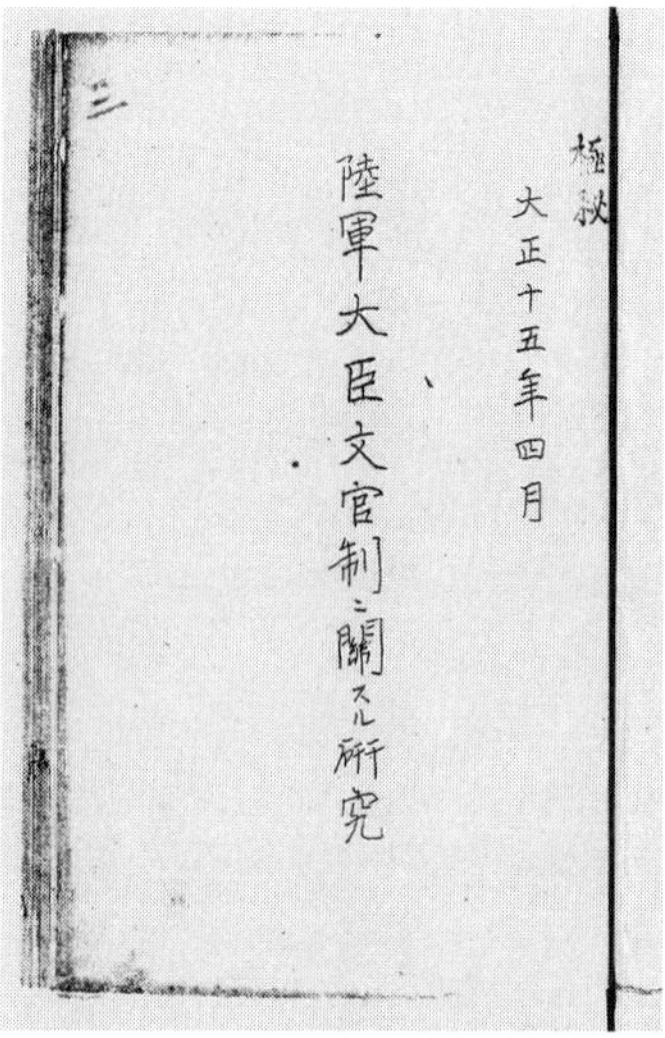

「陸軍大臣文官制に関する研究」
（防衛省防衛研究所図書館所蔵）

陸軍組織改革の審議にも引き続き参画していた。その結果、四月に陸軍省で「極秘陸軍大臣文官制に関する研究」（防衛省防衛研究所図書館所蔵）がまとめられた。この書類にある「極秘」の印は、陸軍の公文書で首脳部の承認を得、各団隊長に配布される公式のものであることを示している。恐らく永田が去る前から研究はなされていたはずであり、軍事課長を約一年半にわたって補佐し、統帥権独立の改革に携わってきた永田の考えが、この文書にも色濃く反映されていると見てよいだろう。この文書は、陸軍組織改革の一つの帰結をなしている。結論から言うと、陸軍省は軍部大臣文官制を受け入れる方向で議論を進めていたのである。しかも文官の陸軍大臣が登場した場合、統帥権独立への関与を現役軍人の場合とほぼ同様に認めるという画期的な方針を定めていた。すなわち、文官陸相も軍令を奉行することができ、帷幄上奏権も認め、さらには軍政事項に限り軍法会議の命令権も保有することとされたのである。文書は「統帥関与を武官に限定することは絶対の要件ではない」と明言している。一九一三年の任用資格拡大でとった防衛措置は、陸軍省の権限を参謀本部に移譲するものであったが、同様のことをさらに行えば、政務ですら大臣の責任外に置かれてしまい、

「憲法治下の制度として適当でない」からであった。

もちろん文官陸相が陸軍の意見を無視して統帥事項を専断したり、党派的な人事を行ったりすることも想定しており、それに対する予防措置もとっていた。それは陸軍省内に合議機関を設け、次官や各局長らが専門知識の乏しい文官大臣を補佐することで問題を解消できるというものであった。いったいなぜ、このような大胆な改革案を打ち出すことが出来たのだろうか。答えは明瞭である。それは、陸軍省（あるいは軍政）が陸軍の中で優位に立っていたからである。政治と軍事の調整が期待される軍政の要職は、かつて山県系官僚閥が独占してきた。山県閥が解体されると、山県閥のもとで軍政経験を積んできた軍事官僚たちは、軍政官僚として陸軍の統制を担ってきた。その筆頭が田中であり宇垣であった。田中や宇垣に仕えた軍政官僚が陸軍省にあって、参謀本部を実質的に統制し、文官陸相を補佐すれば、憲政の運用が阻害されるような事態は決して起こらないということなのである。

ところが宇垣陸相は、やはり文官制を時期尚早と考えていた。というのも与党憲政会は若槻総裁の党内統制のまずさも手伝って、第五一議会において各党によるスキャンダル暴露合戦に巻き込まれていたのである。しかも憲政会代議士の中野正剛によって、陸軍の機密費問題がやり玉に挙げられていた。よく知られているように、田中前陸相がシベリア出兵の際の機密費三〇〇万円を横領して政友会に政治資金として持参したという疑惑がかかったのである。若槻首相は就任当初から文官制に対して熱意を持っていなかった（前掲『宇垣一成日記Ⅰ』五〇三頁）。かつて宇垣陸相が加藤高明と築いた提携関係を若槻とも築けるかどうかは甚だ心許なかった。そして何よりも、宇垣は自分の統制力に確固たる自信を持っていたため、これまでの業績を否定するような措置をとることは許せなかったのであろう。結局宇垣陸相時代に文官大臣制問題がこれ以上進展することはなかった。だが、陸軍省が前述のような準備をしていたということを看過することはできない。この文書には、陸軍省が政党政治といかに共存していくかという問題に対して、一つの明確な答えを出しているからである。軍部大臣文官制は、国家総動員体制の完成、ひいては軍民一致のために陸軍が歩み寄れる最後の譲歩であったと言えるのではないだろうか。

田中義一内閣の成立

一九二七年四月一七日、第一次若槻礼次郎内閣が総辞職した。三月一四日に片岡直温《かたおかなおはる》蔵相が渡辺銀行が破綻したと失言したことから金融恐慌が発生した。かねてから枢密院切り崩しを図っていた若槻内閣に反感を持っていた倉富勇三郎を議長とする枢密院は、恐慌のあおりを受けて経済危機に陥った台湾銀行を救済するため、若槻内閣が提出した緊急勅令案を否決した。これが総辞職の直接の原因であった。しかし、閣僚の相次ぐ交代に見られる若槻首相の党内指導力の欠如、政権安定を図ろうとした政党間の裏取引の暴露、松島事件（松島遊郭の移転地選定にからみ箕浦勝人憲政会代議士が収賄容疑で逮捕。憲政会は箕浦個人に責任をきせたが、若槻首相は箕浦から偽証罪で告発された）など野党からのスキャンダル攻撃、そして前年七月から始まった蔣介石ら国民革命軍の北伐に対する不干渉政策に対する批判、といった苦境のなかで、若槻は政権維持への意欲を喪失していったことが遠因となった（奈良岡聰智「立憲民政党の創立」）。

元老西園寺は第二党政友会総裁の田中義一を後継首班に推薦した。田中は遂に首相の地位にまで上り詰めた。同郷の先輩軍人である山県、桂、寺内に続いて四人目である。なかでも政党党首として組閣したのは田中が初めてであった。もっとも自らが政党の党首となり首相となること自体は、田中の手段であり目的ではなかった。田中は国家総動員体制の完成という理想を持っていた。そのために最も重要なことは、国民が体力をつけ、「健全な精神」を身につけ、国防に対して責任を持つことである考えていた。だが軍人に出来ることは限界がある。それゆえ自らが政治指導者となり、国民を教化するのだ、という抱負を田中は持っていたのである（「軍事より政治へ」大正一四年一一月一九日和歌山市に於て講演要領「田中義一関係文書」R―五ノ一二四）。着任早々の地方長官会議における訓示においても、田中は資源局による国家総動員計画の確立、青少年訓練、精神練磨による国民全般の能率向上を目標に掲げていた（『政友』三一八号）。こうして永田が国家総動員にかけた情熱は、田中内閣に引き継がれたのである。

白川義則（『満州建国と満州上海大事変史』より）

田中は宇垣に留任を希望したが断られ、後任陸相に白《しら》川《かわ》義則《よしのり》軍事参議官（宇垣と陸士同期）を採用した。田中は白川の関東軍司令官としての功績を評価していたという。かつて清浦内閣の後任陸相選定には三長官会議推薦の慣行があるといって宇垣を強引に推薦した田中であったが、首相となるや陸軍の三長官会議など全く意に介さなかった。上原勇作を背景とした参謀本部系統が弱体化した今となっては、田中の陸軍統制を揺るがすものは存在しなかった。田中内閣は発足直後にモラトリアムの緊急勅令案を枢密院の諮詢を経て、第五三臨時議会（五月三〜八日）で関連法案を通過させた。そして若槻内閣の幣原外交との差異化を図るべく、五月二八日に北伐に対する居留民保護を名目として山東半島（居留民約一万六八〇〇名）へ出兵する旨を宣言した。白川陸相を従えた田中は、「国民による国防」を実践する手始めとして、政党主導による対外出兵を試みたのであった。

第一次山東出兵

田中内閣は、約二〇〇〇名の兵を満州から山東半島へ送り込んだ。田中は、山東出兵は決して内政干渉ではなく、日本の合法的権益と在留邦人の生命財産の保護のため「自衛上已むを得ざる」ことだったとして、国民の後援を訴えた（『政友』三二〇号、一九二七年八月一日）。そして九月一四日の政友会愛知県支部大会の演説でも、「今後と雖も、臨機応変の措置に於て帝国及帝国民の名誉と利益とを失墜せしむるが如きこと断じてありませぬ」と出兵への理解を求めた（『政友』三二二号、一九二七年一〇月一日）。

それに対して、新聞の反応は鈍かった。『大阪毎日新聞』は、条約の範囲を越えて中国へ出兵することは正当な理由を明白にしなければならず、しかも出兵は「最後の非常手段であるべき」であり、その前にとるべき幾多の手段が残されている、それは即ち政治的接近の手段によって南北両軍の首脳者に必要な措置を講じさせることだ、と主張し、田中内閣の山東出兵の正当性に懐疑的であった（一九二七年五月二六日）。『大阪朝日新聞』も、出兵の理由が単に不安とあるのみで、具体的に発表されていないことに批判的で、政界に相当な批判があるにもかかわらず、急に出兵を断行したことに対して懸念を表明した（五月二九日）。政界では野党の民政党はもちろん、貴族院の多数が出兵に反対していることが伝えられていた（『東京朝日新聞』五月二八日）。『東京朝日新聞』にいたっては、軍部大臣文官制問題を田中が封印したことへの不満から、田中外交を「軍閥外交」と批判し、「政友会は田中大将に全然征服されてしまったかどうか、眼を開いて見ていなければならない」と注意を呼び掛けるほどであった。田中外交は、国民に理解を得るどころか「軍閥批判」の一環として批判の対象となってしまったのである。

山東出兵の結果、上海で排日ボイコットが組織的に起こり、日本の綿糸布などの相場が暴落するなど、経済的にも大きな代償を払った。

永田、熱弁を振るう

永田ら軍政系官僚が捻り出した軍部大臣文官制への道を閉ざし、山東出兵で世論の批判にさらされた田中首相を永田は苦々しく思っただろう。しかし、永田は自らの任務に専念した。一〇月に大佐となった永田は、一九二七年一二月二〇日に大阪中央公会堂（中ノ島公会堂）において、「国家総動員」と題する一般向けの講演を行った。全国新聞の最大手の一つである大阪毎日新聞社がスポンサーについた大々的なもので、後に出版もされた（永田鉄山氏講演『国家総動員』）。これまで国家総動員準備にかけた努力の全てをぶつける絶好の機会であったため永田の気合も十分で、講演は長時間にわたった。ちなみに約二カ月前の一〇月一六日に在郷軍人会の講習会でほぼ同内容の講演を行っているが、講演時間は三時間で全国の各師団から一二四名の予備役・退役軍人が参加し、傍聴者も四三名にのぼる大盛況であった（『昭和二年　帝国在郷軍人会講習会議

演説する永田鉄山（永田家所蔵）
（昭和７年，大阪中央公会堂にて）

講義録』）。講演内容は、自然とこれまでの永田の足跡を第一次大戦の経験から辿ったものとなった。

まず永田は、国際連盟が戦争抑止効果を発揮しえないという判断のもとに、国防の準備に万全を期すことが重要であると述べている。永田はカントの『永遠平和のために』を引き合いに出してそれを説明した。カントは「永久平和というものは遂に恐らく来ないであろうが、しかしながら人類はそれが恰も来るものであるかの如く行動せねばならぬ」と主張していると永田は解釈し、カントの理想を賞讃した。だがその一方で、永遠平和の達成は「超時間的の問題」であり、欧米各国が世界大戦を経験したのにもかかわらず国防の充実に今も専念していることからしても、依然として戦争への備えが重要であると結論づけるのである。

ただし戦争への備えというのは軍備を充実するだけではない。第一次大戦の結果、戦争は国民の戦争へと形態が一変しており、国家の経済、産業、化学、教育、宣伝などあらゆる要素を戦争に動員する「国家総動員」の備えが必要となっていた。永田は第一次大戦後のイタリア、ロシア、アメリカ、フランスを例に挙げ、各国において国家総動員体制の整備が進められていることを指摘する。永田は、それに対して日本の国家総動員体制の準備が始まったばかりとし、人員削減により装備の近代化を図った宇垣軍縮、軍事教練の推奨、そして資源局の設置を評価した。

そこで永田が聴衆へ向けて強調したのは、やはり国民の自発性であった。永田は言う。

なお最後にこの総動員を円滑ならしむる準備施設の一として人を作ることが極めて重要であることを一言致したいと思います。戦時総動員実施の際、その戦士たるべき立派な国民を訓練し養成しておくことは、総動員準備中の最も緊要なる一事であろうと思います。先程申し上げました国家総動員の内容によってお判りでありましょうが、愈々《いよいよ》国家総動員を実行するに当りましては、国民は物質精神両方面において実に名状すべからざる幾多の困難と悪戦苦闘しなければならないのでありますます。これに耐え、これを忍ぶに非ずんば総動員は貫徹できないのであります。茲《ここ》に於いてか、私は国民が能《よ》く之を凌ぐに足る所の立派なる精神と立派なる体力とを具えて置く事を特に重大視するのでありまして、これが出来ておらなければ他の準備が如何に優れて居ても、国家総動員の円滑、十分なる実施は到底庶幾することが出来ぬと思います。

そのために国民は何をすべきか。永田は言う。

お互いは先ず総動員ということは如何なることであり、如何にして之を準備すべきであるかということをよく理解し、よく自覚致しまして、而して此の理解此の自覚の上に立ってそれぞれの社会的乃至は職業的の立場に応じ、己れは如何にしたならば最も多くこの準備計画に貢献することが出来るかを自省致しまして、その道に向かって邁進することが最も必要であろうと思うのであります。（中略）大体におきましては各自その地位に応じ忠実にその職務に向かって精進するということが取りも直さず国家総動員の準備に寄与する所以ではなかろうかと私は考えます。

永田の講演はこれで幕を閉じる。永田の言っていることは単純明快である。永田によれば、日本人は「義勇奉公、忠君愛国の念」に富んではいるが、「粘り強い執拗」という性質には欠けていた。それゆえ、いたずらに軍国主義を扇動するのではなく、国民の戦争という国防観念を理解し、忍耐力、勤労精神、強壮な体力を日頃から養うことを国民に求めたのである。戦争は軍人がみだりに進めることはできない。国民を強引に引きずることもできない。だからこそ、これだけの時間をかけて講演に出向いたのであった。

永田は軍事課高級課員時代、陸大で担当した教育学講義で興味深い発言をしている。以下は、講義録の一部から抜粋したものである。

愛国心は日本人の占有物にあらず。かの第一次世界大戦における各国の状態を観察するに、交戦国の国民は一人として愛国心、敵愾心を有せざるものなく、しかもこれらの精神は自然発生したるものなり。即ち男女を問わず、皆自発的に起れり。これ実に尊き事なり。（中略）わが国民が自発的に祖国のために戦うという観念は勿論大いにあるべしと信ずるも、之が充分自発的に国民の心理に普及しおるや否やは、いささか疑問とせざるを得ず、殊に現時思想の変調期に於いて然りとす。

（高山信武『陸軍大学校の戦略・戦術教育』一二二頁）

永田は、日本人は欧米の民主主義や自由主義を体得せず、いたずらに平和やデモクラシーを高唱していると感じていたのだろう。いざ国の存亡をかけて戦争となったとしても、日本人が欧米諸国民のように「自発的に」国防を担うのかどうか、永田は確信が持てなかったのである。

同じ陸軍出身で国家総動員を主唱していた田中首相は国民の理解を得ぬまま山東出兵を断行し、不評を買っていた。永田が熱を入れて語ったのも、そうした背景があったからであろう。しかし聴衆はどれだけ永田の熱弁に耳を傾けたのだろうか。

2　改革のほころび

連隊長となる

一九二八年（昭和三）三月八日、永田は麻布歩兵第三連隊長（第二三代）に補せられた（このとき永田は四四歳）。永田が中央勤務を離れたのは、陸軍には佐官（少佐〜大佐）の階級で二年以上隊付勤務をしなければ少将に昇進させないという内規があったからだ（『陸海軍

歩兵第三連隊の司令部（永田家所蔵）
左：永田鉄山。右：秩父宮雍仁親王。

将官人事総覧　陸軍編』三七頁）。永田は一九〇三年に士官候補生としてキャリアをスタートさせた母隊へ、約三〇〇〇名の兵士を率いる連隊長として戻ったのである。東京勤務の歩兵第三連隊長は連隊長職のなかでもエリートポストであり、田中義一も第一〇代連隊長で、梅津美治郎もやはり第二〇代連隊長として永田の二代前に就任していた。歩兵第三連隊は、関東大震災で将校集会所、下士集会所、酒保は崩壊、兵舎の壁も半壊という甚大な被害を受けた（『歩兵第三連隊史』五〇頁）。だが永田の代に新兵舎が落成し（一九二八年六月）、日本で最新の鉄筋コンクリート造りの近代兵舎に生まれ変った。新兵舎は、陸軍近代改革の若き旗手たる永田を象徴するかのようであった。

　歩兵第三連隊は皇族ゆかりの連隊でもあった。東《ひがし》久《く》邇《に》宮《のみや》稔彦《なるひこ》王（一九一五年一二月〜一六年一一月）に続き、昭和天皇の弟宮である秩父宮雍仁《ちちぶのみややすひと》親王が一九二〇年四月から士官候補生として入隊し、士官学校卒業（陸士三四期、一九二二年七月卒業）の後、イギリス留学（一九二五年五月～二七年一月）を経て、連隊付として勤務していた。おそらく秩父宮の教育指導にあたる連隊長として、永田は申し分ないものと上層部から判断されたのであろう。秩父宮は隊付勤務もさることながら皇室の勤務もこなさなければならなかったが、決して弱音を吐かず、また自分を一般兵士と同等に扱われることを望んだ。陸軍は世間の反軍的風潮を何とか好転させようと、このような秩父宮の立派な軍人としてのイメージを公に流そうとした。秩父宮も、軍務に励む皇族軍人という役割を積極的に演じようとした。

永田は、一九二八年六月に行われた富士裾野の野営演習で、敵の防御陣地に密集したバラの中を先頭切って血を滲ませながら匍匐《ほふく》前進する秩父宮の姿を部下から聞き、その忍耐強さや軍務に励む熱心さに惚れ込んだ。秩父宮の忍耐強さは、軍靴に砂が入っていても決して脱ごうとせず、「大したことはない」といって四キロもある行程を砂が入ったまま歩き続けるといったように、些細なことでも周囲に絶対に弱音を吐かない徹底したものだったという。また「スポーツの宮様」としてフェアプレーの精神を持った秩父宮の人間性にも惹かれた。秩父宮が中隊の兵を率いて上海イギリスチームと慶應大学とのラグビーの試合を観戦したとき、秩父宮はイギリスチームの国歌斉唱時には直立不動の姿勢をとり、イギリスチームが点をとったときにも拍手するよう兵士たちを

連隊長の頃の永田鉄山
（永田家所蔵）

たしなめたという（『雍仁親王御事績資料』五、八一～八五頁、『雍仁親王実記』三九〇～三九一頁）。

永田は国家総力戦論で繰り返し述べてきた強い精神を持った青年の模範とも言える秩父宮の姿を是非国民に知ってもらいたいと思ったのであろう。秩父宮にまつわるこれらのエピソードは永田本人がラジオ放送で紹介した。永田と秩父宮は互いに響きあう所があったのだろう。秩父宮は同じ連隊に勤務する森田利八に、「英国陸軍にはすばらしい偉材が多くいたが、日本にもそういう軍人がいるよ。永田連隊長がそうだよ」と漏らしていたという（保坂正康『秩父宮』二一三頁）。また、後に二・二六事件で決起した青年将校の安藤輝三に対して、「昔は立派な武将がでたというが、現代でも昔に負けない立派な武将がいるよ。うちの連隊長などは、現代には珍しい武将だよ」としみじみとした口調で秩父宮が語ったという（秩父宮を偲ぶ会『秩父宮雍仁親王』三二六頁）。秩父宮は野戦軍指揮官としての永田を高く評価していたのであった。ちなみに安藤も永田を尊敬し、永田も安藤を信頼していたようである。

第二次山東出兵

四月一九日に田中内閣は再び山東出兵を閣議決定した。内紛により蔣介石は国民軍総司令を辞職していたが、復活を遂げ、北伐を再開させたからである。前々日に田中内閣は学生や生徒の思想傾向の矯正をねらって国民精神作興を訓令したばかりであった。「国民による国防」＝国家総動員体制を完成させるために、国民の反軍的風潮を抑え、国防へ関心をもたせることが、田中の最大のねらいであった。一度不評を買った山東出兵であったが、若槻内閣の幣原外交を軟弱外交と痛烈に批判していたし、居留民の生命財産が再び危険にさらされる場合、再度出兵することを宣言していた手前、北伐を見て見ぬふりするわけにはいかなかった。今回の山東出兵では陸軍は当初こそ出兵に反対していたが、田中内閣が出兵の方針で固まると、一気に済南《さいなん》（在留邦人約二二〇〇名）にまで内地師団である第六師団（熊本）から五〇〇〇名を進めることを主張し、閣議も承認した。それは、小規模の兵が中国軍に包囲され、「尼港《にこう》事件」のような悪夢が再現されるのを陸軍が恐れたからであった（前掲、小林道彦『政党内閣の崩壊と満州事変』第一章2）。

今回もやはり新聞報道は出兵に批判的だった。『東京日日新聞』は、田中内閣が過去の行き掛かりに捕われて、面目や威信から出兵する以外に意味を見いだせないとして出兵反対の論陣をはった（四月一九日）。また『大阪毎日新聞』も、再び排日運動が起こるという批判も押し切って派兵するなら、たとえ居留民保護が眼目であるとしても多少の代償を支払うことを覚悟せよ、と警鐘を鳴らした（四月一九日）。さらに『大阪朝日新聞』は、「必要の限度を超えての山東出兵の如きは、我が貿易の前途のために呪うべき障害で、折角真面目に貿易の改善に努力しつつある国民の希望を無惨々々《むざむざ》と叩き毀《こわ》すものである」と批判した。

案の上、陸軍の主張した大規模派兵が裏目に出た。五月三日に済南で日中両軍の軍事衝突が起こってしまったのである（済南事件）。五日には現地で停戦交渉が始まったがまとまらず、田中内閣は九日に第三師団（名古屋）の追加派兵を決定した（第三次山東出兵）。『大阪毎日新聞』は、日本人を殺害し暴行を加えた中国側の責任は重大だとし、「徹底的膺懲」をすべきと態度を硬化させた（五月九日）。しかし他方で『東京日日新聞』は、居留民より派遣された兵士の数が上回っている現状を捉え、事件処理をただ軍事的手段に訴えて日中関係を更に悪化させることを懸念した（五月九日）。このように中国に対して態度を硬化させたからといって、田中内閣に対する批判がやむことはなかった。

田中自身はこれだけの混乱を引き起こしておきながら、済南事件の責任を福田彦助第六師団長に背負わせ、政府に責任はないと考えていることを貴族院で答弁した。関東大震災で起こった甘粕事件の責任を戒厳司令官以下に負わせ、陸相として責任をとらなかったのと同様であった。陸相の座を退いて軍事参議官となっていた宇垣一成は出兵に批判的で、第三次派兵についても、内政の行き詰まりをぼかし、国民の眼を外にそらし、外務省外交の行き詰まりを軍部に肩代わりさせて責任転嫁しようという不純な動機から決定したのではないかと見ていた。そして「誠に不誠意、不真面目極まると認めらるる政府指導の下に国軍を動かし、果して其軍が国民の共鳴支持を完全に受け得るや」という点を宇垣は憂慮したのである（前掲『宇垣一成日記Ⅰ』六五九頁）。山東出兵の失敗によって、軍隊が党派的な文官（予備役軍人を含めて）によって動かされることの危険性が実証されてしまった。宇垣は、軍部大臣文官制の導入を主張した人々を内心嘲笑したことだろう。それに対して永田は、軍部大臣文官制の道が遠のいたこともそうだが、何より国民の軍事離れを助長させた田中に失望したことであろう。当然陸軍内の田中評価も急落した。

陸軍の中では陸軍省指導部に対する反感が芽生えることとなった。白川義則陸相以下陸軍省スタッフは、内閣と参謀本部の調整を行ったが、基本的には田中首相の意向に従った。それゆえ参謀本部が統帥権の独立を盾に内閣に抵抗しても陸軍省がそれを抑え込んだ。しかし、陸軍省による陸軍の統制は田中内閣の失敗によって、不安定要素（軍内抵抗勢力）を抱えることになったことは間違いない。

五月一一日に第六師団が済南城を制圧したため、第三次派遣の第三師団の到着を待たずに事件は沈静化した。その後も北上を続ける国民革命軍は北京・天津地方において張作霖《ちょうさくりん》の率いる軍を圧倒した。

満州の危機

さかのぼること一九二六年一二月、中国の統一を目指す国民革命軍の北伐に対抗して、張作霖は山東地方の軍閥や現在の河北省一帯に基盤を持つ直隷《ちょくれい》派の軍閥の連合からなる安国軍の総司令に就任し、北京に君臨していた。彼もまた中国統一の覇者となる野望を持っていたのである。

旅順・大連の租借地や南満州鉄道とその付属地に権益を持つ日本は、これまで張作霖に「保境安民」政策をとらせ、自国の権益を守るという方針をとってきた。張作霖の地位安定のためには、日本は資金や武器の援助を惜しまなかった。だが、そのような日本の援助を受けつつも、老獪な張作霖は日本の言いなりで終わることはなかった。張作霖は、国民政府軍に連戦連敗を重ねてもなお、北京を去ろうとしなかった。しかも、張作霖の封建的統治は現地での悪評が絶えなかった。このような満州の現状を憂慮する日本陸軍の出先では、張作霖を見限ってしまおうという意見が出始めていた。

例えば上海駐在武官の重藤千秋《しげふじちあき》中佐は、一九二八年四月二七日に参謀本部へ次のように意見具申していた。山東省が国民政府軍に制圧されようとしている状況にもかかわらず、張作霖を満州に温存させることにこだわれば、日本は中国の旧軍閥と提携しているとの悪評が立つであろうから、張作霖が北京を撤退するときは彼を下野させるべきである。強引に日本が満州の実権を握ることができないなら、日本は万里の長城以北に一切関与せず、日本の満蒙権益を尊重する人物を援助すべきである、と。そこで陸軍出先や参謀本部は、張作霖の息子である張学良に後継者として期待するようになった(『元帥畑俊六回顧録』二四三頁)。他方で、満鉄付属地の権益保護を任務とする関東軍は、敗走する奉天軍が万里の長城を越えて満州へ押し寄せてくることに危機感を募らせていた。

田中内閣もそのことは危惧しており、「五・一八覚書」を出して奉天軍の満州撤退を促した。荒木貞夫作戦部長を中心とする参謀本部は、万一の場合を考えて、錦州に出兵すべきことを主張した。しかし田中は、「居留民保護」の名目でこれまで行ってきた出兵の枠を超える出兵案を容れなかった。業を煮やした関東軍参謀の河本大作大佐は、一九二八年六月四日に、村岡長太郎《むらおかちょうたろう》関東軍司令官の意を汲《く》んで、列車で移動中の張作霖を列車ごと吹き飛ばすという暴挙に出たのである。

張作霖を通じて権益を維持してきた日本の満州政策は、ここに一大修正を余儀なくされた。関東軍は、治安維持を名目として満州一帯への出動を主張した。しかし田中首相は関東軍の出動を控えさせ、満州方面の状況はしばらく静観すると閣議で決めた。日本が性急に動けば、国民政府だけでなく中国国民の反日熱を煽《あお》ることにもなりかねない。また国際的な批判を浴びることも十分覚悟しなければならない。田中が逡巡するなか、七月に入ると、張学良は国民政府の働きかけに応じて、満州の地に国民党の青天白日旗を掲げ、国民党の機関である東北政務委員会を設置する準備を始めた。

もっとも張学良としては、日本との関係を無視して国民政府に合流しようなどとは考えていなかった。張学良は身の危険を案じ、日本軍の奉天駐留を村岡長太郎関東軍司令官へ希望したほどであった。

旧奉天軍閥のなかには、張作相《ちょうさくそう》といった国民党への帰順を嫌う勢力が根強く、彼らの存在は無視できなかった。そこで張学良は、二八年一二月二九日に青天白日旗を掲揚して国民政府に帰順する一方で、地方行政や人事では東北政権の自立性を保持した。そして張は、翌年一月一〇日に国民政府との協調を主導して満州における権力を握ろうとした奉天軍閥のライバル楊宇霆《よううてい》の暗殺に踏み切ったのである（樋口秀美「東三省政権をめぐる東アジア国際政治と楊宇霆」）。とはいえ、その張学良が日本の意に沿うかは全く未知数であった。

木曜会の会合

陸軍の佐官（大佐から少佐まで）級の将校たちも、日本の満州政策の失敗を深刻に受け止めていた。彼らは木曜会と称する有志会合を開くようになった⑴一九二七年一一月三日、⑵一二月一日、⑶二八年一月一九日、⑷二月一六日、⑸三月一日、⑹四月五日、⑺一一月三日、⑻一二月六日）。木曜会の発足は、参謀本部第一部作戦課課員であった鈴木貞一《ていいち》少佐が、同じく第一部要塞課課員の深山亀三郎《みやまかめさぶろう》少佐に働きかけ、欧米に比して遅れをとっていた日本軍の装備に関して研究しようとしたのがきっかけであった。いわば、木曜会は参謀本部系統から生まれた会合といえるが、そこに東条英機中佐や土橋勇逸《つちはしゆういつ》少佐ら陸軍省軍務局軍事課課員が参加していたことに注目したい。なぜなら二葉会と同様に木曜会も、軍政系と軍令系の軍人の連携強化と見ることができるからである。永田は第三回の木曜会会合に参加している。おそらく軍内部の対立を懸念していた永田にとっても、その会合に顔を出すことは意味があったであろう。

その日の木曜会は陸軍大学校教官の石原莞爾《いしわらかんじ》少佐の報告であった。石原少佐は、独創的な戦争史観から日米最終決戦論を主張した。西洋文明の中心はアメリカに移り、やがて東洋文明の日本はアメリカと必然的に戦争することになる。それまで国民は持久戦に備えなければならない。対米戦争の前にソ連と戦争になるかもしれないが、そのためには中国へ先に侵攻し全土の資源を利用すれば問題ない。これが石原少佐の持論であった。

石原と参加者の間で喧々諤々《けんけんがくがく》の議論が戦わされた。この議論こそ、まさに参謀本部第一部が主管する「国防方針」の根幹に関わるものであった。石原少佐は、工業力の重要性を指摘する根本博少佐に対して、工業力で欧米に対抗するために日本は満蒙を占領して工業を建設すべきだと主張した。永田は、議論を俯瞰《ふかん》しており、「国策、国防方針の基礎となるべき次の戦争の研究なのだから、次の戦争はどこの国といつどのように戦うべきかを決めなければならない」と討論の方向を確認させた。石原少佐に同調する鈴木少佐は、戦争はそもそも自主的にするのかしかけられてするのかと質した横山勇少佐に対して、反論した。永田はそれに対して「戦争は必ずしもする必要はない。戦争をしなくても満蒙をとる必要があるのか。」と問うた。石原少佐や鈴木少佐の議論が、外交を無視した軍人よがりのものであるという弱点を突いた鋭い発言であった。だがそれを頭ごなしに責めるのではなく、問いかけるような態度に、永田の余裕すら感じる。このように軍政系と軍令系が国防について意見を自由に論じること自体に意味があると永田は考えたのだろう。また、永田のような柔軟な考え方を若手に教える必要があると考えたのかもしれない。

土橋少佐も次のように回想している。会合では満蒙問題について議論に火花をちらせていたが、会合が終わるころ永田がひょう然と現れ、少し離れたところに位置して議論を傍聴して一言も発言しなかった。会合後、永田は石原莞爾を除く全員を渋谷道玄坂の料亭に連れていき、議論を続けさせたが、ここでも一言も発言せず、議論を聞いていた（土橋勇逸「一夕会と桜会」）。

その後しばらく永田は顔を出していない。第五回の会合に至り、木曜会では石原の持論をトーンダウンさせ、以下の結論を出した。

帝国自存の為、満蒙に完全なる政治的権力を確立するを要す。これが為、国軍の戦争準備は対露戦争主体とし、対支戦争準備は大なる顧慮を要せず、但本戦争の場合に於て、米国の参加を顧慮し、守勢的準備を必要とす。

満蒙確保は人口問題を解決するためであるという。こうして田中内閣が国民政府の北伐と張作霖の野心に翻弄されているなかで、満蒙問題への関心は高まっていた。木曜会はその後、統帥権問題や陸軍の人事行政などについて議論がなされた。

張作霖爆殺事件処理の波紋

一九二八年一二月二一日に閣議が開かれ、張作霖爆殺事件の処理について議論がなされた。爆殺の首謀者が河本大作関東軍参謀である疑いが強まっていたからである。白川陸相と鈴木荘六《そうろく》参謀総長は事件の真相を前年一〇月までにつかみ、同月の陸軍大演習の際にそれを田中首相に報告していた（小川平吉「満州問題秘録」『小川平吉関係文書』所収）。田中首相は張作霖の殺害に河本が関与していたなら、軍法会議を開いて厳しい処分をする方針であった。これには元老西園寺公望の心強い支持があった。白川義則陸相や岡田啓介海相も同様の方針であった。しかし、閣議では政友会出身閣僚がみな事件公表に反対した。事件が明るみに出ると、内閣総辞職となってしまうからである。原嘉道法相は、事件公表問題の決着がつくまでは河本大佐の行政処分さえも見合わせたいと主張した（前掲『元帥畑俊六回顧録』二九三頁）。しかし田中首相は、方針を曲げず二四日に方針を上奏した。白川陸相は参内したが、上奏するには至らなかった。白川陸相は、上原勇作元帥や閑院宮《かんいんのみや》載仁《ことひと》元帥らの反対意見を受けていた。そのため、閣議では田中の方針に賛成したものの、陸軍の意見をまとめて上奏するまでには至らなかった（前掲、小川平吉「満州問題秘録」）。

二月二日、田中首相は「一狂人の仕事に対し内閣が責任を取る理由なし」と昭和天皇に、事件が河本の犯行であることを断定するかのような発言をし、またそれに対して責任を取る気は毛頭ないことを天皇に述べていた（『牧野伸顕日記』一九二九年二月二日）。陸軍側も二月二六日に、白川陸相が事件の調査報告を上奏し、容易に事実を語らない陸軍の事件関係者を説諭して「漸く自白」させた旨を述べた。こうして事件の真相が天皇の下に届いた。

閣内で大反対を受け、陸軍でも風向きは非常に悪かったが、それでも田中首相はまだ軍法会議による処分に固執しており、三月二二日に宇垣一成軍事参議官（前陸相）に陸軍の意見をまとめるよう依頼した。ところが軍部の意向は既に確立していることを理由に、宇垣に断られた（前掲『宇垣一成日記I』七二二頁）。やむなく田中首相と白川陸相は方針を変更し、軍法会議による司法処分を諦め、当事者の行政処分で穏便に済ませることとした。方針変更は白川陸相の説得もあったのであろう。こうして三月二七日に白川陸相は、事件は河本大佐の犯行であり、処分の方針は司法処分より軽い行政処分にする旨を上奏した。

この様子は、すぐに参謀本部にも伝わった。参謀本部作戦部長は、白川陸相の主導によって荒木貞夫の後任に畑俊六少将が就任していた。畑は、党派性のない作戦畑の謹厳実直な軍人であった。その畑も一二月二二日に、田中首相の行動は統帥への容喙（「軍紀維持等、統帥に関する問題にて之を閣議に諮るは甚だ以て穏やかならざること」）であるとして強い不満を持った。また事件公表への反対を陸相がするならまだしも、文官閣僚が反対するのは「甚だ以て異」であると、政友会主導で行った政略出兵の失敗を政友会閣僚が握りつぶそうとしていることへの不満も露わにした（前掲『元帥畑俊六回顧録』二九三頁）。そしてその不満は、済南事件交渉に対しても向けられた。「大権事項」を含むはずの済南からの撤兵交渉がまとまると、田中首相が二カ月の期日を設けて撤兵する旨を三月二七日に昭和天皇に上奏したのである。畑の怒りは、首相の大権への容喙をお膳立てした陸軍省の軍政官僚たち、そして彼らに協力的な南次郎参謀次長らにも向けられていた（同右、三〇一頁）。

他方で、二葉会では一月から三月にかけて河本大作の処分が問題となったようである。事件を公表し、河本を軍法会議にかけるという田中首相の処分方針は、統帥への容喙だというのである（前掲『岡村寧次大将』二〇〇頁）。河本の処遇次第では、陸相をはじめ田中首相に追従してきた陸軍省までもが怨嗟の的になりかねない状況になっていた。軍部大臣文官制を見据えていた永田にとっても、田中首相のなりふり構わぬ行動は統帥権独立制改革に水を差すものであり、当然不満であっただろう。与党が政権安定のために軍人を自由に裁くことができるなら、文官制など到底実現できない。軍部大臣文官制はやはり時期尚早であったのか。永田はこのように考えただろう。このような背景から永田は、河本を救うべしといきり立つ一夕会将校らの意見を聞き、白川陸相へ直談判を試みた荒木貞夫陸軍大学校校長の下へ岡村らと出向き、荒木の話に耳を傾けたりもした。

白川陸相は、人事畑でキャリアを積んできた軍人であったが、人事局の川島義之《かわしまよしゆき》局長からも突き上げを食らった。川島人事局長は、軍政キャリアを積む一方で、同期の真崎甚三郎第八師団長や荒木貞夫陸大校長、そして彼らが慕う武藤信義《むとうのぶよし》教育総監らと気脈を通じていた。そのため、川島は彼らの意を受けて、村岡長太郎関東軍司令官と河本大作参謀の処置を寛大にするよう白川陸相へ要求した。しかし白川陸相は「お前らは何も言ってくれるな」と川島の要求を退け、鈴木荘六参謀総長と武藤信義教育総監を三長官会議で説得し、行政処分を断行した。白川陸相は与党政友会を率いる田中首相に尽くしてきたが、それがかえってあだになってしまったのである。白川陸相は、川島を第一九師団（朝鮮羅南）長へ送る事実上の追い出し人事を断行して辛うじて体面を保った（辞令は八月）。

田中首相は、六月二七日、閣議の方針すなわち、河本大佐を行政処分にすること、陸軍部内が事件に関与した事実はないという虚偽の調査結果の公表を行うこと、を上奏した。しかし昭和天皇は田中の豹変を事件揉み消しと捉え、牧野伸顕内大臣ら宮中側近と相談の上、田中首相を強く叱責した。叱責することに反対したのは元老西園寺だけであった。こうして七月二日、田中は辞表を提出し、衆議院野党第一党の民政党総裁浜口雄幸が、元老西園寺と牧野内大臣の推薦で、後継首相に任命された。村岡長太郎は七月一日付で予備役編入、河本は七月一日付で停職処分、一九三〇年六月二八日に待命、七月一日付で予備役編入となった。

一夕会の結成

一九二九年五月一九日、二葉会と木曜会が合併して、一夕会《いっせきかい》が結成された。血気盛んな一夕会員の陸軍首脳に対して離れかけた気持ちを繋ぎとめておくためにも、そして彼らを監視下に置くためにも、一夕会に永田が参加していることの意味は大きかった。

その日の会合では、三項目の決議がなされた。それは、(1)陸軍の人事を刷新して、諸政策を強く進めること、(2)満蒙問題の解決に重点を置く、(3)荒木貞夫、真崎甚三郎、林銑十郎の三将軍を護り立てながら、正しい陸軍を建て直す、というものであった。

はたして、この決議に対して永田は何を思っただろうか。永田が二葉会や一夕会のグループほど「長州閥打破」や、「人事の刷新」に主体的であったとは思えない（第二章七七頁の注を参照）。というのも永田は、前述した通り、教育総監部勤務時代に当時教育総監部本部長の本郷房太郎（当時、中将）の薫陶を受けていた。本郷こそは、山県系官僚の寺内正毅が信頼した部下で、「長州閥」直系の軍人であった。本郷は寺内が陸相時代に高級副官として寺内に仕え、軍政を学んだ。そして自分の後任高級副官には、立花小一郎大佐を推薦し、その部下に菊地慎之助中佐、菅野尚一中佐、吉田豊彦中佐、津野一輔少佐らを推薦したという。彼らはみな栄転し、一九二〇年代の陸軍軍政を支えた人物となった。その後人事局長となるや、本郷は博覧強記の才を遺憾なく発揮し、寺内の信頼を勝ち得た。本郷はまた部下である人事局補任課長に白川義則大佐を推薦した。白川は言うまでもなく、田中義一内閣の陸相である。永田は本郷を極めて高く評価し、とりわけ本郷の人事局長就任を「正に適材適所」であったと評した。さらに、永田は本郷が推薦した津野一輔陸軍次官に仕え、軍部大臣文官制について共に頭を悩ませてきた。これらのことを踏まえると、一九二〇年代の陸軍人事慣行に永田が敵意をもっていたとは到底考えられないのである。ちなみに士官学校一五期生以下（一夕会世代）で、本郷の伝記に寄稿した軍人は皆無である。永田は、一夕会のなかでひときわ異彩を放つ存在であった。

すでに大佐で軍事課長となっていた梅津美治郎は、一夕会に全く関係していない。軍事課長という地位と激務のせいもあろうが、梅津は政治性の極めて薄い軍人だったことも影響しているのだろう。残念ながらこの時期の永田と梅津の関係を示す資料は見当たらない。

＊もっとも、大将・軍事参議官であった本郷房太郎は同じく大将・軍事参議官の仁田原重行と人事でもめた結果、一九二一年六月に田中義一陸相に詰め腹を切らされて仁田原と共に予備役に編入されたと、仁田原が軍事参議官の松川敏胤に語っている（長南政義「史料紹介　陸軍大将松川敏胤の手帳および日誌――日露戦争前夜の参謀本部と大正期の日本陸軍」）。仁田原サイドの話なので真実は定かでないが、この噂を知った永田（当時ウィーン出張中）が田中義一に反感を持つようになり、田中の影響力排除という意味での「長州閥打破」を小畑や岡村らと誓ったということは考えられる。

その他について、(2)はもちろん永田も危機感をもっていた。(3)について、当時永田が荒木や林をどう評価していたかは不明である。真崎は永田が率いる連隊を管轄する第一師団の長で、当時永田は真崎を立派な人であるとその人格を高く評価していた。

小畑との亀裂

だがこの一夕会結成の過程で、小畑敏四郎が永田に不信感を持つようになった。小畑が回想するところによると、永田は二葉会結成当時の理想実現が迂遠であることにしびれを切らし、木曜会の若い将校を配下に入れ、より速やかに名誉と地位とを獲得しようとした、というのである（前掲、須山幸雄『作戦の鬼　小畑敏四郎』五八〜六一頁）。これは一九三六年頃の回想であり、後に小畑と永田が激しい対立を繰り広げた後の記述であるため、当時小畑がどれだけ永田に不信感をもっていたかは定かでない（小畑は永田に反対したと言っているが一夕会には参加している）。

しかし、永田が軍政官僚として力をつければつけるほど、親友の小畑ですら永田の行動に不信感を抱くのも無理はなかった。小畑は作戦課長にまで上り詰めたが、作戦課が政治的には全く無力であることを思い知らされたはずである。一九二八年八月定期異動で、小畑は荒木貞夫第一部長とともに参謀本部第一部から追い出されていた。転出先は第一〇連隊（岡山）長で、東京から遠く離れたため、一夕会結成には参画できなかった。

小畑は真崎甚三郎第八（弘前）師団長に宛てて、人事に対する不満から「時局常務共に愛憎をつかし、且つ大勢非にて根策も尽き果て申し候に付、小官も御免を蒙りて隊附に転出仕るべく候」と恨み節を述べた（「真崎甚三郎文書」一一九二—二、防衛省防衛研究所図書館所蔵）。作戦参謀としてならした小畑にとっても岡山の連隊長は不満であったことがわかる。陸軍を動かす軍政の中枢に深く入り込んでいた永田に、コンプレックスを持つようになっていたとしても不思議ではあるまい。しかも永田は連隊長でも最右翼の東京麻布の歩兵第三連隊長である。永田が陸軍省と参謀本部との融和・協調を目指しても、作戦課で冷や飯を食わされてきた小畑から見れば、永田の行動は自分の派閥を形成しているとしか映らなかったのかもしれない。

それでも永田は二葉会メンバーの山岡重厚（後の皇道派）の教育総監部第二課長就任を上に働きかけるなど、軍政優位の人事慣行を大きく崩さない程度に彼らの人事に対する不満を聞き入れて、希望の実現に協力した（前掲「真崎甚三郎文書」一〇二一―二、五）。おそらく永田は自分が陸相になることを想定して、同世代間の対立の芽を摘んでおこうとしたのだろう。仲の良かった小畑とは、喧嘩になっても話せばわかると楽観していたのではないだろうか。小畑との対立が、まさか政界をも巻き込む一大派閥抗争の始まりであったことに永田が気づくはずもなかった。

浜口雄幸内閣の成立

さて、田中内閣が総辞職すると、元老西園寺は憲政の常道に則り、民政党総裁の浜口雄幸を後継に推薦した（浜口内閣は七月二日成立）。外相には幣原喜重郎が返り咲いた。幣原の外相就任は悪化した日中関係の改善が期待された。しかし幣原は厳しい局面に立たされた。国民政府の指導下に入った張学良は、ハルビンのソ連総領事にスパイの容疑をかけ、領事館員三九名を逮捕し、大量の文書を押収した。その結果ソ連と中国との軍事紛争に発展した（一九二九年八月）。幣原は慎重に中立的立場をとり、二国間交渉による解決を中ソ両国に斡旋した。満州における紛争を他国（特にアメリカ）が介入するのを防ぐためであった（服部龍二『東アジアの国際変動と日本外交　一九一八～一九三一』二五五～二六一頁）。中ソ紛争の結果、陸軍は満州におけるソ連軍の脅威に対応できるよう満州や朝鮮における兵力を再検討しなければならなくなった。一方国民政府は、失地回復を目指していよいよ革命外交に打って出た。一二月二八日には領事裁判権の回復を一方的に宣言し、関税自主権の回復についても列強に対して強硬に主張しており、一九三一年一月には自主関税を実施するに至った。政府の正当性を示すために、国民政府は列強との間に設置されていた公使館の大使館昇格も執拗に要求した。というのは、蔣介石らが直接指導下に置いていたのはわずか四省ほどであり、北伐完了後も国民政府の統治は不安定なままだったからである（後述）。

他方で浜口内閣と陸軍との関係はどうか。浜口首相は宇垣に入閣の相談を入れ、宇垣が再び陸相となった。浜口首相は護憲三派内閣（当時浜口は蔵相）の頃から比べて角が取れ、宇垣陸相と協力して内閣と陸軍の協調関係に配慮した。それは海軍の軍縮問題を控えており、陸軍との無用の摩擦を避ける戦略からでもあった（前掲、小林道彦『政党内閣の崩壊と満州事変』一一一頁）。宇垣陸相は八月に軍制調査会（会長は阿部信行次官）を設置し、宇垣軍縮に続く陸軍の整理と装備の近代化（とりわけ満州や朝鮮など外地の軍隊の重点的近代化）に着手した。

浜口雄幸（浜口家所蔵）

宇垣陸相はエネルギーに充ち溢れていた。その陸軍統制ぶりも徹底したものだった。張作霖爆殺事件で出先軍人の軍紀が弛緩したことを受けて、着任早々の中国諜報武官会議において、(1)政治や外交に配慮して慎重に行動すること、(2)上司の方針を逸脱して謀略行為を行うような軽挙盲動を慎むこと、等の注意を彼らに与え、陸相の統制を明確に示した（「密大日記」昭和四年第一冊、防衛省防衛研究所図書館所蔵）。宇垣は、白川前陸相が張作霖爆殺事件の責任は陸相にないと弁明したことに批判的で、陸相が出先軍人をも統制すべきだと考えていたのである（『東京朝日新聞』一九二九年一二月二八日）。関東軍司令官は宇垣が後継者と見込んだ畑英太郎（二九年七月一日着任）であり、十分な連携が期待された。また諜報武官会議での注意を見れば、宇垣が幣原外交との協調を模索していたこともわかる。宇垣陸相は蔣介石国民政府の中国統一を促し積極的に経済支援することが、日中関係の安定につながると考えていたのである（前掲『宇垣一成日記I』七二〇頁）。さらに宇垣と幣原外相は、反蔣介石系軍閥を除外し、国民政府と奉天軍閥に限定して積極的に武器輸出を行い、国民政府との関係改善を図っていた（小林道彦「日本陸軍と中原大戦」）。

宇垣はその強いリーダーシップを人事にも発揮した。田中首相に近い鈴木荘六参謀総長が年限を迎えていたが、その後任に金谷範三大将を持ってきたのである。これは武藤信義前関東軍司令官を推す上原勇作元帥などの反対を押し切って強引に行われた（一九三〇年一月）。若い昭和天皇も不安になり上原らと相談すべきことを宇垣に伝えたが、むしろ宇垣は人事を決定するのは陸相であり上原らが容喙すべきことではないと昭和天皇を諫めた。

一九三〇年一月からロンドンで海軍軍縮国際会議が開かれていたが、ここで締結された軍縮条約の批准をめぐって海軍省と軍令部の対立、ひいては政府と軍令部の対立へと発展した。浜口内閣や海軍省は条約の批准（英米に対し補助艦総トン数六九・七五％）を最終的に決定した。しかしそれが軍令部の意見（対英米七割）を無視した統帥権干犯にあたると野党政友会が批判したことで、大きな政治問題となったのである。宇垣ら陸軍省はこうした事態にも冷静に対応した。参謀本部ではこの機会に参謀本部の権限を拡大しようと画策する動きがあったが、陸軍省側は「統帥権独立」について公式の見解を再検討し、国務（政府）と統帥（参謀本部・軍令部）の対立があった場合、陸相がそれを調停するとしていた。つまり陸相の役割を参謀本部（総長）以上に強調したのである（『現代史資料11　続満州事変』二六頁）。それは当然、宇垣陸相のリーダーシップを背景としていた。以上のように宇垣陸相の陸軍統制は盤石のように思えた。しかし、宇垣は一九三〇年中旬から約九カ月もの間、中耳炎によってまさかの入院生活を余儀なくされてしまうのである。

一九三〇年四月二五日、妻文子が帰らぬ人となった（享年四一歳）。晩年は近眼も悪化し、外出するときは永田が手を繋いで歩いた。そのため近所では仲睦まじい夫婦で知られていた。鉄城、松子ら子供達は一九歳と一七歳であり、まだまだこれからというときであった。鉄城の病気といい、永田家にとってはあまりに過酷な運命である。だが永田は、この悲しみをばねに、兄の虎尾から分かれて一家を創立し、家族を守っていく覚悟を決めた。そして六月には、郷里の上諏訪にあった永田家の墓を自宅や勤務地から程近い青山霊園立山墓地へ移すことにした。永田は長年過ごしたこの東京に骨を埋めようと決めたのであろう。

軍事課長の頃（永田家所蔵）

永田、軍事課長に就任

一九三〇年八月、永田は陸軍省軍務局軍事課長に任ぜられた。永田は前任者の梅津美治郎（少将に昇級し歩兵第一旅団長）から事務引き継ぎを行った。とうとう永田は四六歳にして陸相、次官、軍務局長、軍事課長という陸軍中枢ラインの末端に身を置くこととなった。当時宇垣は療養中であったが、陸相代理の阿部信行、軍務局長の杉山元ら宇垣直系の軍政系官僚が宇垣の意向を踏まえて決定したと考えてよいだろう（杉山は次官に昇格）。田中義一に認められ、宇垣一成からも一目置かれた永田が軍事課長になることはごく自然なことであったが、永田の感慨も一入《ひとしお》だったことだろう。死の床にあった父の前で立身出世を誓い、これまでひたむきに陸軍のため、いや日本のために奉職してきた。それが今や正真正銘陸軍のエースの仲間入りを果たしたのである。宇垣は、陸軍省の最大の懸案である軍制改革と中国政策（国民政府支援）を永田軍事課長に期待したものと思われる。

永田は、軍制改革は作戦資材整備会議の経験から十二分に対応出来たが、中国政策は全くの素人であった。双葉会や一夕会などで耳学問をし、中国在勤経験のある軍人から実体験を聞く程度であった。中国には欧州出張で満州を通過して以来行っていない。一夕会以外では中国通で知られた佐々木到一が、「〔永田が〕軍事課長になられてからは、しばしば『佐々木の説を聞かねばならぬ』とよく言われたそうである」と回想している（佐々木到一『ある軍人の回想』一一七頁）。佐々木は国民革命に失望しており、一九二九年八月に、国民政府による性急な国権回復運動の結果、満州の資源獲得のため武力行使がほぼ不可避となると論じていた（戸部良一『日本陸軍と中国』一五四頁）。しかし、人の話を鵜呑みにして議論するほど永田は軽率な男ではない。軍事課長に就任後、永田は宇垣の中国政策を踏襲して、蔣介石国民政府への支援によって日中関係改善の糸口を探ったのである。永田は、中国公使館付武官輔佐官の経験から中国情勢に詳しく蔣介石とも知己の間柄にあった鈴木貞一中佐を軍事課課員に持ってきた。鈴木とは既に木曜会で顔見知りであった。永田の意図は「蔣介石と話をして何とか満州の問題を解決したい」という点にあったと鈴木は回想している（前掲『秘録永田鉄山』五七頁）。

中国情勢は北伐完了後も安定を欠いていた。国民政府内部は一枚岩ではなく、権力の正統性をめぐって内部で対立していた。蔣介石が統制している省は江西、浙江、安徽、江蘇のたった四省だけであった（黄自進『蔣介石と日本』一二二頁）。一九三〇年四月には政府主席である蔣介石と閻錫山《えんしゃくざん》や馮玉《ふうぎょく》祥《しょう》ら反蔣介石勢力との軍事衝突が起こった。河北省、河南省、山東省、山西省の中原地帯を中心に繰り広げられた中原大戦と呼ばれるこの戦いは、双方合わせて一〇〇万人以上の兵力が動員され、およそ三〇万人の死者を出した大規模な内乱であった。国民政府軍に次いで中国国内第二位の軍事力を擁する張学良ら東北軍に対して、蔣介石は何度も参戦を要請した。しかし、張学良は日本が漁夫の利を得ることを理由に約六カ月も参戦を断り続けた。張学良は、軍資金と東北政権による華北の管轄を条件として、ようやく参戦し、一一月四日に国民政府軍の勝利に終わった。

永田は他方で、満州有事の対応にも備えなければならないと考えていた。一七万もの兵力を有する張学良の奉天軍閥（しかも日本が武器輸出していた）が、排日ナショナリズムを受けてどのように出てくるかは未知数で、有事に即応すべき関東軍の兵力は一万程度だったからである。

永田は一九三〇年一一月中旬から約一カ月にわたって朝鮮・満州・中国へ渡り、関東軍との協議の結果、大連（東京とも言われている）に装備されていた二四センチ榴弾砲《りゅうだんほう》を二門配備することを約したと言われている。これは鈴木も回想しているように、関東軍の満州事変計画に協力していたことを示すものではない。二四センチ榴弾砲は攻城砲で飛距離は約一万メートル、敵陣地を破壊する目的で作られただけあって威力も大きかった。しかし第一次大戦におけるドイツ領青島攻略が初陣で、一九三〇年時点ですでに旧式となっていた。また砲床の設営にはかなり深く穴を掘らねばならず、移動にも分解して車で運搬しなければならなかった。榴弾砲はあくまで有事の際に、圧倒的優勢が予想される張学良軍に「応戦」する武器としての配備であったといえる。

永田は他方で宇垣陸相が進めていた軍制改革でも、満州の駐屯軍増強を主張していた。永田の属する軍務局案には、全師団の規模を縮小して機械化兵団や航空中隊の新設が盛り込まれ、そうした機械化された野戦軍が満州に配備されるものとされていた（前掲、小林道彦『政党内閣の崩壊と満州事変』一三五頁）。永田は、外交交渉とともに軍備充実が軍事衝突の危機を防止すると考えていたのである。しかし、関東軍との会談で板垣征四郎参謀や石原莞爾参謀から満洲問題の解決策を打ち明けられ、彼らが思った以上に強硬策を練っていたことを知らされた。彼らは、(1)東三省政権（張学良）を親日政策へと転換させて、権益に関する交渉を行う、(2)親日政権を樹立して交渉を行う、(3)国防上速やかに満蒙問題を解決する、もし不可能ならば兵力に訴えても解決する、というものだった。永田はこの三案全てに不賛成を表明して物別れに終わった。石原は永田を「流行の軟弱外交の追随」であるとなじった。永田は、武力解決方針には賛成だが、あの際その案に賛成だと言明したら実行が不可能になるから反対したのだ、と苦し紛れに弁解したという（関寛治「満洲事変前夜」）。だが、当時関東軍参謀だった片倉哀は、永田が関東軍の計画に明確に反対したと回想している。

彼らの慎重さを欠いた意見に永田が賛成するはずもなかった。こんなことで国民がついてくるわけがない。ただし外交交渉が決裂したり、張学良軍が先制攻撃を仕掛けてきたりした場合には武力行使が必要となろう。しかし、その場合でも十分に国民に理解を求めて実行に移さなくてはならない。ここで山東出兵の二の轍を踏むわけにはいかないのだ。とはいえ、今ここで自分が板垣・石原らに「軟弱外交の追随者」のレッテルを貼られてしまうと、陸軍中枢で聞き役の人間はいなくなり、関東軍は暴走してしまうだろう。永田はこのように考え、何とか繋ぎとめようと、石原に韜晦した態度をとったのではないだろうか。

三月事件

中耳炎から復帰した宇垣陸相は、民政党の激しい軍縮要求に辟易とし、政党との協力関係を構築することにも熱意を失いつつあった。そこへにわかに宇垣を首相に担いで軍事クーデタを起こす計画が発覚した（一九三一年三月）。いわゆる三月事件である。前年参謀本部の橋本欣五郎中佐・長勇《ちょういさむ》少佐らが、政治結社「桜会」を結成し、軍部による政権転覆を目指した。計画は、桜会と連絡して大川周明ら民間右翼が大衆を一万人動員して国会を包囲し、混乱に乗じて浜口内閣総辞職を要求、後継に宇垣陸相を擁立するという、何とも杜撰な計画であった。立てたクーデタ計画それ自体問題であるが、もっと深刻なことは陸軍首脳がそれを了承していたという噂が政界を震撼させたことであった。しかも永田は、宇垣擁立のプログラムを作成したといわれ、後に「軍事クーデタ」たる三月事件の立案者として陸軍皇道派から攻撃されることになるのである。

小磯の回想はこうである。軍務局長であった永田の上司の小磯国昭もあまりに「非合法で」「首尾一貫性がない」「幼稚な」大川の計画を宇垣陸相に知らせるか迷い、永田に意見を聴取した。永田は小磯にそんな非合法的処置には反対であることを明言したが、「困りましたな」としぶしぶ部屋に計画案を持ち帰り、小磯の意図を酌んで翌日それを首尾一貫したものにして小磯に渡した（小磯国昭『葛山鴻爪』五〇九〜五一〇頁）。小磯自身は単に意見を聴取したいと相談したまでで、そのように意見書をまとめよとは言っておらず、永田が勘違いしたと回想しているが、永田は上司の命令ととったのだろう。小磯は、「永田こそいい迷惑をしたものだ」と述べているが、それで済まされる話ではあるまい。小磯は大言壮語する「ドンキホーテ」と部下から影で囁かれ、やや軽率なところがあったが、永田の意見書を軍務局長室の金庫に保管したまま放置したのであった。ちなみに岡村寧次（陸軍省人事局補任課長）も永田の反対意見を聞いており、それに同意だったようで、双葉会の会合（二月一四日）でも反対の空気だったという（前掲『岡村寧次大将』二二四〜二二五頁）。

では永田の意見書とはどんなものだったのだろうか。意見書は後の派閥抗争の攻撃材料として使用され、小畑敏四郎がそのまま保管しており、戦後になって相沢三郎中佐を弁護した著作『相沢中佐事件の真相』を執筆した菅原裕が小畑未亡人から借り受けて公開した（写真付きであるため本物であることが確認できる）。しかし、それは「軍事クーデタ」と呼べるような代物ではなかった。永田が「代理で」書いた計画書は、宇垣内閣を成立させるための「正常の方法による」手続きが記されており、内閣総辞職の場合には宇垣が予備役編入によって首相になるとされている（桂太郎や加藤友三郎のように現役軍人のまま首相になるのは「現代の政治通念に照し採らざるを可」としている）。また、総理辞職の場合でも宇垣内閣を作るため、原敬遭難→高橋是清内閣（政友会）、加藤高明病死→若槻礼次郎内閣（憲政会）の例に倣い、宇垣が現役を退き宇垣民政党内閣を作るというものであった（宇垣が民政党入りするということか）。そして、浜口内閣がどちらも行わないまま「出兵を要する事態」が発生した場合、宇垣陸相は、かつての二個師団増設問題の上原勇作陸相のように、単独辞職して総辞職へ持っていき、元老西園寺に超然内閣（平沼騏一郎首班―これは大川の計画）成立を説くということになっていた。

問題は元老西園寺である。西園寺がうんと言わなければ、どうやっても内閣は「合法的に」成立しないのである。永田も当然わかっていただろう。何とか大川の計画を「合法的」なものに書き換えようとしたのであろうが、日本の後継首相選定は天皇が元老に人選を下問して決定するのが慣行となっており、元老西園寺がうんと言わなければ何もできないのである。永田は最後に「事ならざる場合、陸相は軍職を退き、専ら在郷軍人及び青年統率の任に就き、別途国運転回策の歩武を進む」と述べている。永田自身、意見書をまとめたものの実現性はかなり低いものと考えていたのではないだろうか。

永田は「大正政変型の政変を想定していた」（前掲、小林道彦『政党内閣の崩壊と満州事変』一六二頁）と小林道彦が指摘する通り、永田は宇垣が予備役編入となることや民政党を率いることどころか、失敗すれば責任を取って現役を退くことまで考えていたのである。少なくとも、この意見書だけでは永田が「軍事クーデタ」計画に関与した証拠にはまるでならないのである。

クーデタ計画は宇垣陸相の拒絶により未遂に終わった。そして浜口内閣は「軍事クーデタ」ではなく、浜口の病状悪化（八月二六日没）によって倒れ、若槻礼次郎がそのまま内閣を引き継ぐこととなった。

第二次若槻礼次郎内閣の成立

一九三一年四月一四日、第二次若槻礼次郎内閣が成立した。後任陸相について相談を受けた宇垣前陸相は、前参謀次長（当時、陸軍次官より格下であった）の南次郎を推挙した。後任陸相人事は一月頃から宇垣が南に打診していた（「南次郎日記」一九三一年一月九日、北岡伸一「陸軍派閥対立（一九三一〜三五）の再検討」所収）。宇垣の悩みの種は、宇垣が推した南は、これまでのほとんどの歴代陸相が持っていた軍政経験をほとんど持たず、どう見ても適任とは言えなかったことにあった。宇垣は自分の後継者として津野一輔、畑英太郎を育てようと陸軍省で経験を積ませていた。ところが、二人とも急死してしまったのである。津野は加藤高明内閣で陸軍次官として制度調査委員長を務め、宇垣軍縮をリードした人であった。津野は近衛師団長補職中の一九二八年二月に病死した。畑は津野の後任の陸軍次官で、軍事課長、軍務局長、陸軍次官と軍政の要職を歴任し、宇垣だけでなく若槻首相の覚えも良かった（若槻礼次郎『古風庵回顧録』一八〇頁）。その畑も、張作霖爆殺事件後の関東軍引き締めを期待されて関東軍司令官となっていたが、一九三〇年五月在職中に突然死去したのである。

宇垣自身は六月に予備役編入で現役を退き、朝鮮総督に就任を決めた。南を外から指導しようにも、海外赴任とあってはそれも難しい。宇垣がかなり事細かに事務の引き継ぎを南へ言い渡したことは、宇垣が感じていた不安の大きさを物語っていた（「陸軍大臣申継事項」一九三一年四月一四日『宇垣一成関係文書』憲政記念館所蔵）。南陸相は自分の経験不足を自覚していたようで、自らリーダーシップをとることなく三長官会議を頻繁に開催して金谷範三参謀総長や武藤信義教育総監に相談するのを常とした。そればかりか、従来は閑職とされたポストであった軍事参議官を集めた非公式軍事参議官会議を招集して、重要議題をもちかけた。そのため浜口内閣期から難題となっていた軍制改革問題は、ますますもって紛糾することとなる。満州問題の危機（後述）に対応するため、朝鮮へ師団を増設する案が、首相への説明や協力要請なしに、非公式軍事参議官会議にかけられた。こうした動きは、与党民政党内の軍縮論者を硬化させ、陸軍と協調して行財政整理に取り組もうとしていた若槻首相の党内指導力を動揺させることとなった。これにより、宇垣が築き上げてきた陸相の権威も急速に失墜していくこととなった。

三長官の一角を占めていた武藤信義は、執拗に人事権に介入しようと試みた。武藤は、宇垣の剛腕によって参謀総長になりそこねており、ここぞとばかりに南に揺さぶりをかけたのである。また、武藤のもとには荒木貞夫や真崎甚三郎といった宇垣に反感を持った軍人が集まり、武藤を介して様々な人事の要求をつきつけ始めたのであった。武藤の人事案は荒木貞夫陸軍次官というように、それまで陸軍省で実権を握っていた軍人を追い出すことが狙いであった（前掲「真崎甚三郎文書」九九二―一二）。それに対して南はうんともすんとも言わなかった。南は九月一日の時点ですでに辞任の意向を日記に記していた（前掲「南次郎日記」）。もはや満州事変の勃発を待たずして、陸相の権威はおろか陸軍省の優位性自体が揺らぎ始めていたのであった。

再婚

永田のもとへ早くも再婚の話が持ち上がった。軍事課長となってからは輪をかけて多忙となっていたため、家庭を任せられる妻を迎えることで安心して職務に打ち込むことができた。相手は宮内省大膳寮《だいぜんりょう》有川作次郎の娘、有川重《しげ》であった。おそらく兄虎尾の人脈だと思われる。重は一九〇二年生まれの二九歳、一一人兄弟の三女だった。松子と同じく常盤松高等女学校が最終学歴であった。重は一八歳のときに母を亡くし、幼い弟妹の面倒を見て暮していた。

永田は重と一九三一年六月一二日に入籍し、永田家に迎えた。仲人は第三連隊長時代の上官であった真崎甚三郎に務めてもらった。まさかこの真崎と永田が因縁の関係になるとは誰も想像しなかっただろう。後に見ていく通り、永田が軍事課長になってもしばらく二人が信頼しあう関係であったことは間違いない。

永田は自分の娘と一〇ほどしか違わない一八歳年下の重を妻に迎えて、精神的にも一気に若返ったであろう。陸軍軍政の要である軍事課長として、ますますの活躍が期待された。

第四章　満州事変、起こる

1　満蒙の危機への対応

幣原外交の行き詰まり

浜口雄幸・第二次若槻礼次郎民政党内閣の外相を務めた幣原喜重郎は、第一次外相時代と同様、満州の日本権益を除く中国問題について英米との協調を模索した。しかし、山東出兵を断行した田中義一内閣を挟んで、ワシントン体制は大きく変容していた。というのは、北伐を完了し最大の内乱である中原大戦を制した国民政府が「革命外交」を開始し、日本やヨーロッパ列強諸国に対して強硬に利権回収運動を展開し始めたのである。しかも英米は日本との共同行動をとることにこだわらず、中国に対して宥和的になっていった。

中国国民政府はまず英米から関税自主権を回復させた。その後、次なる課題として治外法権撤廃を要求した。幣原外相は英米と協調して事に当ろうとした。しかし幣原は西原借款と呼ばれる北京政府時代の債権をできるだけ回収しようとした。そのため歩調が乱れ、英米は個別に中国との交渉に入っていった。さらに、このとき新任の駐華公使に内定した小幡酉吉《おばたゆうきち》が、対華二一カ条要求を突き付けたときの公使館参事官であったことを理由に、国民政府はアグレマンを拒否してきた。このことは、英米と日本の足並みの乱れをますます助長した。外国の大公使就任には赴任国の承認（アグレマン）を必要とすることがウィーン条約で規定されていたが、それを拒否するというのは極めて異例であった。国民政府が目指した不平等条約撤廃と税権回復は、それ自体正当なものであったが、あまりに性急であった。他方で解決困難な問題については先送りするという方針をとった。その最たるものが満州問題であった（鹿錫俊『中国国民政府の対日政策 一九三一―一九三三』第一章）。

「革命外交」の旋風は満州の地にも及びつつあった。張学良の指揮下にあった東北交通委員会が、満鉄（日本が経営する南満州鉄道）に対して中国の競争線を建設し始めたのである。いうまでもなく東北交通委員会のもくろみは、日本の満州における権益の中核たる満鉄を中国鉄道で包囲し、その機能を麻痺させることであった。鉄道問題交渉は一九三一年（昭和六）二月末から東北交通委員会と満鉄の間でなされたが、競争線などの核心は避け鉄道連絡協定や借款整理といった事務的交渉で済ませようという中国側の思惑もあり、遅々として進まなかった。また満州の民衆の反日意識も高く、張学良政権の対日妥協を牽制していた（臼井勝美『満州事変』二〇頁）。他方で、当時一〇万人が生活していた日本の在満州居留民や、満鉄の鉄道付属地を警備する関東軍（約一万名）などは、幣原外交に不満であり、政府が中国に妥協することを警戒した。張学良の軍事顧問であった柴山兼四郎《しばやまかねしろう》は、一月一九日の時点で、もはや張学良を満州から排除すべきと意見具申した（『続現代史資料4　陸軍・畑俊六日誌』三一頁）。張は日本と提携して満州におさまる気は毛頭ないものと見られた（張は当時南京へ渡っていた）。

だが、より急進的だったのは、満州事変を起こすこととなる関東軍の板垣征四郎高級参謀と石原莞爾参謀である。石原は、一九二八年一〇月の赴任以来満蒙問題解決策を練り、春頃には「戦争史大観」や「満蒙問題解決の為の戦争計画大綱」といったテキストにまとめ、部内に配布していた。板垣も一九三一年三月の時点で、もはや満州問題の外交解決に見切りをつけ、武力による満蒙領有という形での解決策を模索していた。彼らの計画は、陸軍中央にも徐々に知れ渡ることとなった。

永田らの満州問題解決案

風雲急を告げる満州の状況を受けて陸軍中央も対応を迫られた。四月、参謀本部第二部は毎年提出する「情勢判断」に、満蒙問題解決案を挿入した。この「情勢判断」に基づいて第一部で年度作戦計画が練られることとなっていた。史料が残されていないため、「情勢判断」の具体的内容は知り得ないが、第一段階は張学良を排除し、国民政府の主権の下に親日政権を樹立させること、第二段階は独立国家を建設すること、そして第三段階は満蒙を日本が占領すること、であった（『現代史資料7　満州事変』一六一頁）。参謀本部第二部の重藤千秋支那課長、根本博支那班長（共に中国駐在経験を持つ）、そして桜会を結成してクーデタによる国家改造を目指す橋本欣五郎欧米課ロシア班長らは、いち早く関東軍の意見に同調した。彼らの上司の建川美次《たてかわよしつぐ》第二部長も彼らを擁護するかのような態度をとり「情勢判断」は成案となった。また、橋本は「情勢判断」の結論

南次郎（左）と永田鉄山（永田家所蔵）

に「政府に於て軍の意見に従わざる場合は断然たる処置に出るの覚悟を要す」との文句を自ら入れたという（中野雅夫『橋本大佐の手記』八五頁）。「情勢判断」は当然南陸相や金谷参謀総長にまで通っていた。ちなみに重藤と橋本は先の三月事件でクーデタを要請する大川周明を煽動するような態度をとったとして、岡村は大川を諫めた自分や永田と対比させて重藤・橋本を捉えており、彼らを「参本の軽挙過激派」と呼んでいた（『岡村寧次大将』二二六、二二八頁）。

南陸相は六月一一日に五課長会を発足させ、満州問題の解決案を提出させることとした。五課長会とは、主に対中国政策に関わる五つの課の課長からなる委員会である。すなわち、陸軍省からは永田軍事課長、岡村寧次人事局補任課長、参謀本部からは山脇正隆総務部編制動員課長、渡久雄《わたりひさお》第二部欧米課長、重藤千秋第二部支那課長が参加した。会長は建川美次参謀本部第二部長が任された。恐らく「情勢判断」作成を受けて、陸軍省ベースでより慎重な方策を練り直させようとしたのであろう。つまり「情勢判断」の事実上の否定ともいえた。「情勢判断」作成に参加した重藤が五課長会に加わっているのは、過激派に対する懐柔策といえよう。五課長会は一九日に「満蒙問題解決方策の大綱」（以下、「大綱」と略す）を提出した。その内容は、以下の通りである。

一、張学良政権の排日方針の緩和については、外務当局と緊密に連絡の上その実現に努め、関東軍の行動を慎重ならしめることについては陸軍中央部として、遺憾なきよう指導に努める（①）。

一、右の努力にもかかわらず排日行動の発展を見ることになれば、遂に軍事行動の已む無きに到ることがある。

一、満洲問題の解決には内外の理解を得ることが絶対に必要である。陸軍大臣は閣議を通じ現地の状況を各大臣に知悉せしむることに努力する（②）。

一、全国民、特に操觚界（ジャーナリズム）に満州の実情を承知せしむる主業務は、主として軍務局の任とし、情報部（第二部）はこれに協力する。

一、軍務局と情報部とは緊密に外務省関係局課と連絡の上、関係列国をして満州で行われている排日行動の実際を承知させ、万一にもわが軍事行動を必要とする事態に至ったときは、列国をして日本の決意を諒とし、不当な反対圧迫の挙に出でしめないよう周到な工作案を立て、予め上司の決裁を得ておき、その実行を順調ならしめる。

一、軍事行動の場合、いかなる兵力を必要とするかは関東軍と協議の上作戦部において計画し、上長の決裁を求める。

一、内外の理解を求めるための施策は、約一ヵ年即ち来年春までを期間とし、実施の周到を期する（③）。

一、関東軍首脳部に中央の方針意図を熟知させ、来たる一年間は隠忍自重、排日行動から生ずる紛争にまきこまれることを避け、万一にも紛争が生じた時は局部的に処置することに留め、範囲を拡大せしめないように努めさせる（④）。（前掲『今村均回顧録』一八七〜一八九頁）

永田が考えていた行動時期は一九三五年とも言われた（神田正種「鴨緑江」『現代史資料7　満州事変』四六五頁）。

ここで注意しなければならないのは、第一に永田ら五課長会は関東軍の軍事行動計画を知り、それを何とか抑えるための方策が「大綱」だったということである（①、④）。第二に「大綱」の解決プロセスが、統帥権を楯に内閣を無視して陸軍が主導するというものではなく、外交交渉決裂の場合でも、従来の慣行通り内閣主導により出兵を行うというものだったという点である（②）。しかも内外の支持を得る準備期間を設けるという慎重さであった（③）。この点は永田が国家総動員を論じる際にもっとも重視した点で、ここでも一貫している。さて、その後「大綱」は具体案の作成に入ることとなり、参謀本部第一部作戦課の今村均課長に「大綱」に基づく作戦計画の策定が命じられた。

今村は「大綱」について具体的に回想した唯一の直接的な関係者であったが、それ以外にも注目すべき回想を残している。まず、軍務局徴募課長であった今村を作戦課長に持ってきた異例の人事は、南陸相、杉山元次官の承認の下行われていたということである。三年前の山東出兵では統帥権独立を楯に田中政友会内閣に真っ向から異を唱え、前年の統帥権干犯問題では統帥権を拡大解釈して参謀本部の権限を拡大しようとした作戦課。この作戦課に陸軍省の人間を入れて、統帥権独立を実質的に抑え込むという狙いが陸軍首脳にあったことを今村人事は示している。次に、五課長会で最も影響力を持っていたのは、会の幹事役で軍務局長待遇の扱いを受けていた永田だったということである（『今村均政治談話録音速記録』国立国会図書館憲政資料室所蔵）。このことは、漸進的かつ慎重な「大綱」に、永田の意向が相当反映されていたことを示唆している。

永田にかかる期待

永田は郷里の後輩にあたる矢崎勘十《やざきかんじゅう》にあてた書簡に、「問題の解決は陸軍としては何としてもできず、又上意なくして憲法の範疇外に出ることを許さず。陸軍の力のみにて事を決するは、国が真に滅するや否やのドタン場の最大非常手段なり」と述べている（一九三一年八月八日、永田鉄山発矢崎勘十宛書簡『秘録永田鉄山』所収）。まさに陸軍の力のみにて事を決しようとしていた関東軍に対する誡めといえた。矢崎は、永田の推挙を受けて張学良の軍事顧問に従事していた。関東軍がすでに張学良に見切りをつけ張学良の排除を目指していたのに対して、永田は張学良をして排日方針を緩和させることを諦めたわけではなかったことを伺わせる。ちなみにその矢崎は、永田が同期の関東軍の板垣と性格が合わず、板垣が「永田は歯車みたいだ」（自分の考えを持たない関東軍と陸軍中央の単なる伝達役という意味か、いずれにせよ否定的意味である）と漏らしていたと証言している（森克己『満州事変の裏面史』三七三頁）。さらに板垣が上京して満鉄線路を爆破して事を起こそうという計画を永田に打ち明けたが、永田は反対したという（矢崎は六月としているが板垣が上京したのは七月末）。

また九月から五課長会に加わることとなった磯谷廉介教育総監部第二課長は、真崎甚三郎台湾軍司令官に次のように五課長会の動向を報告している。

「軍部の積極策には勿論賛同致す者に候えども、其方法手順に就ては多少考慮を要するものかと兼て愚考致し居候次第もこれあり（中略）この協議には永田岡村などは当初より参加致し居る由に付、万遺漏もこれなき事とは存じ候えども、一歩誤れば却って軍部の威信に関するのみならず、取り返しもつかぬ破目と相成るまじき事に候えば、更に更に慎重を加うる必要あらんと存じ候」

（一九三一年八月二九日、磯谷廉介発真崎甚三郎宛書簡、前掲「真崎甚三郎文書」四五二一—一）

磯谷は、八月八日に台湾へ発つ真崎の歓送会に永田や岡村らと共に出席しており、五課長会に参加する前から五課長会の動向は永田や岡村から直接聞いていたのであろう（前掲、船木繁『岡村寧次大将』二三二頁）。この史料からも、慎重派の永田や岡村が関東軍らの強硬派を抑えることを期待され、それを担っていたことがわかる。

永田にとっては関東軍や参謀本部過激派の策謀を察知するために、さらには武力行使に決定した場合に中央が十分に出先を統制するためにも、彼らを繋ぎとめておく必要があった。関東軍参謀の花谷《はなや》正《ただし》は、陸軍中央で無条件に信用できた人物を重藤、根本、橋本の三人とし、次に一応信頼できた人物として永田を挙げ、永田には八五％程度計画（前三名には九五％）を打ち明けたと述べている（花谷正「満州事変はこうして計画された」『別冊知性12』)。核心部分の情報については隠されていたにせよ、永田はある程度出先から信頼されていたようである。しかし、出先と中央の要職者が集まった八月初旬の軍司令官会議において両者の意見のずれが明らかになると、関東軍は独自に事を起こすことに切り替えていくこととなった。

国内世論へ
の働きかけ

永田が国家総動員を説く際に、最もその必要を強調したのは国民の主体性であった。あらゆる軍事行動は軍だけではなく国民が主体となって臨むのを理想とした。それゆえ満州への武力行使も国際的・国内の理解が不可欠であった。「大綱」に見られる通り、内外の理解を得られるには少なくとも一年はかかると永田は踏んでいた。いや永田だけではなくそのような慎重姿勢は陸軍省全体で共有されていた。というのは、すでに五月に、政府の外交政策を論じることで軍人の政治関与であると非難されないよう慎重な態度をとりつつ、陸軍に対する国民の理解を求めて行くという方針を、陸軍大臣名で各地方師団参謀長へ伝達していたのである(「陸軍大臣口演等送付の件」『密大日記』一九三一年第二冊、防衛省防衛研究所図書館所蔵)。

七月初めに万宝山事件が起こった。万宝山事件は、満州の吉林北方にある万宝山において水田経営をめぐる朝鮮人入植者と中国人農民との間の対立に端を発していた。事件は中国の警察隊と日本の領事館警察との発砲事件に発展し、さらには朝鮮内の中国人街への破壊行動を引き起こした。中国側も事件が朝鮮総督府の容認の下で行われたとして、七月中旬にかけて南京、漢口、杭州、蕪湖、北平(北京)、長沙など中国各地で排日大会や排日貨運動が起こった(朴永錫『万宝山事件研究』)。国民政府もいよいよ満州問題で日本に強硬な態度に出ることとなったため、日本の国内世論もにわかに満蒙問題への関心が高まった。

そこで五課長会は手始めとして八月四日の軍司令官・師団長会議における陸相訓示（満州への武力行使も考慮に入れて問題解決に強い決意を示すという内容）を新聞に公表した。ところが、これはまったくの逆効果であった。訓示の内容が軍による政治介入であるとして大きく非難を浴びてしまったのである。与党民政党ですら少壮議員が、このような「暴慢極まる言動」を弄《ろう》するならば、議会で紛糾していた恩給法改正（軍人恩給の年限延長問題）や軍制改革といった陸軍の要望に応じないと憤慨していた（『東京日日新聞』一九三一年八月五日）。

これは陸軍省の暴慢だったのだろうか。そもそも秋田県における民政党大会で「満州の我が権益を害する者があれば断固たる措置を採る」旨の演説がなされているので政府の意向もここにあると判断してのことであった（杉山元次官の談話『東京日日新聞』一九三一年八月六日）。また陸軍政務次官の伊東二郎丸（海軍中将伊東祐麿の子息、貴族院子爵議員・研究会所属）も、「訓示内容は別に不穏当なものがある訳でなく、政府の方針なりと思惟されるところを更に敷衍強調したに止まるのである」と弁護していたように、内容はおおごとになるようなものとは考えられていなかった（『東京日日新聞』一九三一年八月八日）。しかし新聞の陸軍批判は強く、評価は「満蒙問題を殊更に重大化せしめて、国民の注意を軍備拡張の必要にまで引きつけんとする」もの（『東京朝日新聞』一九三一年八月五日社説）、あるいは「天下国防に関心するもの軍部のみと称するが如きは、あまりに厚い自己陶酔の殻に籠ったもの」と

1931年8～9月の排日事件

	排日運動・事件
8月1日	上海で経済絶交を訴える反日市民大会（1万5000人）。
3日	陸戦隊の水兵，道を教えた中国兵に刺される（上海）。
5日	満鉄沿線（海城駅）で不審な中国人に鉄道守備隊が撃たれ重傷。
17日	中村大尉事件の公表。
17日	奉天（鄭家屯）で邦人斬殺死体発見。
19日	青島国粋会本部が約3000人の中国人に襲撃される（家屋数十戸破壊，負傷者50余名）。
20日	上海総領事館に脅迫状（爆破予告）。
29日	天津で反日会が日貨を抑留。
31日	ハルビンで邦人が中国人に射殺。
9月5日	鞍山の鉄工所課長が強盗殺害される。

（注）『東京日日新聞』より作成。

いう痛烈なものであった。こうも国内世論の満州問題への危機意識が低ければ、「大綱」のラインで進めることは相当困難であった。予想以上に陸軍への不信感は強かったのである。こうして関東軍が着々と準備を整えている間、陸軍と民政党は恩給法改正問題で両者一歩も譲らぬ攻防を繰り広げていた（政府は文官並みに武官の恩給年限を引き下げることを要求）。

中村大尉事件を公表する

そうこうしている間にも、排日事件や排日運動は止むことがなかった。幣原外相は日中の平和的解決を一貫して唱えたが、中国側の対応が強硬である以上、有効性に疑問を持たれてもやむをえなかった。そこで陸軍は、非公開としていたある事件を公表して世論を喚起する策に出た。六月下旬に参謀本部第一部の中村震太郎大尉が満州北部の興安嶺方面で兵要地誌（対ソ作戦に必要な地理、気象、産物等の情報）を調査中に中国軍に射殺された、いわゆる中村大尉事件である。中村大尉の死亡は七月二三日に確実であるとの電報が現地から届いていた（「遠藤三郎日記」一九三一日七月二三日）。そもそも兵用地誌調査は参謀本部第二部の管掌であった。そこへ作戦を管掌する第一部が第二部に対抗して独自に情報を得るため、不慣れな調査に独自に乗り出した。その結果が調査員の殺害だった。

八月一三日、関東軍の石原莞爾参謀は永田に書簡を送り、事件を機に吉林省へ歩砲連合部隊の装甲車を準備して実力捜索に乗り出すことを強硬に意見具申してきた。陸軍中央は中村大尉事件を口実として、武力行使を主張することは穏当でないとしていた。だが、公表することで武力行使を視野に入れた満州問題解決方針で世論を形成することができると考えたのであろう。しかもこれだけ排日事件が頻発するなかで公表すれば、陸軍が事件を利用しようとしているとの批判も出ないと踏んだのだろう。陸軍省は、一七日に中村大尉事件を公表した。

予想通り、中村大尉事件は新聞に大きく報道された。陸軍省へは中村大尉への慰問金が届くなど、同情も買った。陸軍省と外務省はそれぞれ国民政府へ厳重な抗議を行った。八月二一日の閣議では、若槻首相、幣原外相、南陸相、安保清種《あぼきよかず》海相を中心に対中国外交について懇談がなされた。他方、国民政府は、犯人は官兵ではない（匪賊である）との主張を繰り返した。

国論にわかに一致する

国内の状況は一変した。新聞紙上では特派員が排日運動にあえぐ満州の在留邦人の〝SOS〟を大々的に報じた（『東京日日新聞』一九三一年八月二八日、二九日、九月九日）。

特派員は在留邦人が危険で夜歩きも出来ないくらいであると報じている。またこのような状況を作り出した原因の一つは、日本の軟弱外交にあるとも述べている。貴族院では対中国問題の研究熱が高まり、貴族院公正会、同成会、同和会等各派議員が集い、小磯軍務局長から説明を受け、九月中旬には視察に出ることも決まった（『東京日日新聞』一九三一年九月三日）。こうした状況で、陸軍が最後の手段として武力行使を決意していることが公にされた（同、九月四日）。しかもこの点については事件公表前から外務省との意見一致をみていた。陸軍省側の取りまとめは永田である。永田らは、事件が解決しない場合、奉天省北部の中国鉄道予定線である洮索（洮安―索倫）線を保障占領する案を外務省と交渉した。陸軍省は外務省と軍事行動の具体的目標についてまでも共同歩調をとろうとしていたのである。

さらに大きな変化は、次の点にも現れた。すなわち前月の師団長会議での南陸相の訓示では軍部の政治介入として相当な批判をされたが、今度はそれを容認するようになったのである。『東京日日新聞』は、事件が陸軍の威信確保を目的とするものであってはならないと釘を刺しつつ、満蒙問題に関しては「国民」全体が極度に憤慨しており、現役軍人の口からそれが出てもそれはもはや「政治」論議にはならない、と陸軍の満蒙問題に対する強硬態度を容認しているのである（『東京日日新聞』一九三一年九月五日、一三日社説）。若槻首相も九月五日の民政党北陸大会において、満蒙権益擁護のために「断乎としてこれに臨むの決心と覚悟」を持っていると明言した。遷延策に出る中国側に対して、櫻内幸雄商相のように閣僚のなかからも強硬論を主張する者があらわれた（『東京日日新聞』一九三一年九月八日)。中国側が事件の非を認めるかどうかを見極めるため、土肥原賢二奉天特務機関長が上京して状況を報告した。土肥原は陸軍省や参謀本部だけでなく、外務省(幣原外相)、貴族院、そして若槻首相へも報告し、現地の情報は陸軍に限らず幅広い層に共有された。若槻首相や幣原外相は、依然中村大尉事件も外交交渉により平和的に解決すると考えていたが、武力解決は徐々に現実味を帯びてきたのである。

ところが事態は永田らにとって思わぬ方向へ展開する。九月一五日に幣原外相が独自に情報をつかみ、関東軍が満州で軍事行動を起こすという噂の真偽を南陸相に閣議で問いただした。それを受けて、南陸相は建川美次第一部長を急遽満州へ派遣することとなった。橋本欣五郎ロシア班長は、関東軍へ密電を送り、計画がばれ建川部長が止め役として満州に向かったことを告げた。板垣・石原両参謀は、計画を繰り上げて九月一八日に実行することに決めた。永田を含む陸軍中央のほとんどはそれを知る由もなく、内閣の武力行使へ向けて準備を整えていた。

2 意図せぬ満州事変の拡大

満州事変、起こる

一九三一年(昭和六)九月一八日午後一〇時二〇分頃、板垣征四郎と石原莞爾を中心とする関東軍の一部幕僚が奉天郊外柳条湖付近の満鉄線路を爆破した。かねてからの計画通り、彼らはそれを中国軍のテロ行為であるとして、張学良率いる東北辺防軍の本営である北大営に進撃を開始した。満州事変の勃発である。陸軍の史料によると、関東軍の兵力約一万名に対して、中国軍は奉天省約四万五〇〇〇、吉林省約五万五〇〇〇、黒竜江省約二万五〇〇〇、熱河省約一万五〇〇〇と言われた。もっともこのとき張学良は北平におり、石友山ら反蔣介石勢力の制圧に集中していた（その兵力約一一万名）。そのため奉天に残された軍隊は平時編成で弾薬も十分でなく、無防備な状態であった。

上空から見た北大営
（『満州建国と満州上海大事変史』より）

板垣参謀は本庄繁関東軍司令官を説得し、独立守備歩兵第二大隊に北大営を、第二師団（仙台）の歩兵第二九連隊に奉天城攻撃を命令した。止め役として奉天にいた建川第二部長は、自らが責任を負わされることを恐れたのか、関東軍の謀略行為を見逃した。このとき兵営に備え付けた二四センチ榴弾砲も北大営めがけて火を噴いたが、砲弾は一つとして命中しなかった。それでも関東軍の奇襲は東北軍を混乱に陥れるのに十分であった。一九日午前一時二〇分には関東軍諸部隊に中国軍への攻撃命令が下され、朝鮮軍にも来援が要請された。他方関東軍の長春守備隊は、砲工廠を制圧するため長春の要衝、南嶺・寛城子を攻撃し、七時間にわたる戦闘の末昼までには同地を占領した。奉天も午前中には奉天城が陥落し、兵工廠、航空隊を完全に占領した。

事件の第一報は九月一九日午前二時に東京に入った。次々と将校が登庁し、情報収集は徹夜の作業で行われた。七時半には杉山次官、小磯軍務局長が陸相官邸に入り、南陸相と緊急会議を開いた。軍事課長である永田はそこに呼ばれていない。参謀本部でも七時四〇分から総長以下部長クラスが集って作戦を練った。軍事計画の立案では局長クラスの待遇を受けた永田であったが、もはや「大綱」は紙切れ同然となり、現実の政策決定の場からは外された。扱いは並みの課長程度となった。

午前一〇時半から臨時閣議が開かれた。南陸相は積極的に関東軍の兵力を増強しようと試みるも、若槻首相と幣原外相が閣議をリードし、事件不拡大方針が決定した。南陸相は閣議後三長官会議を開き、陸軍全体に不拡大方針を徹底するように意思統一を図った。また満州へ向けて出動した朝鮮軍へも国境付近で待機するよう命令した。

朝鮮軍の独断越境

しかし関東軍は主力を北方の長春へと移動し始めた。吉林省の中国軍が輸送用の列車を終結し始めたとの情報を受けたからである。また満鉄借款鉄道（満鉄が中国に全額出資して経営していた中国鉄道）である吉長線（吉林—長春）間の鉄橋が破壊されたとの情報も入っていた。関東軍の次なる目標は長春東方の吉林制圧であった。周知の通り、長春への移動は朝鮮軍を満州に増援させるために奉天を手薄にすることがねらいでもあった。長春方面の関東軍主力（第二師団）は一六〇〇名に達しているとの情報が、二一日午前一〇時一五分頃に朝鮮軍のもとに届いていた。林銑十郎朝鮮軍司令官は、閣議で何らかの方針が決まるであろう午後四時まで待つつもりだったが、状況を独断して、新義州に待機させていた混成第三九旅団を越境させた（林銑十郎『満州事変日誌』一七頁）。しかし、吉林では石井猪太郎総領事と吉林軍参謀長の煕洽《きはく》が協力して治安を守っており、関東軍の出兵は強引で一方的なものであった（前掲、小林道彦『政党内閣の崩壊と満州事変』一八一頁）。

他方、陸軍中央では朝鮮軍独断越境が大問題となっていた。海外派兵を行うためには、閣議の承諾を得た後で首相が上奏裁可を得ることが慣行となっていたが、朝鮮軍はその手続きを無視したからである。これは明白な憲法違反で、いわば軍による統帥権干犯であった。参謀本部は作戦課を中心に、独断越境は帷幄上奏を行い事後承諾で済ませれば問題ないとしていた。そこで作戦課は直ちに帷幄上奏の準備をした。ところが、こともあろうか今村作戦課長は、永田ら軍事課に相談もせず、上奏書類の連帯捺印のみを求めたのである。当然ながら、それに対して永田は強く反対した。永田は、経費支出を伴う出兵を、閣議承認を経ないで参謀本部のみの帷幄上奏によって決定することは極めて不当であり、ひいては天皇に災いすると述べ、捺印を拒否した（「参謀本部第二課機密作戦日誌」『太平洋戦争への道　資料編』一一九頁）。永田は、自分が信頼して作戦課長に推した今村が、関東軍に好意的な参謀本部の雰囲気に流され、軍事課長である自分を蔑ろにしようとしたことに対して、憤懣やる方なかったであろう。だが今村は永田が反対することを予測していたであろうし、永田に対して後ろめたさがあったがゆえにそうした行動に出てしまったのであろう。今村は、この一件以降永田に積極的に協力していくことになる。

結局、二二日午後五時に帷幄上奏は参謀総長によってなされたが、奈良武次侍従武官長が「無法の挙」として帷幄上奏を阻止したため、失敗に終わった（『侍従武官長　奈良武次日記・回顧録』第三巻、三五八頁）。帷幄上奏は失敗したものの、若槻首相が閣議において朝鮮軍越境に関わる予算支出を承認したため、統帥権干犯とならずにすんだ。政党内閣にとっては、この閣議決定により、事変勃発直後までは十分に持っていた事変収拾の主導権を陸軍に明け渡すこととなった（伊藤之雄『昭和天皇と立憲君主制の崩壊』第六章）。

陸軍省の権威も事変を機に揺らぎ始めていた。南陸相は軍政の未経験から参謀総長や教育総監、さらには責任外にあった軍事参議官にまで意見を求めていた。参謀本部は軍事行動に関して関東軍と連絡をとり、指示を出したため、にわかに発言権を増した。こうして軍政優位の動揺にともない、軍事課長の永田の存在感も事変前に比べると明らかに薄くなっていた。おそらく永田の怒りの矛先は今村ではなく、独断専行がもてはやされ規範意識が薄れつつある陸軍全体の雰囲気に対して向けられていたであろう。永田は容易に変節したり周囲に流されたりするほど軽佻浮薄な男ではない。この後も、永田は職域の範囲でできるだけ自らの信念に忠実であろうとしたのである。

十月事件

関東軍は敦化《とんか》、鄭家屯《ていかとん》、新民屯《しんみんとん》（いずれも借款鉄道沿線）にも進出し、わずか二日間で南満州の要衝をほぼ制圧した。

＊黄自進によると、事変勃発から一七日間に、約半分の東北軍が関東軍に投降したという。黄自進も指摘するように、事変前からそれなりの合意があったのであろう（黄自進『蔣介石と日本――友と敵のはざま

で』一三一頁)。

南陸相は幣原・外務省と満鉄付属地外（吉林や上記の沿線をさす）からの撤兵で意見を調整しており、これ以上の事変拡大は絶対に阻止するつもりであった。ましてや関東軍が計画していた北満州ハルビンへの出兵などもってのほかであった。しかし、関東軍は満蒙領有から一歩後退したものの、北満州出兵の後に宣統帝溥儀《ふぎ》（清朝最後の皇帝）を頭首とする独立政権の樹立を目指すことにしていた。他方、陸軍中央は南満州に張学良にかわる軍閥政権を樹立することで問題を解決しようとしており、彼らとは事変収拾構想が根本的にかけ離れていた。もっとも、幣原ら外務省は新政権樹立に日本が関わることに反対で、事変解決のための交渉は中央政府である国民政府と行うべきと主張しており、張学良政権かあるいは新たに樹立された新政権と交渉すべきと主張していた陸軍中央とは意見が対立していた。この陸軍と外務省との隔たりを調整するのが永田ら軍事課の役目であった。

一〇月一日に幣原外相が蔣作賓駐日公使に対して通告したように、幣原外相も日本軍占領地に形成されていた中国人による治安維持会には好意的で、日本軍撤退の大義名分となることを期待していた。しかし中国側は治安維持会を弾圧し、日本軍の撤退予定である一〇月一四日に併せて、占領地接収を張作相と王樹常（二人とも奉天軍閥の軍人）に行わせることを決定したと通告してきた。国民政府は、九月二一日に、日本軍の行動は侵略であるとして国際連盟に提訴していた。国民政府のねらいは、連盟規約や不戦条約に関わる問題として国際世論の注目を集め、イギリスやアメリカを満州問題に介入させることで日本の侵略を抑制することにあった。これに対して日本外務省は、満州における排日運動こそが在留邦人の生命財産を脅かしていると主張した。

そこへ衝撃的なニュースが飛び込んだ。一〇月九日朝、関東軍が錦州を爆撃したというのである。錦州爆撃は日本の連盟における立場を悪化させた。その結果、一〇月二四日にアメリカがオブザーバーとして連盟理事会に参加し、そこで無条件による日本軍撤退を三週間以内に行うこと等が一方的に採決された。採決は日本の反対で可決とはならなかったが、日本の国際的孤立を世界に印象づけることとなった。このことは、ワシントン体制と幣原外交の終焉を意味していた（西田敏宏「ワシントン体制の変容と幣原外交（二）」）。

問題はそれだけにとどまらなかった。関東軍の錦州爆撃の前に、橋本欣五郎を中心とする参謀本部の若手参謀や近衛師団の一部がクーデタを計画していたことが発覚し、未遂に終わっていた（一〇月一六日）。いわゆる十月事件である。その際、関東軍は国内のクーデタが失敗したため、独立軍として満蒙問題を解決すると橋本が放言し、陸軍首脳部を驚かせた。陸軍中央は、関東軍を統制するだけでなく中央内部や内地部隊の統制にも取り組まなければならなくなった。いまや陸軍の統制が内外から挑戦を受けていた。

クーデタは約一二〇名の将校が参加し、近衛師団や第一師団から一二個中隊が動くこととなっていた。将校の多くは、大川周明、北一輝や西田税などの国家改造を説く右翼思想家を狂信的に支持していた。クーデタの決行日は一〇月二一日とし、閣議を急襲して首相以下閣僚を殺害し、警視庁・陸軍省・参謀本部を占拠した後、東郷平八郎が参内して新内閣を樹立する。新内閣の首相には荒木貞夫中将、外務大臣には建川美次が予定されていた（田中清少佐「所謂十月事件に関する手記」『現代史資料4国家主義運動I』六六〇～六六一頁）。橋本ら一派は、もともと関東軍の参謀らと連絡をとっており、満州での謀略に呼応して、関東軍に批判的な内閣を倒し、関東軍支援内閣を作ろうと考えていた。

永田が計画を知ったのは一〇月一六日であった。橋本らの計画を憂慮した桜会会員の池田純久大尉と田中清大尉が今村作戦課長に相談したことで、永田をはじめ陸軍首脳に知れ渡ったのである。今村は次のように二人に述べたという。

「私は、絶対にクーデタに反対します。君たちも軍事課長の永田さんから聞いているだろうと思う。中央の考えは、一年の日子を費やして国の内外に、南京、張両政権の不当な排日行動の実相を認識させた後、必要なれば軍事行動を以てしても、満州問題の解決を図ろうとしていたのだが、にわかに事変の勃発となり、内外の諒解なしにやるようになってしまいました。もし陸軍が、非常手段で現政府を倒し、右翼又は軍人内閣をつくったとしたなら、列国はきっと〝満州事変は、日本陸軍の野望により発生せしめられたものだ〟と判断」（『今村均回顧録』一九四頁）するだろう。

今村が述べるように、永田の意図に反して国内外の了解を得ぬまま事変は起こってしまい、しかもクーデタにより右翼・軍部内閣が樹立されようとしていることに永田は心痛していた。永田は首謀者の「保護」ではなく「検挙」を主張し、処分については岡村寧次、小畑敏四郎（陸大教官）らと共に、全

荒木貞夫
（『満州建国と満州上海大事変史』より）

軍の機密に関係する所が多いから軍法会議の手続きをとるわけにいかず、満州事変中でもあるし戦時法規を適用して裁判を用いずに直ちに銃殺に処すべきだと主張していたという（中野雅夫『三人の放火者』一五八頁）。岡村は人事を扱う人間として、どんな優秀な者であろうが軍規に違反した者はどんどん処分すべきと主張したという（中村菊男『昭和陸軍秘史』三五頁）。

＊十月事件で永田が橋本らに厳罰で臨むことを主張したという事実は、一次史料から確認することはできなかった。中野雅夫の記述は説得を主張した荒木貞夫や首謀者の橋本欣五郎にも直接聞き取りをしているためある程度信憑性はあるが、小畑を陸軍省課長と事実誤認しているし、史料的根拠を示していないため、割り引いて解釈する必要があろう。ただ岡村については中村菊男が前掲書でインタビューを行っている。そこで岡村は自身が厳罰主義を主張したと証言しており、この点中野の記述と符合する。また磯谷廉介（教育総監部第二課長、五課長会メンバー）は、事件一段落後（一一月二九日）も厳罰主義で臨むべきことを台湾の真崎甚三郎へ書簡を送っている（前掲「真崎甚三郎文書」四五二―三）。以上から、銃殺とまではいかなくとも、永田が厳罰を主張したというのが自然な解釈といえる。

しかし、首脳部のなかではただ一人、首謀者たちが推戴していた荒木教育総監部本部長その人が説得を継続すべきことを強く主張した。そのため荒木が説得に出向くこととなった。だが結局、彼らが心変わりすることはないと南陸相が判断し、橋本以下一二名を憲兵隊に保護検束させることに決定した。保護検束されたなかには、橋本以外にも根本博（陸士二三期）、影佐禎昭（二六期）、和知鷹二（二六期）、馬奈木敬信（二八期）といった参謀本部第二部に勤務する陸大出のエリート将校も含まれていた。彼らは、少しの間を置いて中央から左遷するということになった。

＊　根本博は戦後次のように回想している。永田は「橋本らが決行してもテロより少し大きな事件となるにすぎないから決行させずに内閣へ凄味をきかせる方が得策、と表明し」た（中田実「根本博中将回想録」『軍事史学』一一号）。この回想は、永田が若槻内閣を倒して軍部に都合のよい内閣を作ろうと考えていた証拠としてしばしば使用される。しかし永田は軍紀違反に対しては一貫して厳罰主義であった。もっとも根本は計画を内部からリークしており、検束の対象にはなっていたが同情の余地はあった。それゆえ「内閣に凄味をきかせる」云々は本音ではなく、根本を宥めるためのリップサービスだったと理解すべきだろう。実際、永田が内閣に武力をちらつかせて政策を強要したことは終生一度もなく、根本の回想と辻褄が合わない。後述するように、逆にクーデタ計画の内容を宮中方面に包み隠さず知らせて対処法を教えたくらいなのであり、永田ほど政治を良く知る軍人が、むやみに下級のスタッフに本音を見せる方が不自然であろう。ちなみに根本は、永田が相沢三郎に殺されたとき、相沢と固い握手を交わしたと相沢に証言されている。

他にも永田は、局長時代に陸相秘書官の有末精三少佐によく、「君、サーベルガチャガチャやって脅かすか」などと言っていたという（前掲『秘録永田鉄山』八二頁）。一七期の東条英機すら子供扱いしたといわれる（馬島健『軍閥暗闘秘史』一九～二〇頁）永田が、一一歳年下で陸士卒業年度が一三も下（陸士二九期）の有末に対し、本気でそのようなことを話すとは考えられない。陸軍省すら幕僚の統制が乱れていると認識していた永田は、部下を宥めるためにこのような言葉を使っていたのであろう。永田が「サーベルをガチャガチャやって」脅かしたことは、管見の限り生涯一度もない。

永田はクーデタ計画の内容を見て、「たとえこころざしは諒とされても、こんな案で大事を決行しようと考えた頭脳の幼稚さは、驚き入る。未然にくつがえしたことはよかった」と漏らしたという（『今村均回顧録』二〇〇頁）。参謀将校のあまりのレベルの低さに失望を禁じ得なかったのだろう。そして「こころざしは諒」とした首脳部の事なかれ主義。陸軍の統制に不安を抱かないわけにはいかなかった。南陸相は一〇月三〇日に若槻に対して辞意を漏らしている（前掲「南次郎日記」）。

前陸相の白川義則は軍事参議官であったが、関東軍独立の噂を確かめ彼らに注意を与えるため、今村作戦課長と共に渡満した。もともとは永田が行く予定であったが、多忙のため永田が今村に託した（前掲『今村均回顧録』二〇二頁）。白川前陸相は、十月事件といい関東軍の独断専行といい、陸軍の統制が弛緩していることに強い危機感を覚えた。帰京後、白川は南・金谷への批判を強めていく。

他方で、永田は十月事件の経過を木戸幸一や原田熊雄ら宮中方面にも詳細に報告している。永田と彼らとの関係は、永田の部下であった鈴木貞一が既に彼らと知己の間柄にあり、その鈴木が紹介したというのが始まりだったという。少し後になるが一九三二年九月に、永田は木戸へ「処罰に就ては、上官よりの説諭により部分は自己の非を悟り反省するに至りし故、本来は陸軍刑法により処断せらるべきものなるも其の動機精神に鑑み、且つ国軍の威信等を考慮し、行政処分にて済ませた」と思うようにはならなかった処分の経緯を述べている（『木戸幸一日記　上』一四八頁）。しかも永田は、クーデタの計画を話し、例えば全国の師団に偽命令（東京への出動）が出ていないか調べるなど、再び起こった際にどのように対処すべきかまで木戸に親切にアドバイスしてくれ、それが後の二・二六事件で役に立ったという。木戸は率直にいろいろ話してくれる永田に好感を持ち、永田と人間的にウマが合い、話がしやすかったと回想している（「木戸幸一政治談話速記録」国立国会図書館憲政資料室所蔵）。

チチハル出兵

陸軍中央が十月事件の処分で右往左往していたその間にも、関東軍は独立国家建設へ向けた次なる段階に進もうとしていた。すなわち北満州への親日政権樹立である。北満ではハルビン出兵を阻止されたため、関東軍は日本に寝返っていた張海鵬軍をして張学良支配下の馬占山軍を討伐させていた。しかし馬占山軍が嫩江《のんこう》（チチハル南方）橋梁を破壊したため（一〇月一六日）、一一月に入っても膠着状態が続いていた。関東軍は、鉄道修理部隊を派遣し、軍事介入へとエスカレートさせる腹積もりであった。幣原外相は、嫩江橋梁破壊により寸断された洮昂線は日本の借款鉄道で合法的権益であったし、その沿線に日本軍が進出することで中国の満鉄並行線建設を阻止できるため、鉄道修理部隊の派遣にはゴーサインを出した（前掲、小林道彦『政党内閣の崩壊と満州事変』一九九～二〇〇頁）。しかし一一月四日、鉄道修理部隊と馬占山軍は軍事衝突した。ただちに関東軍は現地へ歩兵約七大隊と砲兵七大隊を急派した。陸軍中央は関東軍の行動が日ソ戦争を誘発することを恐れ、関東軍に自制を促した。そして五日、参謀本部は「臨参委命」を出して、関東軍の嫩江以北への進出を禁じた。

臨参委命とは、天皇の統帥権を参謀総長が委任し、本来参謀総長に指揮権がない現地部隊の行動を参謀本部の強い統制下に置くというものである。当時永田の部下であった鈴木貞一によると、「臨参委命」を案出したのは永田であったという（前掲『秘録永田鉄山』六一頁）。永田は国際連盟における日本の立場を考慮して、関東軍の行動を参謀本部に抑えるよう交渉したのである。また二宮治重《にのみやはるしげ》参謀次長が直々に満州へ行き現地軍を指導する（一一月二〇～二八日）など、陸軍中央は関東軍の統制に躍起になっていた。しかし、関東軍は土肥原賢二が中心となって天津で暴動を起こし、保護を名目として清朝最後の皇帝溥儀を遼寧省鞍山《あんざん》の湯崗子《とうこうし》に連れ出した（一一月一三日）。溥儀を満州国の頭首に擁立するためである。そして一一月二六日に再び土肥原が中国軍を挑発し、天津で日中軍事衝突事件が発生した。参謀本部の度重なる臨参委命により、なんとか関東軍は二四日チチハルから手を引いた。しかし天津の事件を機に、軍主力を錦州に向けることとなる。二七日に関東軍は混成第四旅団を天津で戦闘中の支那駐屯軍援護を名目に、錦州方面に独断で派兵したのである。錦州へ進撃しないと陸軍中央が明言した矢先の出来事だったので、当然のことながら、天津の事件は連盟に衝撃を与えずにはいなかった。

若槻内閣、万事休す

連盟理事会は一一月一六日にパリで開かれていた。中国はチチハルや錦州での日本の行動を批判するかたわら、錦州一帯を中立化して英・仏・米三国の監視下に置くのなら、中国軍は関内に撤退するという提案を駐華各国公使、ならびにドラモンド連盟事務総長を通じて行った。この提案がなされたのが二六日であり、その翌日に天津での軍事衝突と錦州進撃が起こった。連盟での立場が更に悪化することを恐れ、金谷参謀総長は臨参委命を出して錦州に展開していた関東軍の作戦をその日のうちに阻止した。幣原外相は、関東軍の撤兵は錦州中立化という中国の提案を承認した誠意の表示であるとして、中国軍の関内撤退を要求した（臼井勝美「満州事変『錦州占領』をめぐって」）。しかし、ここで重大なアクシデントが発生する。スティムソン米国務長官は、陸相や参謀総長も一致して錦州には進撃しないと幣原外相から保証を得ている、と記者会見で洩らしたのである。これは、幣原外相が統帥権干犯を行ったものとして日本で報道され、幣原外相の威信を大きく失墜させた（坂野潤治「外交官の誤解と満州事変の拡大」）。陸軍中央は一二月七日、事実上錦州占領を容認する指示を現地へ出すようになる。

とどめは閣内からの反旗であった。若槻首相は一〇月末に辞意を漏らしていたが、陸軍中央の必死の現地軍統制によって息を吹き返し、辞意を撤回していた。そこへ安達謙蔵内相が政民連立政権の樹立を訴えたのである（一一月二一日）。この協力内閣運動と呼ばれる動きは、若槻内閣を見限り、政党が結束して陸軍の統制を回復させようとするものであった。他方で、政友会は満州の緊張が高まり出して以降、満州問題について党の具体案を示さず、このときも与党批判を控えていた。民政党に代わりうる対策が打ち出せなかったからである。政友会の一派（鳩山一郎、山本悌次郎、森恪ら）は満州事変に対する陸軍の考えを確かめるため、陸軍を訪れた（一一月上旬）。陸軍では永田が彼らの応対をした。鳩山らは倒閣の協力を陸軍に求めるような素振りすら見せたが、永田は慎重に対応している。今村の回想によると永田は、陸軍中央は政府の決定した不拡大方針に順応し、出先を統制することに努めていることを強調し、「国の内外に、満州の事態を十分認識させ、国民一致の決意を見ない以前に、大事に至らしめてはならないと考えております」と述べ、事変前から一貫して国内外の世論を超えて陸軍が暴走することを抑制しようとしていることをここでも示した（前掲『今村均回顧録』二〇六頁）。

永田の返答に業を煮やしたのか、政友会代議士たちは次のように皮肉交じりに応酬した。永田は国民の大多数の理解が得られれば陸軍は満州問題の解決に乗り出すというが、「そのような、いつ、大多数の認識が得られるかわからぬ大衆に依存する他力本願では、問題は解決しますまい。あなたがたは自ら現政局面を変換し得る実力をお持ちのことに気がついておられないのですか」、と（同右、二〇七頁）。何を言われようと永田は軽率に政変に関わろうとはしなかった。いや、関わらずとも、この後数週間で、民政党は幣原外相の統帥権干犯問題、安達内相の政民連携運動で急速に自壊していくのである。

永田、荒木を推す

一二月に入ると、永田は同郷で遠戚にあたる小川平吉政友会代議士に手紙を宛てて、陸軍の内情について報告し、次期政権の陸相には「荒木貞夫」が望ましいと述べた（『小川平吉関係文書2』五六六頁）。順当に行けば軍政に通じた阿部信行第四師団長（前陸軍次官）が陸相に就くはずであった。しかし、満州事変と軍人たちの国家改造運動という内外の非常時を阿部で乗り切れるとは永田も考えていなかった。もし阿部になれば「内閣に累が及ぶ」（再びクーデタ）かもしれなかった。荒木は一〇月事件の首謀者が首相兼陸相として期待した人物であり、荒木の登場によって陸軍過激派を懐柔することが期待できた。それに、荒木は作戦・用兵専門の軍人であったから、関東軍に軽んじられることなくうまく統制できることも期待された。こうして永田は非常時陸相として荒木が望ましいことを小川に教えたのである。

南陸相の統制力低下も著しかった。自らが始めた非公式軍事参議官会議では、一〇月事件の処罰を厳格にするよう白川義則軍事参議官（前陸相）から激しく非難された。一〇月事件は南の陸相継続意欲を大きく減退させていた。

若槻内閣は一二月一一日、ついに総辞職に追い込まれた。安達内相が単独辞職勧告を拒否したため、若槻首相は総辞職を選んだ。元老西園寺は憲政の常道を貫き、野党であった政友会の総裁である犬養毅を後継首班に推した。こうして一三日に犬養内閣が誕生した。新陸相推薦にあたり、南は陸相が保持すべき人事権をも明け渡し、新たな慣行を作りだした。というのは、自ら後任陸相を決定できず、一二日に軍事参議官を含む三長官会議を開き、後任陸相選考について合議を行ったのである。その結果、阿部信行と荒木貞夫を犬養毅新内閣に推薦することが決まった。上原勇作元帥も荒木でなければ陸軍はおさまらないと犬養に荒木を強く推しており、宇垣一成朝鮮総督が推した阿部を斥け、犬養は荒木を陸相に起用したのであった。

犬養毅
（『満州建国と満州上海大事変史』より）

犬養内閣の厳しい船出

犬養首相は、外相に娘婿の芳沢《よしざわ》謙吉《けんきち》を起用した。芳沢は駐中国公使を六年余り務めた中国通であったし、満州での日本軍の行動にも批判的であった。犬養の満州事変に対する方針は、中国の満州に対する宗主権に変更を加えず、日中合作で新政権を満州に樹立し、経済的に相互の利益を拡大させることで双方が妥協することであった（古島一雄『一老政治家の回想』二四四～二四六頁）。犬養は孫文と交遊関係があり、孫文の葬式にも参列したほどであった。組閣直後、犬養は同じく孫文の旧友であった萱野長知《かやのながとも》を国民政府のある南京に派遣した。これも国民政府との直接交渉により、満州問題を解決したいという気持ちの表れであろう。萱野によれば、中国側は「満州に於いては日本政府の後援の下に樹立する新政権を認め」る用意があるとのことであった。文字通り読めば、張学良以外の新政権による満州統治を中国が認めるということである。

犬養内閣は、一二月一七日と二七日に現地軍の増強を行った。一七日には関東軍に一個混成旅団、支那駐屯軍に一個混成旅団、二七日には朝鮮軍から一個混成旅団（重爆飛行中隊増派は陸軍省の反対で中止）を満州に配備したのである（「満州事変機密作戦日誌」『太平洋戦争への道　資料編』一六五頁、「満州事変に於ける軍の統帥（案）」『現代史資料　続・満州事変』四五五～四五六頁）。これは事変を北支に拡大しようとする支那駐屯軍の暴走を抑えるための逆説的な手法であった（前掲、小林道彦『政党内閣の崩壊と満州事変』二三二～二三六頁）。たてまえは「匪賊討伐」（連盟理事会は匪賊討伐権を認めたと理解していた）であるし、萱野によれば中国は張学良排除に異存はないため、事変不拡大方針（日中合作による新政権樹立）と満州兵備増強は、犬養のなかでは矛盾しなかったのかもしれない。しかし、連盟における立場はこれでますます厳しいものとなることは予想できたし、増強された現地軍を統制することがかえって難しくなることも覚悟しなければならなかったはずである。しかも陸軍統制のパートナーは実力未知数の荒木陸相である。これは危険な賭けであった。

ところが日本軍（第二師団）の錦州進軍（二四日）に対して、張学良は全く抵抗することなくあっさり関内に撤退したため、日本軍は一月三日には錦州を無血開城することとなった。国民政府は中央政治体制をめぐって内部対立が繰り広げられた。蔣介石は分裂していた広東派と合流して統一政府を樹立しようとしたが、広東派が蔣介石の下野を条件としたため、下野していた。対日政策についても中国政府は徹底抗戦と直接交渉との間で揺れ動いた。張学良軍はこのように中央の意思が不明確であり、連盟も期待できず、さらには満州の拠点を奪われ士気も低下していた状況下では、「不抵抗」はやむをえなかった（李君山『全面抗戦前的中日関係　一九三一―一九三六』五七〜六二頁）。日本軍の錦州占領はアメリカの態度を硬化させた。一月七日、スティムソン国務長官は、九・一八以来の日本軍の武力による現状変更は一切認めないという、いわゆるスティムソン＝ドクトリンを通告した。それに対して芳沢外相は、ワシントン諸条約や不戦条約の履行に努めていること、満州における新政権の樹立は民族自決原則に任せるべきだと主張したが、日本の立場は悪化するばかりであった。

張学良（左）と蔣介石
（『満州建国と満州上海大事変史』より）

永田は錦州無血開城を機会に関東軍の作戦行動に終止符を打つべく、日本軍兵士に向けて勅語を下賜することを荒木陸相に提案した。すると荒木陸相は、「君達中央の中堅層迄が、満州の現状を以って、早くも事変終了としていることは甚だ短見である。むしろ真の満洲問題の収拾は之れからではないか」と、永田の「大局判断の低調を強くたしなめ」たと回想している（橘川学『嵐と闘ふ哲将荒木』一八四頁）。勅語は一月八日に下賜されたが、荒木陸相との事変認識に根本的なずれがあることがわかった。これ以上の事変拡大は日本の国際的な世論を敵に回すことになることは明らかだと、永田は内心不満に思ったであろう。梅津美治郎部長を擁する参謀本部総務部も、東条英機総務部編制動員課長が奉天へ出張し、錦州攻略の今日、満州に長く兵力を留めることは、二月開催予定の国際連盟総会の関係からも適当ではないと、関東軍の駐屯延期に反対意見（段階的撤兵）を示していた（「満洲事変機密政略日誌」『現代史資料　満洲事変』三三八頁）。永田以外にも国際関係を重視する軍人はいたのである。

他方で関東軍は満州国建国の準備を着々と進めていた。板垣征四郎関東軍参謀は一月六日（あるいは七日）に上京して、満州新国家建設の具体案を示した。その案によると建国時期を二月下旬とし、奉天・吉林・黒竜江・熱河そして蒙古の五省を管轄し、溥儀を首脳とすることが書かれてあった（前掲『太平洋戦争への道　別巻・資料編』一七〇～一七一頁）。板垣のもたらした案に対しても、永田は外務省、海軍省当局と協定し、独立国家樹立という急進論を抑え、地方政権樹立という案を対案として示した。文面も「逐次」的に行い、「誘導」すると書かれてあり、関東軍の案とは大きな隔たりがあった（臼井勝美『満洲国と国際連盟』二四頁）。永田はこれを荒木陸相にのませ、関東軍には「新国家は之を早急に実現せしめざる諒解を以て合意す」と外務省との了解事項を伝達した。永田は溥儀擁立にも反対であった（『木戸幸一日記・上』一二五頁）。永田は、同期でいまや関東軍の顔となっていた板垣と、事変以来ことごとく意見がかみ合わなくなっていたのである。

上海事変

一難去ってまた一難。永田にとって不愉快な日々が続く。今度は国際都市上海において事件が発生した。上海は列強との貿易の最大拠点であるため、排外運動も最もさかんな都市であった。とりわけ一九二〇年代後半以降は日本がその対象となっていた。満州事変直前には、日本貨物が港で強制的に差し押さえられるという、いわゆる排日貨が相当規模に上り、日本の紡績工場は大きな被害を受けていた。満州事変が起こると、上海の日本居留民（約二万七〇〇〇名）は自らが組織した自警団により、治安を維持した。そこへ日本人僧侶暴行殺害事件が起こった（一月一八日）。自警団は呉鉄城上海市長に謝罪を要求し、過激な者は暴行事件の報復行動に出た（一九日）。英米仏とともに日本も、共同で居留地の警備にあたった。二四日までに日本海軍（軍艦「大井」、他四隻、航空母艦「能登呂」）が増派されると、中国も第一九路軍（約三万名）が上海に配備された。日本兵は海軍陸戦隊の約二七〇〇名に過ぎなかったし、日本側から発砲することは厳しく禁じられていた。一月二六日には戒厳令が敷かれ、土嚢と鉄条網によるバリケードが張り巡らされた。一九路軍は淞滬鉄道（上海—呉淞）沿線に機関銃や高射砲を配置させ応戦体制を整えた。二七日、呉市長が反日運動停止命令を出すと、今度は抗日会や中国人学生が暴れ出し、居留地へも流れてきた。

このような一触即発状態のなかで、一月二八日に武力衝突が発生した（日本海軍側の情報によると、日本警備区域から「支那街」に通じる道路に顔を出すや否や中国兵が突如発砲してきたという、『日本外交文書

重光葵
（『満州建国と満州上海大事変史』より）

満州事変』二巻第一冊、二四頁）。蒋介石や汪兆銘ら政府中枢も、連盟から同情を勝ち取るため、中国側から仕掛けることは禁じていたし、反日団体の取り締まりを厳しく行っていた。しかし一九路軍の総指揮をとる蒋光鼐、軍長の蔡廷鍇以下将兵は皆広東派であり蒋介石の統制は十分ではなく、日本との徹底抗戦を主張していた。

二九日にいったん停戦協定が成立したが、翌日中国軍は砲撃を開始し、共同租界内邦人居住区にも命中した。便衣隊の後方攪乱も勢いを増し、領事館や公使館、日本倶楽部など約四〇カ所が襲撃を受け、民間人負傷者が四六名に達したという。また邦人工場も多数略奪され民間人が殺害されたという（同右、四一、九五頁）。これらの情報は、英米の同情を得るべく、沢田廉三駐英臨時代理大使や出淵勝次駐米大使らに送られた。英米仏大使は日中両国に中立地帯設置案や第三国警備案などを提案したが、現地の状況からすれば「到底実現性に乏し」いと重光葵駐華公使は判断し（三日）、日本は独自に解決を目指すこととなった（同右、八二頁）。重光は陸兵派遣を要請するに至る。その日、日本海軍は中国側の主要陣地であった呉淞《ウースン》砲台への砲撃を開始した。

二月四日の閣議で荒木陸相は、海相の要求に応じて第九師団（金沢）の派兵を取り決めた。差し当たり地理的に有利な第一二師団（久留米）から、混成第二四旅団を先遣部隊として派兵した（九日到

制圧後の呉淞砲台（『満州建国と満州上海大事変史』より）

着）。荒木陸相とて上海事変を拡大させて日中全面戦争を起こそうなどとは考えもしなかった。荒木陸相は、上海「事件」と満州事変とは区別し、上海居留民を保護する以上の目的には出ないように派遣部隊に厳命していたのである。

呉淞砲台の攻撃は中国軍の頑強な抵抗にあい、早くも行き詰まり、八日にも作戦は中止された。この間、海軍は陸軍の参謀本部にあたる軍令部から穏健派が一掃された。すなわち谷口尚真軍令部長が二月二日に軍事参議官へ（後任は伏見宮博恭王）、百武源吾《ひゃくたけげんご》軍令部次長が二月八日に海軍大学校長へ（後任は高橋三吉）転任となった。彼らは第九師団上陸前に事態を収拾しようと考えていたのであった。海軍は第一航空戦隊を中心とする出先の強硬派が蘇州、虹橋飛行場にまで爆撃を行っており、事態の悪化は避けられなくなった。このように、上海では満州の陸軍にかわって出先海軍が事変拡大派となった（前掲、小林道彦『政党内閣の崩壊と満洲事変』二四六〜二五〇頁）。

満州国建国式典（『満州建国と満州上海大事変史』より）
中央：溥儀，右に本庄繁，内田康哉。

しかし上海事変は日本軍がそもそも居留民保護を目的として派遣された部隊であったため、混成旅団は糧秣や弾薬は一カ月分しか保有しておらず、第九師団も戦場となった上海郊外のクリーク地形にも手を焼き、堅牢な陣地を築いて戦う中国軍に大苦戦を強いられていた。そのため、犬養内閣も増派の必要を認め（二月二三日）、白川義則大将（前陸相）を軍司令官とする、上海派遣軍（二個師団）を編成し派遣することとなった。上海派遣軍の奇襲攻撃（三月一日）により中国軍の側背を衝き、一気に態勢を挽回した。

このタイミングで満州国が建国された（三月一日）。建国には満洲在留邦人や清朝復興を望む「復辟」派、そして中央政府から半独立状態で自治の実権を握ろうとする張作霖以来の「文治」派が直接間接に支持しており、彼らの存在なしに建国は成立しなかったであろう（山室信一『キメラ』

リットン調査団を迎えて（永田家所蔵）
三段目左から三人目が永田鉄山。最前列の左から三人目が真崎甚三郎参謀次長，五人目がリットン卿，六人目が荒木貞夫陸相。

第二章）。永田は関東軍の満州国建国の動きを鈍らせようと最後まで働きかけを行っていたが、結局現地軍の動きを止められなかった。荒木陸相が田中新一教育総監部参謀を関東軍へ遣り、建国を急ぐよう仕向けたことは、おそらく永田は知らなかったであろう。独立国家案に反対であった犬養首相は、閣議で早期承認を行わないことを決定した（三月一二日）。また二月末にはリットン調査団が来日しており、満州国が日本の傀儡国家と批判されないためにも、日本人官吏の登用は避けることとした。しかし約一カ月後の閣議では「権威ある顧問」として内地から満洲国へ人材を派遣することが考慮されるようになった（臼井勝美『満州国と国際連盟』三七頁）。おそらく、建国によって、独立政権のラインで国民政府と外交解決を図る構想がほぼ不可能と判断されたためであろう。こうして犬養内閣はますます苦しい立場に立たされた。

他方で、海軍同様、荒木陸相も中央の陣容一新を図っていた。これは荒木なりの三月事件と十月事件の関係者処罰人事であった。その初段階として、参謀総長―閑院宮載仁親王（一九三一年一二月二三日）、参謀次長―真崎甚三郎（一九三二年一月九日）、第一部長―古荘幹郎《ふるしょうもとお》（二月四日、一月九日～二月三日まで真崎甚三郎兼任）、作戦課長―小畑敏四郎（二月一〇日）と、統帥系統の人事一新であった。中央から離れたのは、二宮治重参謀次長（一月八日）、杉山元陸軍次官、建川美次第一部長らかつて宇垣一成陸相の部下だった面々であった。ところが三月事件クーデタ計画書を小磯軍務局長に書かされた永田は、四月一一日に少将に昇進するとともに、参謀本部第二部長へと出世した。このことは、荒木陸相が当時は永田を三月事件関与者と見なしていなかったことを意味している（小磯は二月に次官に昇格したが半年で関東軍参謀長となっている）。既に軍務局長には山岡重厚が着任しており（二月二九日）、軍務局長室の金庫に無造作に入っていたと言われる計画書（永田の筆跡による）の存在は、荒木も当然知っていたと考えられる。後述するように、荒木らはこのクーデタ計画書を根拠に永田を攻撃し、遂には死に至らしめるのである。

永田、第二部長となる

中央勤務のまま部長へ昇格したことはもちろん喜ぶべきことであった。しかし、永田にとっては素直に喜べなかっただろう。というのは、第二部長（情報）というポストには軍政系の軍人が就いたことは一度もない、部長クラスの中でも格下ポストであった。順当に行けば永田は小磯の後の陸軍省軍務局長、あるいは梅津のあとの参謀本部総務部長になるはずであった（梅津は留任）。軍務局長には全く軍政経験のない山岡が就任したことも、永田を不愉快にさせた。さらに永田を不愉快にさせたのは、親友であった小畑（三二年四月から参謀本部第三部長）が命令系統を無視して荒木陸相と直接会って意見を述べ始めたことであった（土橋勇逸『軍服生活四十年の想出』二四一頁）。命令系統を重視していた永田は直属の上司にあたる真崎甚三郎には意見具申を行ったが、小畑のような行動には決して出なかった。この頃から永田と小畑は疎遠になっていく。

上海へ行く

白川軍司令官は、三月二日に中国軍が撤退を開始したことを受け、翌三日に戦闘行為中止の声明を出した。この決断は、四日にジュネーヴで開催される連盟総会の直前を狙ったものであった。総会では日本軍の撤退に連盟が関与することを決議するはずだったため、連盟の介入を避けるためには、機を見て自主的に戦闘中止を行う必要があったのだ。しかも命令後、急に戦闘行為が止まることは難しく、前倒しで命令を下さなくてはならなかった。この決断について、重光駐華公使は、一度動き出したら退却が非常に困難な日本軍に中止命令を下した白川の決断を称賛している（重光葵「戦争と外交に関する一つの教訓――第一次上海事変で私たちはいかに戦争拡大を阻止したか」）。白川は天皇が上海事変の拡大を非常に懸念していることを知っており、東京からは追撃を主張する声が強かったが、白川の独断で中止を命じたのであった。こうしてランプソン英駐華公使をはじめ英・米・仏・伊駐華公使らの斡旋で、三月二四日から正式に停戦交渉に入った。

交渉は、日本軍の撤退時期をめぐってなかなか合意に至らなかった。そのようななか、四月二九日

上海へ向かう永田鉄山(1932年)(永田家所蔵)
右から二人目が永田。

天長節（天皇誕生日）に事件は起こった。日本の朝鮮支配と上海での軍事行動を重ねて見た朝鮮人の尹奉吉《ユンボンギル》（二五歳）が、天長節記念式典の式台めがけて爆弾を投げつけたのである。狙われたのは野村吉三郎第三艦隊司令長官、植田謙吉第九師団長、重光葵駐華公使、村井倉松総領事、川端貞次居留民団行政院長、そして白川軍司令官であった。

五月三日、閑院宮参謀総長の御使と荒木陸相の代理を兼ね、白川軍司令官や植田師団長の御見舞のため、上海へ向かうこととなった。また天皇からは負傷した白川、植田の他、重光公使や野村司令官らに下賜される果物やワインを託された（川端行政院長は死亡）。

永田は五日上海到着、六日朝に上海日本医師会会長頓宮寛《とんぐうゆたか》の経営する福民病院（現・上海市第一人民病院）へ行き、重光、村井をそれぞれ見舞い、次いで陸戦隊病院に野村を見舞い、最後に兵站病院に白川と植田を見舞った（『東京朝日新聞』一九三二年五月七日）。重光は右脚を失い、野村は隻眼の重傷を負っていた。そして白川は爆弾の破片が五十数カ所体に刺さったままであった。永田は上海事変の全貌や爆弾投下事件の状況の詳細を聞いただけでなく、白川や植田の豪胆な対応ぶりについても知らされたことであろう。白川は足元に爆弾が落ちたにもかかわらず泰然自若として身動き一つせず、永見俊徳派遣軍参謀らが駆け付けたとき、「騒ぐな」と一喝し、「植田はどうか?」「野村は?」「重光は?」と僚友の安否を真っ先に口にしたという。植田は一方の足先が砕けたため、思わず膝をついたが、白川司令官の安否を確認した後、悠然と煙草をふかし、平常と変わらぬ態度だった。また負傷した兵士を配慮して麻酔を使わず足先を切断したという(「永見俊徳回想録」防衛省防衛研究所図書館所蔵)。

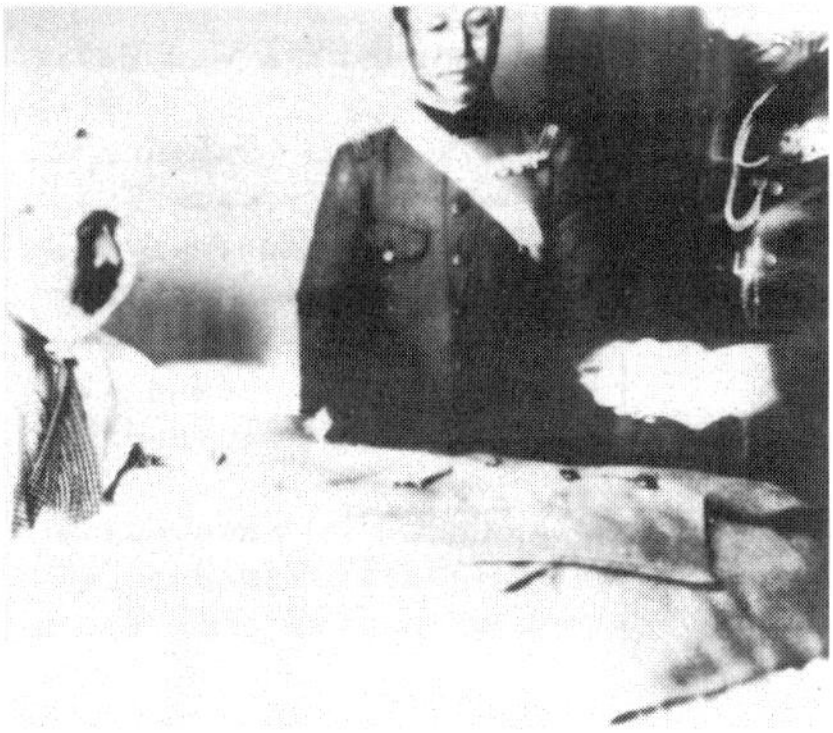

病床の白川義則の前で勅旨を読み上げる永田鉄山
(桜井忠温『白川大将』より)

とりわけ白川は陸軍省で人事局長、次官そして大臣を務めた軍政官僚であった。しかも永田が慕った本郷房太郎がその才を認めた軍人でもあった。軍政官僚は現場経験(隊付勤務)が少なく、しばしば現場の軍人から批判(あるいは軽視)の対象となる。しかし白川は事変収拾を決断して軍司令官としての務めを立派に果たしただけでなく、爆破被害にあっても勇敢な武人ぶりを発揮し、軍政官僚が単なる能吏ではないことをみせつけた。白川は約一カ月後の五月二九日に死去する。同じ軍政官僚である永田にとって、白川の態度に大きく勇気づけられたであろう。数年後、永田は白川に劣らぬ勇敢さで陸軍改革を実行したのであった。

　また上海では軍参謀副長となっていた岡村寧次とも会った。岡村から聞かされたのは田中隆吉参謀の謀略であった。事件の発端ともなった日本人僧侶の暴行事件は、国際世論の眼を満州から上海に逸らすよう関東軍の板垣から依頼され、田中が中国人を使ってやったというのである。永田は岡村と共に田中に勝手なことをやらぬよう叱った（田中隆吉「上海事変はこうして起こされた」『別冊知性12・秘められた昭和史』）。またもや板垣である。永田と岡村は五月六日に上海事変や満州問題の善後策、そして陸軍人事（後述）について意見交換を行っているが、恐らく出先の独断専行への対応策も含まれていたであろう（前掲『岡村寧次大将』二五五頁）。こうして、永田は一四日に東京に戻った。五・一五事件が起こったのはその翌日であった。

五・一五事件

　一五日午後五時、政友会本部に手榴弾が投げ込まれ、牧野伸顕内大臣邸にピストルが撃ち込まれた。相前後して首相官邸、警視庁、日本銀行、三菱銀行等も襲撃を受けた。犬養首相は官邸で七名の海軍若手将校や陸士生徒らに暗殺された。自首したのは一八名の陸海軍軍人であった。首相が在任中に倒れた場合、次期政党総裁が後継内閣を組織するのが原敬内閣、加藤高明内閣、浜口雄幸内閣で慣例となっていたため、鈴木喜三郎新総裁が後継首班の最有力候補と考えられていた。

　永田は、銃口を眼の前にしていささかも驚かず、話せばわかると言った犬養首相は古来の名将にもまさる床しさを感じると述べ、犬養の最期を称えた。軍人であろうと政治家であろうと、永田にとっては関係のないことだった（高山信武『陸軍大学校の戦略・戦術教育』一二四頁）。

元老西園寺の私設秘書である原田熊雄（男爵）は一七日、自邸に近衛文麿貴族院副議長（公爵）、木戸幸一内大臣秘書官長、永田を招き、軍としての意見を永田に尋ねた。永田は自分から政治工作をするつもりはなかったが、軍内状況とそれに対する意見を率直に述べた。すなわち、国家改造を唱える若手将校らの政党への反感は強く、政党が単独内閣を組織した場合、陸相に就任する者はおそらくおらず、結局組閣難となる。この際は挙国一致内閣が望ましく、もし政党人が入閣する場合は党籍を離脱することが望ましい、と永田は「自分は陸軍の中にては最も軟論を有するものなりと前提して」述べたのである（『西園寺公と政局』二巻、一八五〜一八六頁、『木戸幸一日記・上』一六五〜一六六頁）。政友会内閣に陸相が入閣すれば、陸相は軍内の信用を失い、統制がますます困難となることは眼に見えていた。鈴木貞一も永田とほぼ同様の意見であり、これらの情報は一八日に西園寺に届けられた。

一部の軍人（小畑敏四郎など）や国粋主義者には平沼騏一郎を推す声が強かったが、天皇は後継首班の条件としてファッショに近い者は絶対に不可であるとしたため（『西園寺公と政局』二巻、二八七〜二八九頁）、平沼は早々候補から外れた。そして、一九日に荒木陸相と鈴木政友会総裁が会見し、鈴木が首相となることに荒木が反対しないと発言した旨の記事が出ると、二〇日には陸軍の少壮将校が憤慨し、これは政党政治に同意するものであると、政友会単独内閣に強く反対していることが報じられた（『東京日日新聞』一九三二年一九日、二〇日）。永田が原田らに伝えた通り、鈴木内閣では軍の統制があやぶまれることが明らかとなった。

鈴木内閣の登場も辞さないと宥和的になっていた荒木であったが、永田はもはや荒木の留任には否定的となっていた。永田は部下の鈴木貞一に「政党内閣になるに於いては荒木、真崎は入閣すへからす。超然なる場合には真崎を入閣せしむへし」と述べたようである（「鈴木貞一日記――昭和八年」）。つまり、もし挙国一致内閣となっても、荒木ではなく真崎を可としたのである。これは十月事件の処分から延長する問題と考えると、荒木は事件の責任をとるべきということであろう。事件には陸士生徒の関与が明らかとなっている以上、陸相の責任は免れないからである。永田にとって真崎は連隊長時代の上官であり、永田は真崎を師団長として敬服していた。五月二一日に元老西園寺は、重臣（倉富勇三郎枢密院議長、牧野伸顕内大臣、近衛文麿貴族院副議長、元首相の若槻礼次郎、清浦奎吾、山本権兵衛）や元帥（上原勇作・東郷平八郎）の意見を聞いた上で、鈴木ではなく海軍穏健派の長老である斎藤実を推薦した。憲政の常道から外れるが、非常時に柔軟に対応するためであり、元老西園寺は老齢ながら妥当な判断を行ったといえる。

荒木陸相は後任候補として朝鮮から林銑十郎を呼び寄せていた。ところが荒木は留任を決め、林を教育総監へとまわした。林にとっては面白くはなかったはずである。この二人はわずか三年で激しい権力闘争を演じることとなる。部内での荒木の威信も低下こそすれ高まることはなかった。例えば、参謀本部（演習課）の小畑英良《ひでよし》中佐（黙々と任務をこなす非政治的なタイプの軍人）は、日記に「何とも困った事件だ。これも例の十月事件の時に断乎たる処置を取らなかったことに起因する所が多いと思う。」「荒木将軍も辞任の外なかろう」（五月一六日）と記し、後継内閣についても「西園寺老公の苦衷察するに余りあり」（二一日）、「斎藤さんなら無難だろう」（二三日）と評価していた。しかし留任が決まると、「荒木さんはどうする？ 腹心の取巻丈の意見で動いちゃ聞かぬも同じこと」と、荒木の党派的行動にかなり批判的であったことがわかる（「小畑英良日記」防衛省防衛研究所図書館所蔵）。荒木や皇道派に対して、参謀本部の非派閥的な中堅将校が既にこのように見ていたことは興味深い。永田が荒木の留任を求めなくなっていたのも、このような荒木の党派的行動に起因していたのであろう。

組織の人間としての覚悟

永田は、満州国が建国された頃から、腹をくくって満州事変の現状を追認することにしたようである。満州国が関東軍や中国復辟派の手によって建国されてしまった以上、これまで現地軍の独走を抑制したり、親日政権樹立の方向へ向かわせようとした（独立国家ではなく）永田の努力は、もはや何の意味もなさなくなっていたからだ。

満州国が建国宣言をしたちょうどその頃、連盟が派遣したリットン調査団が来日していた。リット

真崎甚三郎
（個人蔵）

斎藤実
（国立国会図書館提供）

ン調査団は日本や中国の現状を実地調査して連盟に報告書を提出することとなっていたが、このタイミングでの満州国建国は日本にとってかなり不利となることは誰の目より見ても明らかであった。しかし陸軍だけでなく、海軍や外務省、世論や政党までもが、満州事変の正当性を訴え、連盟の事変への介入に口をそろえて反対していた。五〜六月の間開催されていた第六二議会では、久原房之助《くはらふさのすけ》政友会総務ら四五名が満州国承認決議案を提出し、全院一致で可決された。また、かつて連盟事務次長を務めた新渡戸稲造博士ですら、極東問題において連盟は解決能力を持たないにもかかわらず高圧的な命令を下すのは不当であり、そのような場合日本は連盟を脱退するであろうからこのような憂慮すべき事態は避けるべきであると、アメリカ各地を遊説して回っていた（『東京朝日新聞』一九三二年一〇月七日）。永田は、ここまで世論一般の論調が一致していることや、満州国建国で一段落したためこれ以上事変が拡大することはないであろうという予測から、「満州国の育成」を最優先とする政策を強く推進するようになったのであろう。

ここで永田が若かりし頃書きとめた、楚辞の「漁夫辞」に対する言葉を思い出したい。世の中が間違っていて自分だけが正しいと主張し、間違った世の中に混じって世の中を変えるくらいなら、と高潔のまま自らの命を絶ってしまった屈原の考えを批判し、どれだけ立派な考えを持っていても、それが世間とずれていれば何の意味もないと永田は考えたのである。むしろそんな「間違った」世の中で格闘する生き方のほうがよっぽど気魄がいるのだ、と。永田は恐らく、関東軍の暴走という思わぬ形で始まった満州事変に国民が熱狂するなかで、改めて自分が日誌に書き留めた「漁夫辞」を思い返したのではなかろうか。

永田は一九三二年九月九日に、雑誌『外交時報』に「満蒙問題感懐の一端」という文章を載せている。この日は、リットン調査団の報告書が出来る直前の時期にあたる。永田はそのなかで、まず満州事変が日本の「正義」に則って行われたことを強調した。

事変以来国民伝来の日本精神に蘇《よみがえ》った同胞の多数も亦、我等と同じ所懐を同じうするを信じて疑わない。是《こ》れ果して何の故であろうか。一言にして之を蔽《おお》えば、現下我が国策の指す所、国民志向の向う所、乃至閫外《こんがい》に於て皇軍の為す所、一として正義に則せざるものなく、その悉くが正しき理想使命に則っているからである。

そして、永田のなかで明らかな変化が見られるのは、国民への意識である。一九二〇年代を通じて国民世論はデモクラシーの時代を謳歌し、軍部に対しては軍縮・組織改革など厳しい要求を突き付け、総力戦準備といった陸軍の呼びかけにも十分な応えはなかった。それが事変が起こるやいっせいに日本軍の戦捷《せんしょう》に沸き、各々が閉塞感を解き放った。連盟決議があった三月以降は、東亜モンロー主義の確立、あるいは連盟脱退を主張するまで世論は沸騰していた。しかし前述したように、永田は日本人の国民性は「熱しやすく冷めやすい」という特徴があると見ていた。それゆえ国民の事変支持もそう長くは続くまいと考えたであろう。そこで永田は、この文章の中で次のように国民に覚悟を求めたのである。

世界戦後、戦争の反動として台頭し来った軽薄なる流行思想を無検討に流入した我が国民は、抱負も理想も棄てて省みず、真に無気力無自覚、茲《ここ》に建国以来の質実剛健の気風は全く地を払い、日本国民たるの矜持《きょうじ》を放擲《ほうてき》し、建国の大精神を忘却して、自らを侮り、自らを屈し、自らを縛るの結果となり、遂に支那に乗ぜしむるの隙を与えたのである。是は決して他国の罪ではなく、正に我が国民自らが負うべき罪である。

リットン報告書公表前後、若槻礼次郎民政党総裁も鈴木喜三郎政友会総裁も、満州国承認に賛成していたし連盟の意向に左右されるべきではないと公言し、両党首はその覚悟を示した形となった（若槻礼次郎「満蒙権益の確守（十月一六日）」『民政』第六巻一一号、鈴木喜三郎「国際連盟調査委員の調査報告に就いて（十月三日）」『政友』三八七号）。

「満蒙問題感懐の一端」では、それまでの論稿に見られた緻密な論理、簡潔な文章構成、そしてあたかも学者が書いたような冷静な筆致といった特徴はなりを潜めた。表れたのは、同じ文章を繰り返し、感情を惜しげもなく吐露する永田の姿であった。文中において永田は、満州事変について「自ら求めて起こした覇道的の師は一つもないのであ」る、と自分を偽った。板垣征四郎や石原莞爾が独走したことで事変が始まったことは当然永田もよく知っていたはずである。しかし、もはやそんな真実を暴露しても何のメリットもない。それどころか、むしろ陸軍官僚組織から「総すかん」を食らって永田は放逐されるだろう。そうなっては永田が目指した陸軍統制の建て直しという大業も未完に終わってしまう。だからこそ永田は覚悟を決めたのだ。過去のいきさつに拘わらず、ここからは満州国建国（育成）という既成事実の上に立って政策を建て直さねばならない、と。もっとも軍事官僚としての本分に忠実であろうとした永田は、意見は直属の上官である真崎甚三郎参謀次長にしか述べなかった。また上司の方針のもとで、情報業務を統括する第二部長の職域の範囲内で出来るだけのことをこなそうとした。ちなみに真崎参謀次長も、「満州国独立は望みがないことを悟っている」と奈良武次侍従武官長に漏らしていたように、関東軍の独走に手を焼いており、何とか中央の統制を回復しようと躍起になっていた（前掲『侍従武官長奈良武次日記・回顧録』第三巻、四一二頁）。

公表されたリットン報告書は、日本の満州における「特殊権益」は認め、中国の排日運動に対しても自制を呼びかけつつも、根本的に満州事変は日本が起こした軍事行動であると判断した。軍部だけでなく日本政府にとっても、全く納得のいくものではなかった。だが国際世論は日本に対して厳しい眼差しを向けており、日本の立場はさらに悪化した。

謀略を統制する

永田はリットン報告書の公表を見届けて、一〇月から満州へ視察旅行に出かけた。

直接的には、一〇月一日に万里の長城東端の要衝である山海関で日本軍と中国軍との衝突事件が発生しており、その状況を確かめるのが任務であった。しかし永田にはもう一つの狙いがあった。それは、新たな特務機関（外国で諜報活動を行う組織）を設けて、中国各地で無軌道に行われていた日本軍の謀略活動を中央の統制下に置くことであり、現地調査を経てその計画を具体化しようとしていたのである。

関東軍をはじめとする現地軍は、満州事変以来、長城以北の熱河省までを日本の勢力圏にしようと考えていた。当然ながら次なる攻略目標は熱河となっていた。天津に駐屯していた支那駐屯軍は三一年一二月の錦州攻撃に呼応して、平津地方を確保した上で山海関に進出し、中国軍の退路を断つことを企図した。これは中央と関東軍の反対にあったが、その後も謀略活動に精を出していた。また公使館付武官輔佐官の永津佐比重《ながつさびじゅう》中佐は、支那駐屯軍とは別に、東北軍閥の張作相、張宗昌《ちょうそうしゅう》らを抱き込み、張学良を失脚させようとしていた。またそれとは別に、大陸浪人の松井清助予備役大佐は熱河で蒙古自治軍を率いて略奪行為を行い、熱河攻撃の機会を作ろうとしていた。宇垣一成陸相の時代は、陸相自らが中国駐在武官を集めて指導を徹底させるなどして彼らを統制していたが、陸相の権威が弱まると、このように彼らは好き勝手な謀略活動に走り出していたのである。荒木陸相も関東軍の大幅な人事替えを行い、統制回復に努めようとした。しかし謀略の中心人物であった板垣征四郎は関東軍を抜けた後も奉天特務機関長として現地にとどまり謀略活動にあたるなど不徹底なものとなっていた。永田の渡満も中央の方針を受けてのものであった。

他方、中国は国民政府と東北勢力の足並みが依然として揃わなかった。熱河省は張作霖の配下であった湯玉麟《とうぎょくりん》が省長を務めていたが、湯は東三省義勇軍に参加する一方、満州国建国にも名を連ねるなど、中央に対して半独立的な態度を示していた。蒋介石をはじめとする国民政府首脳部は、湯を更迭して熱河の防衛を固めるよう北平（北京）の張学良に命じたが、張学良は部下の首を切れず、それどころか国民政府の熱河に対する影響力拡大を嫌って、武器の支給のみを中央に要求するという態度に出た。そのため汪兆銘が抗議の意味で辞職するという混乱が生じた。ここへきてようやく張学良も熱河防衛に動きだし（八月）、中央の正規軍も熱河へ向けて北上し始めた。こうした方策に出たのは、よもや日本軍は総力を挙げて軍事進攻に出ることはないだろうとの蔣介石の期待があったからであった（劉維開『国難期間応変図存問題之研究』第二章第一節）。しかしそれは日本陸軍の統制如何にかかっていた。熱河をめぐる本格的な日中軍事衝突の危機が訪れようとしていた。

さて永田が、奉天へ向かう途中の朝鮮新義州から真崎参謀次長へあてた報告によると、永田の渡満のねらいが見えてくる。永田は岡村寧次関東軍参謀副長と会談し、次の点で意見の一致をみたという。すなわち、熱河及び京津地方に対する施策のための有力な統一的特務機関の設置（天津または錦州、やむなくば旅順に設置）である。永田は設置へ向けて、陸軍中央主導のもとで「施策要領」なる方針を作成しようとしていた。これにより、謀略活動を中央の統制下に置こうとしていたのである（拙著『日本陸軍と日中戦争への道』一〇七頁）。

ところが奉天へ着いてみると、関東軍は既に独自の謀略計画をほぼ成案としてまとめていたのである。小磯国昭関東軍参謀長が主催となって決定した「熱河経略平定案」は、⑴天津に隠棲していた程国瑞を起用して、軍隊を編成し、湯に替えて熱河省長に据える、⑵張学良軍と衝突すれば、日本軍が支援する、というものであった。愕然とした永田は、これに不同意であることを明言した。関東軍参謀のなかにも反対意見を持つ者がいた。当時、関東軍は東三省内の安定すらままならず、東北義勇軍の討伐も完了していなかったので、まずは東三省の安定に集中すべきであって、いたずらに「南方に手を延ばすは能力の分離」となってしまうからであった。おそらく永田も同じ理由だったであろうし、そもそも関東軍主導で勝手にやってしまうこと自体反対であった。しかし、永田の反対もむなしく関東軍の案は決定した。一〇月三一日の諜報武官会議（永田主催）で、「対熱河問題は関内に対する謀略と相俟ち、漸進的に実行するを可とする」と抑制的文言を入れるのがやっとであった。一一月一〇日、視察を終えて永田は東京へ戻った。奉天での関東軍主催の会議、そして諜報武官会議の両方にやはり板垣が出席していた。永田の前にまたもや板垣が立ちはだかった。

熱河作戦

関東軍を踏みとどまらせていた陸軍中央であったが、一九三三年一月一日に、山海関守備隊（支那駐屯軍の一部）の挑発をきっかけとして日中軍事衝突が山海関で起こった（山海関事件）。とりわけ参謀本部では緊張が走った。真崎参謀次長は永田に謀略計画の経緯を確かめた。真崎は自分の「所信の誤りなきを知」ったという（『真崎甚三郎日記』一九三三年一月四日）。ここでも永田が上司の真崎と密接に連携していることが確認できる。真崎は「浅慮の謀略を戒め」、事件不拡大を徹底させるため、梅津美治郎参謀本部総務部長を現地に派遣することとした（同右）。

真崎はここで梅津総務部長に興味深い注意を与えている。というのは、⑴列国特に英米からの疑惑を招くようなことは回避すべきこと、⑵平津地方を攻めることはかえって満州問題の解決を困難にしかねないため、やむをえない場合に限ること（その場合は国民も亦十分にこれを納得し〔以下、傍線筆者〕

一大決意をもって臨むべき）、⑶謀略は参謀本部が統一して施行し、しかも総攻撃の端緒となるようにすること（前掲『真崎甚三郎日記』一九三三年一月六日）、という三点で、斎藤内閣の不拡大方針と軌を一にするものであった。永田も真崎の意見に同調していたであろう。それどころか、⑶こそは永田が岡村と意見を調整して考案していた統一的特務機関構想そのものなのである。

ところが荒木陸相は真崎・永田とは全く異なる対応をとった。すなわち、中央の方針を尋ねに来た遠藤三郎関東軍参謀に対して、熱河作戦が熱河省内で収めることができれば上の上としつつも、北平や天津に拡大することを暗に容認したのである。荒木は斎藤内閣が不拡大方針を唱えたが、不拡大とは地域的・兵力的な拡大というよりも時間的拡大を防ぐことであり、地域・兵力面で用兵を制限されてはならないと遠藤に語ったことからもそのことが確認できるであろう（「遠藤三郎日記」一九三三年一月一七日）。遠藤は「暗々裏に私の構想に同意を表されたものと判断」（遠藤三郎『日中十五年戦争と私』五六頁）し、事態は関東軍の独断による熱河作戦開始（二月一七日）へと発展していった（閣議は事後承認）。荒木陸相の間接的支持は、関東軍を抑制するどころかむしろ勢いづけてしまったのである。

他方で、関東軍の熱河作戦が開始される直前の二月三日、板垣が急遽旅客機で帰国し、真崎、梅津、永田ら参謀本部首脳と協議を行った。板垣の目的は反張学良政権の擁立計画を目指す華北への謀略を中央に認めさせることであった。関東軍は、武藤司令官、小磯参謀長らが一様に板垣に謀略を行わせるべきことを真崎参謀次長へ要求していた。このことは、永田らが考案した統一的特務機関の長に板垣を持ってくることを意味した。完全に骨抜きである。二月一三日、新設の天津特務機関長に板垣が

万里の長城へ向かう日本軍
(『満州建国と満州上海大事変史』より)

就任し、現地の謀略を指揮することとなった。真崎も、私淑する武藤の頼みとあっては断れなかったのだろう。熱河作戦はこうして始まった。

永田の元部下であった鈴木貞一(当時軍務局軍事課課員)が、板垣上京の時期の永田は持ち前の「幅の広さ」が災いして、華北への謀略をめぐって「ぐらついていた」と回想している(前掲『秘録永田鉄山』六三頁)。張学良軍約一二万が熱河に進軍している状況では、関東軍が出動するか、あるいは兵を用いずに謀略で張学良政権を転覆させるか、さもなくば何もせず熱河を放棄するか、いずれかの選択をしなければならなかった。第二部長自身には何の決定権もないが、何らかの意思表示をしなければならない。もし板垣の要求を断れば、熱河へ早急に軍事行動を起こすこととなる。だが外務省や国民世論とりわけ新聞は連盟脱退まで望んでいない。となると、謀略工作が万が一明るみに出た場合、日本の立場が窮地に立たされることは覚悟の上で、第二の方針をとらざるをえなかったのではないだろうか。

永田はここでも、陸軍の独走を嫌い、外務省との協調や軍民一致にこだわり、日本軍の出動には否定的であった。しかし永田は、国民世論とりわけ新聞論評のブレの激しさから、「国民」の意思をつかみかねていた。事変前までは「軍閥の専横」が叫ばれ、平和主義のもと軍縮推進の旗頭となったが、中村大尉事件から一気に対外硬となり満州事変を支持・称賛した。リットン報告書が連盟の審議にかけられた際には、全国一三二社の新聞社が連名で報告書を批判し、満州国の承認を強く訴える共同宣言を出した（『東京朝日新聞』一九三二年一二月一九日）。

ところが連盟脱退が現実に迫ってくると、今度は一気にトーンダウンする。『時事新報』に至っては連盟脱退反対キャンペーンを行うほどであった（臼井勝美『満州国と国際連盟』）。『東京朝日新聞』も委任統治返還問題を持ち出して連盟脱退は不利と判断していた（社説）。また『東京朝日新聞』は、政府の連盟脱退に反対こそしなかったが、英米とりわけイギリスの対日経済断交を気にしていた（『東京朝日新聞』一九三三年二月二一日、三月一日社説）。『東京日日新聞』の脱退反対論は連盟の勧告は何の法的権限がないため日本が毅然とした態度を維持すればよいというもので、対外硬という点ではある意味一貫していた（二月一四日「勧告の効力　不応諾差支えなし」）。もっとも『東日』は、連盟の勧告に反対することが閣議決定した一七日以降脱退論を唱えていく。この頃永田は陸大教官時代の生徒であった高嶋辰彦少佐（徳島第四三連隊第三大隊長）にあてた返書のなかで、次のように述べている。

国民、なかんずく言論機関の対連盟認識不足は、正に日本の大国たる権威を堕すものと存じ候。（中略）言論機関も国民各層ももっと落ち付いた態度を持せねば、大国の襟度に宜《よろし》からざるのみならず、神経衰弱視せらるると存じ候。（後略）

（永田鉄山発高嶋辰彦宛書簡、防衛省防衛研究所図書館所蔵）

永田は、日本の国民やメディアが世界から「神経衰弱」視されるとまで言い放ち、元生徒に対して苛立ちを隠さなかった。まさに国家総力戦論で自らが指摘した「熱しやすく冷めやすい」日本の国民性に、永田は頭を悩まされていたのである。

＊満州事変期における新聞各紙の親軍的論調の要因としては、⑴満州事変に際して情報を独占していた関東軍が現地で情報操縦を行っていたこと、⑵関東軍の謀略をある程度知りながら、各紙が情報の正確さよりも売り上げを重視したこと、等が既に指摘されている（佐藤勝矢「満州事変勃発当初の軍部の新聞対策と論調に対する認識」など）。また新聞記者は、リットン報告書を本音では内容を評価していながら記事では罵詈雑言を浴びせ、本音と建前を使い分けていた（北岡伸一『日本の近代5　政党から軍部へ』一八〇

頁)。このような状況では、新聞から「国民」の意思を読み取るのは、永田でなくとも無理な話なのかもしれない。

板垣は一三日に関東軍から派遣され、天津に到着、華北謀略工作に着手することとなった。一七日には斎藤内閣が連盟の勧告案(満鉄付属地への撤退)への反対、熱河作戦を閣議決定し、二〇日には連盟が対日勧告案を可決した場合には連盟を脱退することも閣議決定した。関東軍は二六日に朝陽、三月二日に赤峰に進軍し、三月四日に承徳、一〇日には万里の長城の要衝古北口、喜峰口に進出した。一九日には冷口以東の万里の長城の重要関門を確保し熱河省から張学良勢力を関内に追いやった(陸軍省調査班『満州事変経過の概要』)。その後、関東軍は二度にわたって万里の長城を越えて中国軍を追撃した。これは作戦にあたって万里の長城を越えてはならないという昭和天皇の意思、陸軍中央の命令が破られたことを意味する。そして、作戦に呼応して行うよう指示されたはずの謀略工作も、板垣らによって独自に進められた。しかし反張学良の旗幟を鮮明にする将領はおらず、謀略は失敗に終わった。

永田は四月五日の段階で、須磨彌吉郎に次のように答えたという。「蔣介石は敵とみなす」と。これは現状において、日本軍と交戦している国民党軍を束ねている相手を敵とみなすのは当然のことであった。ただし、永田は国民党自体を敵と見なさないとも述べた。この点でも永田と須磨は意見が一致した。永田は須磨に板垣らに機密費を送ったことも述べた。永田は五六万円内外と述べたが、須磨は板垣らが陸軍省をも説き伏せて三百万円程度の資金を集めたとの情報も得ていた(須磨彌吉郎「北支見聞録」『現代史資料7』五六八〜五六九頁）。だが反蔣介石派に不用意に肩入れすることには躊躇した。

永田ら第二部は、「日支関係調整の必要」から始まる以下のような意見を板垣に直接ぶつけた。すなわち、反日勢力が根強い中国政府の国内状況から鑑みて日中関係は当分調整が困難である。それゆえ反日や排日貨運動が有害無益であることを宣伝するなどの内部工作によって比較的親日的な政権の樹立を「気長に」醸成していくという方針を明示したのである。重要なのはここからである。永田ら第二部は、華北に対して「急きょ反蔣政権を盛り立てんとして四囲の空気に顧慮せず、事件の激発を計らんとするはこの際適当ならず」と述べ、関東軍の華北政策に異議を唱えたのである。また、関東軍の謀略に対しても「時期可なりや」「可能性ありや」「累を日本に及ぼす事なきや」「広範囲に成立する見込充分なりや」と根本から疑っていることを隠さなかった。もはや張学良を熱河から駆逐した現在、反蔣派の決起を無理強いするよりも、「華北時局の静観」「反蔣機運の蘊醸」に止めるべきだと板垣に述べたのである。第二部は反蔣派に深入りし、莫大な資金を投入し、抜き差しならない状態に陥り、ゆくゆくは「対支全面戦争に陥る」危険を鋭く指摘していた（「極秘　日支関係調整の必要」「荒木貞夫関係文書」Ⅲ―六四、東京大学法学部近代日本法政史料センター原資料部所蔵）。参謀本部の指示が関東軍の謀略を中止するような案であったため、板垣は激昂して一六日に東京まで直接出向き、関東軍の意見を通そうとした。三月二〇日には小磯関東軍参謀長からも謀略継続を上申する電報が届き、ついに中央も二五日には要求を受け容れ、新政権樹立のための華北工作が継続されることとなった。

五月三〇日、ようやく停戦の合意が成立した（塘沽停戦協定）。永田にとっては何とも苦い経験となった。第二部長として出来ることは相当限られていたのだが、統制の努力もむなしく、主導権を現地に握られたまま事変は終結したのであった。事変終結以降、総力戦体制の整備どころではなくなった。陸軍の統制回復という大問題の解決が、何よりも優先されなくてはならなくなったのである。

体系的な大陸政策を提示する

荒木貞夫陸相は、首脳部を集めて事変後の新たな大陸政策の方針を協議するため、永田の第二部にも意見を求めた。荒木陸相は陸軍の「和」を重んじ、陸相（陸軍省）がリーダーシップを握って陸軍を引っ張るのでなく、表向きは合議を好んだ。そのことが永田にとっては吉と出たわけである。

永田ら第二部は、「根本国策並対策要綱」と題する意見書を提出した（一九三三年五月二日、前掲「真崎甚三郎文書」二〇五四―四）。そのなかで述べられている大陸政策の根本は、満州国の独立とその発展の助成を第一とし、中国との共存共栄を図るとともに、ソ連の変化による東アジアの撹乱及びアメリカの経済力による東アジア進出を徹底的に排撃するというものであった。言葉を換えて説明するならば、満州国の発展を最優先に考える、そうすれば中国に対してよい社会の模範を示すこととなり排日運動は収まる、他方でソ連に対しても暫く戦争を回避するために有効となる、ということであった。アメリカに対しても対決姿勢を明確にしていたわけではない。アメリカとは当分の間争うことができないことくらいは、アメリカの工業力を現地で実感してきた永田自身が良くわかっていたはずである。

また、「国軍の統制と国勢の打開に就て」と題する国内政策の意見書も、ほぼ同時に提出している。永田は軍の統制の乱れを深刻に捉えていた。永田は直筆で「国基を固めることが主眼であり、軍の統制は随って生ずる当然の結果である。特別機関が目立つものならば八月異動において軍事調査委員を改造し、所要の任務を特に賦課することを可とする」と記し、陸相の下で統制のための機関を設置することを訴えた（同年五月一日「真崎甚三郎文書」二〇五四―五、同右）。五月三〇日には原田熊雄邸で原田と木戸幸一内大臣秘書官長と会食し、「五・一五事件以来の動きは質的に進んでは居らないと思うが、量的に減じては居らない」と陸軍内の状況について情報提供を行っているように、統制回復の問題は主要な関心事であった（前掲『木戸幸一日記・上』二三九頁）。

しかしこの大陸政策が小畑とぶつかったのである。小畑はソ連の五カ年計画が完成する前に対ソ戦備に専念すべきであると考えており、やはり大陸政策に関する意見書も対ソ政策が中心となっていた。荒木陸相による戦後の回想によると、小畑の大陸政策は国力から言って対ソ防衛に専念すべきで、そのためには中国と提携すべきというものであり、大勢は小畑に同意したという（安藤良雄編『昭和史への証言』七〇頁）。六月に入って、荒木陸相は省部の要職者を集め、国策を審議するための会議を主催した。この会議で永田が中途で席を立ち、小畑と物別れに終わったと荒木の伝記は伝えている（橘川学『嵐と闘う哲将荒木』）。ところが当時の史料を見ると、事実は真逆であった。鈴木貞一（新聞班長）が七月末から八月初旬頃に原田に話したところによると、

参謀本部―或は寧ろ陸軍全体の中にロシアを討たなければならんと前から言っている連中と、寧《むし》ろロシアとも親しんで事を構えない方がいいという派と二つあって、参謀本部では前者は小畑少将が

代表であり、後者の代表が永田少将である。結局永田少将の議論が大体において勝を制して、今日では大勢がそれに傾いてきた（前掲『西園寺公と政局』第三巻、一一〇～一一一頁）

また、林銑十郎教育総監も「（荒木陸相が）軍首脳部間の意見の一致を図り強硬に進もうとして会議を開いたが、その時永田の意見は六割の賛同を得ていたが、荒木は小畑を抑えることができ」なかったと、後日近衛文麿貴族院議員に語っている（「鈴木貞一日記」一九三四年二月一五日）。後に永田を攻撃した「皇道派」サイドの戦後の証言には相当なバイアスがかかっており、読む際には注意が必要である。

陸大教官時代の永田の生徒であった高嶋辰彦少佐の回想も興味深い。高嶋は、ドイツからの帰国の挨拶に小畑の所へ訪れた際、ヨーロッパから見た日本の満州政策についての所見を小畑より求められた。そこで高嶋は「ソ満国境付近の軍備充実第一主義よりも、満州国の中央政治の充実確立、民生の安定第一義の方がよいように感ずる」旨を答えると、小畑はそれまでの対談姿勢から突然回転椅子を机の方に回して聴取を打ち切った。退室後永田の所へ挨拶に行くと、高嶋の意見が永田の主張に近く、しかもこの問題が「小畑、永田両部長の主張対立の中心点であったことを知った」という（前掲『秘録永田鉄山』四二四頁）。高嶋の回想によって、永田ら第二部の大陸政策の中心が中国一撃論ではなく、満州国の育成にあったことを確認できると同時に、小畑と永田の対立点が中国問題ではなく対ソ・満政策にあったことも確認できる。

二人の対ソ政策の違いを浮き彫りにしたのが東支鉄道買収問題であった。東支鉄道はソ連が経営する鉄道で、対象となったのは満州にかかる部分（ハルビン—長春）の鉄道線である。ソ連は満州事変後一貫して日本との衝突を避けて静観的態度をとり、満州国成立後もソ連の在満権益をめぐって国民政府ではなく満州国と交渉するなど現実路線によって対日関係をも調整しようとしていた。そこでソ連はトロヤノフスキー駐日大使を通じて、東支鉄道売却を持ちかけてきた。斎藤内閣は五月二三日、満州国に東支鉄道を買収させる閣議決定を行った（佐藤元英「北満鉄道譲渡問題をめぐる日ソ関係」）。永田は、東郷茂徳外務省欧米局長から意見を求められるとすぐさま外務省の意見に同意し、陸軍内部から買収を促進すると約束したという（東郷茂徳『東郷茂徳外交手記——時代の一面』八七頁）。森島守人（ハルビン総領事）も永田は日ソ不可侵条約締結論者であったと証言するなど、永田は日ソ問題に関する限り外務省から提携可能な相手と見られていたようである。そして逆に買収交渉の障害と見なされていたのが運輸・鉄道を管掌する小畑敏四郎第三部長であった。小畑はソ連の五カ年計画に利するだけだとして買収に大反対であった。結果的に小畑の意見は退けられ、買収の方向で閣議決定となった（一九三五年一月に満州里—新京間の本線を一億四千万円で満州国が買収）。この過程で、小畑と永田が激突したことは想像に難くない。

永田には若い頃から一貫した戦争観を持っていた。それは以下に示すような、永田の信念ともなっていた。この頃、軍部の対ソ強硬論について聞かれた永田は、日本は決してソ連に対して挑戦はしないと述べ、さらに次のように答えたという。

「将来の戦争は世界戦を引き起こし易く、その惨禍は想像に余りがあるので、最後まで外交工作により極力戦争を避けなくてはならぬ。しかも勝利者の利益は到底払った犠牲に及ぶべくもない。…軍備は戦争を防ぐ唯一の方法であって、一日の戦費があればよく数カ月の平和を保つことが出来るだろう。…日本の軍隊は義には強いが、利の戦には弱い、だから正義の軍でなくては決して起こしてはならぬ。もし国民が戦争によって利益を求めようとするなら、それは日本の軍隊を知らないのだ」（前掲『鉄山永田中将』二六八頁）

永田は、軍備や軍隊の究極の存在価値は「戦争回避」にあると考えていた。それはソ連であろうと中国であろうと変わらない、一貫した信念なのであった。満州国育成を中心に据えた永田の大陸政策は、まさにこの信念に立脚していたといえよう。

小畑との不和

小畑と永田との対立は陸軍内外で既に有名になっていた。なぜここまで対立が深まったのだろうか。小畑の回想によると、意外に根が深く、一夕会を主導して横断的派閥を形成したことが原因であるという。小畑はそれを「昭和軍閥」と呼び、後年「国を誤った元凶」と永田を痛烈に批判するに至る（前掲、須山幸雄『作戦の鬼　小畑敏四郎』七四頁）。しかし、それだけではあるまい。小畑は初めて陸軍を動かす地位を獲得した（荒木陸相の私的な相談役としてではあるが）のも束の間、自らと真っ向対立する大陸政策を永田が引っ提げて再び勢力を盛り返してきたのだから心中穏やかではなかっただろう。しかも永田は青年将校の取り締まりを強化することを提案していたが、国家改造運動に関わっていた大蔵栄一や大岸頼好《おおぎしよりよし》など、小畑の可愛がっていた者が彼らの中に少なからずいた。あるいは小畑は自分へのあて付けだと感じたのかもしれない。

他方の永田はというと、参謀本部第三部長であるはずの小畑が日常的に荒木陸相に直接建策するのは、統率系統を乱すものとして快く思っていなかったという。土橋勇逸（陸軍省軍事課課員）は二人の対立に拍車をかけているのは大臣が小畑らの意見ばかり取り上げて永田の意見を尊重しないためだと諫めたが、永田は意見など言いに来たこともない、積極的にどしどし意見を言いに来るように永田に伝えろ、と荒木は取り合わなかったという（土橋勇逸『軍服生活四十年の想出』二四七頁）。永田は、統制を乱す者として小畑を見始めていたことが伺える。こうした相互不信に大陸政策の対立が加わったというのが真相ではなかろうか。小畑の大陸政策は、たしかに理想的ではあるが、中国政策についてはあまりに楽観的すぎると永田は指摘したのではないだろうか。中国とは戦争を避けるべきだが、中国が簡単に日本と提携するかどうか全く見えない状況で、満州事変を起こした日本から提携を申し入れるというのは、著しく現実味を欠いていたと言わざるを得ない。中国問題について、もっと前から意見を交換していればここまで対立することはなかったはずである。恐らく二人は、すでにほとんど会話も交わさなくなっていたのだろう。とりわけ小畑は過度に潔癖で、一度対立したら死ぬまで嫌いぬく性格であったため（後年小畑は岡村とも絶交している）、二人が仲直りすることは二度となかった。

永田は一九三三年八月一日付で歩兵第一旅団長に転任となった。再び軍務局長の座が遠のいた。軍務局長には荒木陸相の懐刀・山岡重厚が居座っていた。軍政経験のない初の軍務局長山岡は、八月一日で他へ転任しても少しも不自然ではなかった（しかし山岡は杉山元〔一年と三五五日〕や小磯国昭〔一年と二一一日〕といった名だたる歴代軍務局長をおさえて二年と三日という長期間にわたって軍務局長の座に居続けた）。よく知られているように、この人事は小畑敏四郎第三部長と対内外政策をめぐって激しく対立し、喧嘩両成敗ということで永田とともに小畑も近衛歩兵第一旅団長に転出となった。この二人の対立は、やがて陸軍の一大派閥抗争へと発展していくこととなる。

旅団長は閑職

　歩兵第一旅団司令部官舎は麻布の第一師団司令部構内に設置されていた。中央から外されたといっても、東京勤務しかも三度目の麻布（第三連隊司令部に隣接）である。荒木陸相とて、逸材で通った永田を下手に地方へ飛ばすことはできなかったのだろう。同じ時期に野重砲兵第三旅団長に任じていた同期の桑木崇明少将が、旅団長は閑職と称せられていたと証言しているように（桑木崇秀『桑木崇明とその兄弟たち』六五頁）、旅団長としての主な活動は年に数度の演習を統裁するくらいであった。一一月には毎年実施される秋季演習が催される。永田は第一旅団管轄の歩兵第一連隊と一五連隊との間で行われた対抗演習（佐野、栃木間）を統裁した。次に、近衛師団と第一師団の間で師団対抗演習が行われ、永田率いる第一旅団は森連《もりむらじ》師団長麾下の第一師団の左翼に配置され、近衛師団と競った。

　年が明けて三月には旅団長を退き、軍務局長に就任する。この約半年間は、永田の公人として特に記すべき重要な事績はない。しかし、軍事課長を退いてから軍務局長就任で陸軍省に返り咲く三二年七月から三四年二月の一年半は、新しく迎えた家族とゆっくり過ごす貴重な時間となった。また、多忙を極めることとなる軍務局長の激務への中休みとしての意味を持った。

一九三二年一月二七日に後妻である重《しげ》との間に昌子が誕生し、一九三三年三月二四日には征外雄《そとお》が生まれていた。ようやく家族らしい暮らしができると永田自身その幸せをかみしめていた。一九三三年六月一六日に上諏訪の旧友に宛てた手紙には、「妻を失い家事を顧みる暇のなきまま第二世を迎え、昨年両年に男女各一名を拡張、目下二男二女、長男〔鉄城〕は二十四、長女〔松子〕は二十二、次女〔昌子〕二歳、二男〔征外雄〕一歳という有様、御放念願上候。近時幾分事務も閑散と相成候、御母堂へ宜しく願上候」と、多忙な仕事から遠ざかっていることと対照的に、賑やかな家庭に恵まれ充実していることを伝えている。一九三五年二月二日には三男の忠昭も誕生する。弱冠三〇歳とまだまだ若さが漲《みなぎ》る妻の存在は、永田にとって何よりの癒しとなったであろう。また永田はことのほか子煩悩で、帰りが遅い日は昼寝をさしてでも起こしておけと言って、一、二歳の子供相手に馬や鬼になって子供と遊んだ。このような子供の存在も、荒木陸相の軍政への苛立ちや小畑との確執できすぎすした永田の心を和《なご》ませたであろう。永田は自分の子だけではなく、親戚の面倒までも好んでみた。松濤の家には、姉の伊知の子にあたる守矢親人《ちかと》、先妻の兄弟にあたる轟《とどろき》侑《たもつ》、元彦、哲美らが住み込みで勉強をしており、とにかく賑やかであった。

永田は渋谷の街が気に入っていた。数度の引っ越しもすべて渋谷区内であった。とりわけ大晦日の夜は、正月の準備が終わると重と二人で夜の渋谷の街をゆっくり一回りするのが好きで、毎年どんな寒い大晦日でも楽しんだ。短い期間であったが、体力を充電するのには十分な休養となった。一九三四年三月、遂に永田は軍務局長として陸軍省に再び迎え入れられることとなった。

＊軍務局長の年俸は四六五〇円。府知事よりは落ちるが、地方逓信局長や勅任参事官よりは高い俸給であった。

昭和８年の永田（永田家所蔵）

家族との団欒（永田家所蔵）

第五章　派閥対立の渦中へ

1　陸軍統制の回復の試み

荒木貞夫の陸相辞任

荒木貞夫陸相の時代の幕切れは、何ともあっけないものとなった。一九三四年（昭和九）正月に風邪をこじらせ、肺炎を患ったのである。一八日には医師の下でリハビリに入ったが、座って三分もたたぬうちに貧血を起こして倒れる始末。執務に支障をきたすと考えた荒木は、そのまま大臣の座を降りることにした。

だが病気をぬきにしても、荒木軍政は完全に行き詰まっており、辞任は時間の問題であった。というのも、昭和九年度予算編成に際して陸軍の要求を容れさせようとした荒木陸相に対して、斎藤実首相をはじめとする斎藤内閣の閣僚は一九三三年一〇月、いわゆる五相会議（首相、外相、蔵相、陸相、海相）を開催し、満州事変後の国策決定の主導権を握った。すなわち、荒木陸相が唱えた対ソ強硬路線とそれに基づく軍備増強論は全く斥けられ、「満州国の健全なる発達を助長すること」が第一に掲げられ、「国防は安全感を脅かされざる範囲において財政の状況をも顧慮し、その充実を図ること」「国際関係は世界平和を念とし外交手段によって我が方針の貫徹を図ること」とあるように、軍事よりも外交や財政に比重が置かれたのであった。とりわけ、満州国育成を第一義に掲げた国策は、永田が部内で主張した方針に通じるものであり、そのことは荒木陸相やその同調者にとって、部内の統制を揺るがす脅威と映ったであろう。

五相会議が終わると、引き続き一一月七日から一二月二二日に至るまで内政に関する会議が開かれた。荒木は挽回を図り、恐慌により深刻な打撃を受けた農村の救済・再建を訴えた。しかし、健全財政方針を貫く高橋是清蔵相によって新規増額は認められなかった。さらには、一九三六年に軍縮条約期限満了とともに建艦競争の時代に入る海軍が四億四〇〇〇万円もの巨額の予算請求を行ったが、これも高橋蔵相によって四割に削減された（『昭和財政史』Ⅲ、一五四頁）。内閣倒壊を恐れる山本内相や三土鉄相らは荒木に陸軍省予算からの融通を求めたのに対し、荒木は満州事変費一〇〇〇万円を海軍に譲った。挽回を図ったはずの荒木であったが、陸軍では荒木軍政に対して失望する声が高まった。陸軍省軍事課で予算の立案に従事していた高嶋辰彦少佐は、荒木が省内の事務方に何の話もなく「急転直下」海軍への予算移譲を決定し、「がっかりした」と日記に記していることからも、落胆する省内の様子がみてとれる（「高嶋辰彦日記」一九三三年一二月二日）。というのも、すでに陸軍省や参謀本部の担当部局では、満州国育成を優先とする政府の方針に沿うようにして、内地師団の兵力を縮小して

林銑十郎と永田（永田家所蔵）
中央左に永田鉄山，中央右に林銑十郎。

満州に駐屯する兵力を重点的に強化することになっていたのであり（陸軍省『緊急兵備充実の急務』一九三三年一〇月一九日発行）、彼ら実務者にとっても荒木の行動は、高島の気持ちと同じであったに違いない。荒木辞任は、もはや潮時といえた。

林銑十郎大将の陸相就任

荒木陸相は辞任の際、盟友真崎甚三郎参謀次長を推薦しようとした。ところが閑院宮参謀総長は、真崎陸相案に反対し、林銑十郎教育総監を推薦した。この頃すでに、上層部のなかで荒木派と反荒木派の反目が顕在化しつつあった。真崎参謀次長は、閑院宮の背後に同じ騎兵科出身の南次郎前陸相がいるとして激しく批判していた（『真崎甚三郎日記』一九三四年一月二二日）。かつて陸軍で権勢を誇った宇垣系とその後継者南は、自分たちが粛清の対象になっていることを察知するや、荒木一派を敵視するようになっていた。だが、彼らは「荒木・真崎」を敵視するものの、林は「中立」と見なし、林の陸相就任を支持した（佐々木隆

「陸軍『革新派』の展開」)。それゆえ柳川平助次官は、林に対しても不信感を隠さなかった。林は、五・一五事件の責任問題で荒木陸相の後任候補として朝鮮から帰国したが、その時に陸相就任を辞退するよう荒木一派から激しく圧力をかけられていた(宮村三郎『林銑十郎』二二五頁)。荒木の留任といい、後に皇道派人事といわれる部内の慣れ合い人事といい、林は快く思っていなかったのである。荒木や真崎が林に何度も三人が結束して軍の団結を維持しようと訴えかけていたのは、林の内心を察知しており、林を警戒していたからに他ならない。

林銑十郎は石川県出身の軍人で、荒木、真崎の一期上の陸軍士官学校八期であった。特に成績優秀者ではなかったが、加賀藩主であった前田家当主の前田利為侯(陸軍)の欧州留学に帯同を許され、永田と同時期に欧州へわたった(第二章参照)。その経験から軍事調査委員として第一次大戦の調査・研究に従事し、部内では国家総力戦論者として知られることとなった。林は早くから真崎と親しく、真崎と同様に長閥に批判的であったが、長閥(宇垣系)本流の畑英太郎(林と陸大同期)とも親交があるなど(前掲『林銑十郎』一〇九頁)、その姿勢は荒木や真崎と違って柔軟であった。また謹厳であり人格者と陸軍内で見なされていたことは、秩父宮英国留学の首席随員として名が挙がっていたことや(実際は陸軍から出すことはならず外交の長老林権助男爵に決定)、奈良武次侍従武官長の後任に名が挙がっていたことからも伺えるだろう。

満州事変が起こると、林は強硬派の参謀に突き動かされ、陸軍中央の禁止命令を無視して朝鮮軍の独断越境に踏み切った(第四章参照)。林は辞職も覚悟したが「越境将軍」なる異名をもって陸軍中央に教育総監として迎えられる。林は心底では陸軍内の下剋上的風潮を深刻に考えており、この不名誉な称号を苦々しく受け取っていたであろう。しかし荒木や真崎らはこの下剋上的傾向をむしろ助長するかのような行動をとっていた。

軍務局長に就任する

一月二二日に永田は真崎のもとへ意見具申に訪れている。内容は分からないが、大臣問題について二人の考えに「大なる相違なく」、真崎は永田に「将来同少将〔永田〕を中心とする時期の至るべきを述べ、中央の結束にあらゆる努力をなすべきことを依頼」したという（前掲『真崎甚三郎日記Ⅰ』一九三四年一月二二日）。永田と真崎の関係は、小畑と永田との対立が激化した後も良好であったことがわかる。おそらく永田は、陸相になり損ねた真崎を労うとともに、林新陸相を中心に上層部の団結の必要を説いたのであろう。一月二四日に旅団長官舎を訪れた原田熊雄に対して、林・荒木・真崎の結束の必要と、横断的団結、縦断的団結の不可を永田は力説している（前掲『西園寺公と政局』一九三四年一月二四日口述）。またここでは、真崎が、永田を高く買っていることもよくわかる。第一師団長時代・参謀次長時代に直の部下であった永田の才幹を熟知しており、真崎は相当の信頼を置いていたのである。

ところが他方で、真崎は徐々に永田との考えの違いを意識するようになる。三一日に真崎のもとを訪れた永田は、「一方的脱線的の行動をなす者は厳重に取締る要あり」と訴えた。永田は真崎を信頼しており、率直に意見を述べた。対する真崎は「同少将の口吻よりすれば柳川〔平助、次官〕、秦〔真次、憲兵司令官〕、鈴木〔貞一、新聞班長〕の排斥に関与しあらざるやを感ぜしむる節ありたり」と感じ、永田を南や林らと繋がっているのではないかと疑い始めているのである。鈴木貞一は、永田が軍事課長を去った後に荒木前陸相の私設秘書的役割を担っていたため、永田らの粛清の対象となっていた。同じ日、東条英機軍事調査委員長も真崎邸を来訪し、永田軍務局長案を力説し、「柳川、秦、鈴木の排斥を強固に論」じた（『真崎甚三郎日記Ｉ』一九三四年一月三一日）。真崎は東条を宥めたが、もはや反荒木系が中央で勢力を増していることは疑いなかった。

二月中旬、林は軍務局長に永田を起用することを内定した。一五日に快復した荒木前陸相は真崎を訪れ、人事案を聞かされた途端、永田軍務局長案に強く反対した。真崎にとって荒木の反応は「予想の如く」だった。荒木が最も重用した小畑を復帰させず、永田のみ中央に復帰させたのは、荒木軍政への明白な否定を意味したからだ。他方の真崎は不信感を残しつつも「此が新大臣の大眼目なり」と永田軍務局長案に賛成した（前掲『真崎甚三郎日記Ｉ』一九三四年二月一五日）。部内の大勢は永田の軍務局長就任を歓迎しており、公然と異を唱えるのはリスクが大きかったし、永田が真崎を慕っている限り、真崎教育総監自身当分は発言力を維持できると考えたのだろう（だが命令系統が異なった以上、永田は真崎ではなく上司の林と連携していく）。

林の永田軍務局長登用人事は新聞各紙に喝采をもって迎えられた。『東京朝日新聞』は「陸軍省の中枢部たる軍務局長に永田少将を持って来たことは今期異動中の白眉」と高く評価し、「永田少将と対立する小畑少将が大学校幹事となり、新聞班長の鈴木貞一大佐が大学校兵学教官となったことは深長なる意味を持つ」とも報じた。『東京朝日新聞』はこの人事が荒木軍政との決別を意味していることを熟知していたといえよう。また全体の評価も「これ以上多くを望むことは困難であり陸相の初人事としては相当の点数」と称えられた（『東京朝日新聞』一九三四年二月二七日）。

『東京日日新聞』も、「部内多年の要望でもあった永田鉄山少将を軍務局長に据え最近の時局に対して軍部の毅然たる態度を示した」として、この人事を「傑作」と称えた。すなわち『東京日日新聞』は、林陸相による永田の登用を過激な青年将校の取締りに「毅然」とした態度をとる意思を示したものととったのである（『東京日日新聞』一九三四年三月六日）。また、東条軍事調査委員長と鈴木新聞班長の同時転出に注目していることから察すると、この人事が陸軍の内部対立の調整であることを理解していたのであろう。『国民新聞』も「軍務局長に永田鉄山少将が抜擢されたことは軍部の内外から称賛されていることであり、新調査委員長の工藤義雄少将、新聞班長の根本博中佐と共に陸軍の新しき動向を決する人となるだろう」と高く評価している（『国民新聞』一九三四年三月六日）。

斎藤首相だけでなく高橋蔵相や広田外相も、林や永田に軍の統制回復を期待するようになった（松浦正孝『財界の政治経済史』一五八頁）。

荒木・真崎系の排除を画策

軍務局長となった永田がまず取り組もうとしたのは、荒木擁するグループを中央から一掃することであった。後に皇道派と呼ばれるようになる彼らは、過激派青年将校に対して宥和的であった。五・一五事件直後に陸相官邸に押し寄せ軍政府樹立と国家改造を主張した菅波三郎《すがなみさぶろう》大尉、大蔵栄一《おおくらえいいち》大尉ら青年将校に対し、荒木は準備不足のため出来ないがその方針には同意すると告げた。また、栗原安秀《くりはらやすひで》中尉は柳川次官と山岡重厚軍務局長二人が良く面倒を見てくれたと回想している。さらには、荒木の私設秘書と言われた黒木親慶を通して、青年将校たちの集会費・通信費のための資金供与五〇〇円が陸軍省の機密費で賄われていたと磯部浅一や石原広一郎らが後に証言している。こうした青年将校運動の取り締まりの不徹底こそが陸軍全体の軍紀の弛緩を生んでいると永田は考え、陸軍中央で糸を引く「下手人」の追放と取締の強化を図るのである。これは陸相の補佐役たる軍務局長の権限であった。永田が軍務局長となってからは、青年将校が「合法運動」すら「頓《とみ》に圧迫され」ていると感じるようになったのも無理はない（「磯部浅一公判調書」『二・二六事件裁判記録』七二頁）。

林陸相は老獪であった。一九三四年二月の「五月雨演説」（衆議院本会議で政友会代議士・岡本一巳が、同じ政友会の鳩山一郎文相の収賄疑惑を暴露し、鳩山を辞任に追いこんだ）に端を発した一連の醜聞により、斎藤内閣は大きく揺さぶられることとなった。斎藤内閣倒閣を目指した勢力は様々で、政民連携運動（政友会非総裁派と民政党幹部）、平沼騏一郎内閣擁立運動（右翼と荒木一派）、加藤寛治内閣擁立運動（右翼と海軍）、宇垣一成内閣擁立運動（民政党と陸軍宇垣系）などがあった。政民連携運動はもともと政党内閣制復帰を念頭において斎藤内閣が三三年一〇月頃から主導したものだったが、かえって党内（特に政友会）の内紛を激化させた。林は荒木や真崎が支持する平沼内閣運動に対して、好意的に対応しながら、積極的には関与しなかった。というのも林があえて平沼内閣成立を支持したのは、元老西園寺が平沼を忌避しており実現性は低いと熟知していたからであった（『西園寺公と政局』第三巻、三三〇頁）。それどころか南次郎ら宇垣系には、宇垣擁立を排除しないとまで言明した（前掲、「南次郎日記」

佐々木隆「陸軍『革新派』の展開」所収）。だが林の本心は斎藤内閣の存続、すなわち自分自身の留任であった。堀切善次郎内閣書記官長は、陸軍側から「斎藤首相を中心に高橋〔是清蔵相〕・山本〔達雄内相〕を両翼とする現内閣を支持す。他は欲せず」との打診を受けていた（管谷幸浩「帝人事件と斎藤内閣の崩壊」）。就任早々荒木らと闘うのを避けたい林は、平沼内閣擁立運動とは一定の距離を保ちながら難局を切り抜けたのである。

続いて林に降りかかった難局は、実弟の瀆職問題であった。前東京市助役であった林の実弟白上佑吉が、東京ガス増資（市会の承認を要する）にからむ疑獄で収監されていたところ、四月一一日に懲役一〇カ月の有罪が確定した。林は辞表を提出し、永田も林の留任を宮中などへ説いて回った。永田は、荒木・真崎・柳川・秦らが林を追い出して、また自分たちのやりたい放題のことをしようとしていると原田に説明している（前掲『西園寺公と政局』第三巻、二七五～二七六頁）。これ以前にも、平沼内閣運動の一環として秦憲兵司令官率いる憲兵が鳩山一郎文部大臣辞職（三月三日）に絡んでいると永田は察知していた（前掲『西園寺公と政局』第三巻、二四五頁）。永田が統制回復のため彼らの追放を考えていたことは間違いなさそうである。それゆえ今林に辞められては統制回復の大事業は水泡に帰してしまう。永田は閣僚の人事権は首相が最終的に持つべきで、陸相の辞表は首相が天皇に奉呈し、同時に却下願いを首相の意見として上奏して林を留任させてはどうか、とまで原田に提案した（前掲『西園寺公と政局』第三巻、二七六頁）。原田は斎藤首相に告げたようだが斎藤は慎重姿勢を崩さず永田の意見を容れなかった。だが、永田の恐れた事態は杞憂に終わった。

林は辞表を提出した際、後任に荒木の再出馬を主張した。病とはいえ一度辞職した内閣に出戻りするなど荒木が首を縦にふるはずがなかった。これは荒木が断わると分かった上での推薦と考えてよい。辞意を伝えられた真崎は林の留任を主張した。軍内でも留任すべきとの声は強く、南ら宇垣系も支持した。五・一五事件でも辞任しなかった荒木に対して、すぐさま責任を取る姿勢を示したことはプラスに働いたのだろう。こうした態度は、留任と決まってからの林の立場をいっそう強くした。

六月中頃になると永田は「いかなる政変があっても、やはり陸軍大臣は現在のままでなければいかん」としきりに言うようになった。他方、民政党議員が次期首班候補として担ぎ出しを企図していた宇垣一成朝鮮総督は頻繁に日本へ帰ってきて世間を騒がしていたが、「やはり早く朝鮮に帰られた方がいい。」と冷ややかに見ていた（前掲『西園寺公と政局』第三巻、三二七頁、三三九頁）。永田は林と共にどこまでも改革をやり抜く強い決意を固めていたのであろう。

さて、平沼内閣の可能性は、倉富勇三郎《くらとみゆうさぶろう》枢密院議長の後任として平沼を倉富が推薦したにもかかわらず元老西園寺に忌避され一《いち》木《き》喜《き》徳郎《とくろう》が就任した（五月三日）ことで、潰えていた。ファッショ内閣の出現を阻止するという西園寺の意思の固さを知った平沼は西園寺が生きている間は首相になれないと語り、首相の座を断念した（堀田慎一郎「平沼内閣運動と斎藤内閣期の政治」）。平沼が断念してからも平沼系勢力は、帝人事件に関して平沼の影響下にある検察当局を通して強引な捜査を進め、平沼の代わりに加藤寛治の擁立に動く。だが、帝人事件の責任をとって辞意を表明した斎藤の後継首班として西園寺が推薦したのは、斎藤と同じ海軍穏健派の岡田啓介首相であった。ちなみに、永田は頻繁に情報を交わしていた原田に対して、平沼への支持を一度も表明したことはなかった。

荒木系排除を世論も支持

林は辞職の危機を乗り越えると、荒木・真崎と宇垣系の間でバランスを取りながら、慎重に荒木系の一掃に着手していく。先の三月定期異動でもその調整人事は際立っていた。林は、南の強い主張であった柳川次官と秦真次憲兵司令官の排斥を否定し、宇垣直系の二宮治重を待命とする一方で、荒木系の山岡軍務局長を整備局長に横滑り、鈴木貞一新聞班長を陸大へ転出、小畑を中央復帰させずに陸大幹事へ転出させ中央における荒木系の切り崩しを実現させた。

五月に入ると林は真崎教育総監へ柳川次官と秦の更迭を示唆した。次の定期異動は八月であり、かなり早い段階から真崎に了解を取り付けようとしていたことがわかる。その調整人事として、南の盟友であった小野寺長治郎経理局長の予備役編入を実施すべく、南に了解を取り付けた。また南に近い植田参謀次長は、(1)参謀本部第一部長である古荘幹郎中将の師団長転出、(2)秦の師団長転出の不可、(3)田代晥一郎少将の参謀本部起用などを主張したが、林は(1)以外は呑まなかった。こうして七月一七日に八月定期人事案が内定し、柳川と秦は共に師団長に出されることとなった（柳川第一師団長、秦第二師団長）。だが今回の目玉は、次官・次長の交代であった。次官は参謀本部総務部長から橋本虎之助（陸士一四期）、次長は宇垣系と見られていた軍政のスペシャリスト杉山元航空本部長という陣容で、事務

岡田啓介
（国立国会図書館提供）

方としては手堅い人事といえた。

林が部内の刷新を進めることが出来た背景に、新聞世論の後押しがあったことは見逃せない事実である。『東京朝日新聞』は「期待された半分も実現していない」としながらも、橋本次官就任を「秀逸」と称え、「中立公平で林陸相の辞職騒ぎのときも植田次長と共に大臣官邸に頑張って切に留任を勧告したもので、永田軍務局長ともよく陸相を中心に次官軍務局長のバッテリーで陰鬱な空気は一掃されるだろう」と高く評した。杉山次長就任についても「秀逸」と評し、杉山が「軍政系統に属し「宇垣大将にも可愛がられ」たが荒木の手で航空本部長に栄進しており、いずれの方面にも受けが良いと紹介した。他方で、柳川については次官として不適任であったと切り捨て、秦に至っては「部外といわずあれだけの不評を買った者を師団長にするとなれば今後の師団長候補者たるもの精々人に憎まれるようなことをするがよいとの結論が出る」と師団長転出ですら生ぬるいと批判した（七月二二日）。『東京日日新聞』は今回の人事は「陸相の英断」が揮《ふる》われたと称え、次官・次長人事をいずれも「公平」と評した（七月二二日）。革新派青年将校に甘い荒木系の中央からの排除は、世論を味方に付けていたのである。

大陸政策の建て直し

林陸相は、永田が参謀本部第二部長時代に主張した満州国の安定を第一とする大陸政策を踏襲した。林は四月一〇日、⑴陸軍は国防を中心とする政策に限定して政府へ提出する、⑵陸軍は外交に関しては外務省を支持し一任する、という方針を明らかにした（『東京朝日新聞』一九三四年四月一〇日）。林は岡田内閣成立に際し、各部局の意見を聴取した上で、陸軍省の永田軍務局長、山下奉文《やましたともゆき》軍事課長のみを招致して、対外政策、対内政策、満州政策の三項目を協議し、岡田首相へ陸相留任の承諾を得ると共にそれらの政策を説明するという手続きをとった（『東京朝日新聞』一九三四年七月五日）。これは、派閥偏重の政策形成から陸軍省中心の体制に戻す試みといえた。さらに、一一日には非公式軍事参議官会議において、陸軍の政策を各軍事参議官に参考のためとして配布し、意見があれば今後陸相に開陳されたき旨を述べ、陸相としての主導性をアピールし、荒木ら軍事参議官たちを牽制した（同右、七月一二日）。そして林は「陸軍は内政問題とか経済問題とかより、何より満州問題が第一である」と新聞記者に述べ、満州国育成を第一とする大陸政策を重ねて強調した（同右、七月二一日）。大陸政策では、林と永田はほぼ一心同体と考えてよいだろう。

しかし満州国の育成は急ピッチで進めなければならなかった。それが完成されなければ、対中政策も対ソ政策も同時崩壊する危険があった。それゆえ、陸軍は日本が満州国を指導するための在満機構を徹底的に合理化することを主張した。在満機構は、陸軍省（関東軍）・外務省（在外公館）・拓務省（関東庁）の三つの系統がそれぞれ分立し、意思統一に迅速を欠くという欠点があった。それゆえ、駐満全権の下に在満機構を一元化・合理化することが目指された。永田ら陸軍省は、拓務省の影響力を徹底的に排除することを目指した。永田の粘りもあって、駐満全権大使を兼ねる関東軍司令官の下に一元化されることとなった。駐満大使は満州における大幅な権限を持つこととなり、さらにその駐満大使を新設の対満事務局総裁（陸相が兼任）が監督することとなった。関東軍司令官には、南次郎前陸相を配置した。荒木・真崎では対ソ関係が悪化すると考えられたし、南と林とは意思疎通も悪くなかったからである。永田は首相が対満機構を統括すべきことを強く主張したが、それは容れられなかった。永田にとって予想外だったのは、関東庁巡査が激しく抵抗し全員が辞職届を出して抵抗したことである。永田は責任をとるため、事件が落着したのを受けて辞職願を陸相に提出した。この背景には荒木・真崎ら皇道派系の突き上げがあると岡田内閣閣僚や原田ら宮中関係者は見ていた（前掲『西園寺公と政局』第三巻）。辞職願を出すほどであるから、あるいはそのような圧力がかかっていたのかもしれない。なんとか永田は一つの山を乗り切ることができた。

次に在満兵備の重点的強化の実現である。永田は対ソ緊張緩和を主張し、その間在満州軍備の重点的拡充を強く主張した。ソ連極東軍は一九三三年から開始した第二次五カ年計画により、飛躍的な軍備増強を遂げつつあり、とても日本が攻勢に出られるような状況にはなかったからである。ソ連は、日本陸軍が対ソ作戦の主な攻撃目標と考えていた沿海州に、狙撃師団一〇、爆撃機を含む飛行機約三〇〇機を一九三四年夏頃までに配備した。またソ満東部国境の要所に三列からなる深いトーチカ陣地を数箇所構築した。トーチカ陣地のない所には、機動力に富み砲兵や戦車などの火力も備えた国境警備隊が増強された。当時装備の近代化に遅れをとっていた日本の師団には、まだ戦車が一輛も編成されていなかった（林三郎『関東軍と極東ソ連軍　ある対ソ情報参謀の覚書』五二～六一頁）。

永田は矢崎勘十に、「例の軍機械化の研究の促進は最近具体化すべし」（一九三五年一月八日）、「軍機械化はどうやら機運動き出したり。全面的編制装備改善の緒たらば幸」（同年三月四日）、また「戦車の事は決して無関心ではない。只目下の財政状態では何もかも一度には出来ないので先ずに第一にもっとも劣っている航空に手を染めることにした」と述べたように、在満兵備の重点的機械化によって対ソ戦に備えようとしたのであった（前掲『秘録永田鉄山』四〇四頁）。

永田の強みは長年の軍政経験にあった。永田は藤井真信大蔵次官と旧知の仲であり、交渉もスムースに進んだ。参謀本部作戦課などは膨大な予算要求を主張したが、それらをコントロールしつつ大蔵省と粘りの交渉を行い、大蔵省の査定よりも約四〇〇〇万円多い四億九一〇〇万円もの陸軍予算を実現した。これにより、在満兵力の充実と兵備改善（朝鮮師団の改編、航空防空の充実）の漸進的な実現が図られることとなった。

対中国は暫く静観

対中政策については外務省や海軍との意思統一を図る協議が重ねられ、民間による日中経済提携を促進させることを政府の方針とした。陸軍省では一九三四年四〜五月にかけて、林陸相が、満州国・華北へ現地視察団を派遣した。この視察は「詳細は軍務局長をして指示せしむ」と林が述べているように、永田が中心となっていた。おそらく、現地の中国人と密接に関わっている陸軍駐在武官に頼らず、客観的に状況を調査するためか、派遣団は歩兵連隊長、獣医正、陸士教官、工兵大尉など多岐に渡っていた。帰国後の彼らの報告は、在満中国人の親切な応対、満州国への中国人移民の漸増、中国人による満州擁護運動など、事変後の満州や華北が比較的安定していることを窺わせるのに十分であった。しばらくは中国に対して静観主義をとるという林・永田の方針は、これで補強されることとなった。

＊　皇道派の荒木貞夫が戦後の回想で示した（先述）、永田＝中国一撃論者というイメージを補強するもの

として用いられるのが、『支那占領地統治綱領案』(一九三三年九月作成)である。これは華北の武力占領を計画した陸軍の文書で、三三年八月まで第二部長であった永田の下で「綱領」が作成され、永田がその計画の中心だったというのである。この文書は現物が存在しないものの、それを参考にして作成された「昭和十一年度北支那占領地統治計画書」が現存し、それを永井和が詳細に紹介している(『日中戦争から世界戦争へ』所収)。さらに臧運祜《そううんこ》は、以下の史料を永田の関与を補強するものとして提示している(『七七事変前的日本華北政策』)。それは、浅海喜久雄少佐が「支那事情研究員」として中国に出発するのに先立ち、永田が「北支那に於ける漢民族の特性並其社会状態に鑑み占領地統治上之が利用に関する考案」を研究し、「其都度筆記報告すべし」と指示を与えた文書である(陸軍歩兵少佐浅海喜久雄「支那事情研究の概要報告　昭和九年六月二二日」)。

たしかに永田は「綱領」に何らかの関与があったであろうし、浅海少佐に指示を出したのも事実であろう。しかし完全に見落とされているのは、(1)日本陸海軍は帝国国防方針として、中国を含む複数国(米・ソ・中)との戦争を想定しており、その場合華北を短期間に占領することが大正一二年(一九二三)に既に定められていた。(2)「支那占領統治計画」なるものは既に昭和五年(一九三〇)に参謀本部第二部が作成していた、という事実である。要するに、対ソ戦争となった場合華北占領は既定方針で、「占領地統治綱領」は管見の限り少なくとも昭和五年七月から立案が始まっていたのであり(「小畑英良日記」)、永田がその後の華北分離政策、そして日中戦争を導いたことには全くならない。(1)については、対支作戦は「杜撰」で「頗明瞭を欠く」もので「全く大綱を定めたるもの」に過ぎなかったが、「北支に主力を用」い、中支・南支に小兵力を使用することとなっていたと大正末期に作戦課長だった畑俊六が回想している(前掲『元帥畑俊六回顧録』一二七頁)。(2)については臧氏が史料で引用しているが、「支那事情研究の範囲は概ね昭和四年六月七日付参密第三五五号を参考とし」とあるように、永田は「昭和四年六月」の文書を基準に調査するよう浅海に指示している。占領地統治の研究は昭和四年から存在したと見るべきではないだろうか。陸軍研究においては、「国防方針」「作戦計画」などと同様に、陸軍内の「計画書」の類と現実の陸軍の政策とを安易に結び付けることには注意を要する。

板垣征四郎らの不満

関東軍は軍事事項に限定した塘沽停戦協定を締結した後、引き続き満州国代表として華北当局と政治事項（通車・通郵、航空）に関する交渉を行っていた。交渉が思うように運ばないなかで、満州事変以来現地軍に大きな影響を及ぼした板垣征四郎満州国軍政部顧問（関東軍司令部付）は、より強硬な解決を主張するようになっていた。すなわち板垣は、国民政府に対してはその政権の存在を否定し、列国との関係が悪化しても、列国による中国進出を阻止するためには実力を行使するほかないとの意見書を陸軍省へ送付した。中国に対しては、華北の領有または華北に対する絶対指導権を要求すべきと主張した。板垣は外務省や陸軍省の方針である対中国静観主義を真っ向から否定していたのである。永田と板垣の溝は全く埋まっていなかった。

2　陸軍統制派と呼ばれて

陸軍パンフレット問題

一九三四年（昭和九）一〇月、突如新聞紙上に陸軍省新聞班の『国防の本義と其強化の提唱』という一冊のパンフレットが発表された。来るべき戦争に備えて国民はどのように準備すべきか、将来はどのような戦争となるのかを説いたもので、一般国民に向けて著されたものである。冊子は約一六万部と大量に印刷され各所に配布された。パンフレット執筆に関わった池田純久（軍事課課員）少佐の戦後の回想によると、パンフレットには永田のチェックが入っていたという（池田純久「青年将校と革新思想」『別冊知性12』）。具体的内容を見ると、第一次大戦以来永田が事あるごとに力説してきた「国民の国防」「総力戦の準備」といった主張と大差ないことがわかる。もっとも、満州事変後の国防環境の変化や東北地方の冷害といった国内状況などを受けて、陸軍だけでは不可能なその「準備」を国民に訴えていることが新しい点である。

三月に貴族院議員から軍民離反声明がなされるなど、陸軍に対する風当たりは事変後も改善したわけではなかった。それゆえ、一六万部にも及ぶパンフレット配布、しかも経済や産業にまで及ぶ国防「政策」を陸軍省が独自に発表することは、軍の政治関与であるとして更に陸軍が批判の矢面に立たされる恐れもあった。だがそれもある程度覚悟の上であった。また、パンフレットは青年将校のこれ以上の政治論議を止めさせる狙いもあった。陸軍では陸軍内各方面に以下のような注意を与えていた。

これが普及徹底に方《あた》りては、講演等の場合、本冊子記述の範囲を越えて政治論に趨《はし》るが如きことなからしむる様、特に注意相成様致度《あいなるよういたしたし》。又此種冊子の内容は社会各層に対し、相当大なる反響を与うべく、之れが対策の必要も有之に付、注意すべき反響に関しては成るべく速に軍事調査部長宛通報相成度申添候

（陸軍省新聞班「小冊子『国防の本義と其強化の提唱』に関する件」『陸軍省大日記』乙輯昭和九年、防衛省防衛

研究所図書館所蔵）

やはり案じた如く、政友会や民政党の批判が相次いだ。政友会は陸軍が経済統制等を論じ、このような重大意見を閣議に諮らずに出したのは軽率であり、著しい政治関与であると批判した（『東京朝日新聞』一九三四年一〇月四日）。民政党もそれらを「誠に遺憾千万」「ありうべからざること」と激しく非難した（同右、一九三四年一〇月三日）。貴族院美濃部達吉教授はこのパンフレット全体に「好戦的、軍国主義的な思想の傾向が著しく表れている」と厳しく批判した（美濃部達吉「陸軍省発表の国防論を読む」『中央公論』一九三四年一一月号）。大手新聞もパンフレットを陸軍の「政治関与」として扱った。

永田の描いた軍民一致の理想郷は程遠かった。陸軍省が要請した国防意識の向上に対して、国民の反応は好意的とは言い難かった。戦時統制経済についても永田が一九二〇年代から講演で説明してきたことであるし、今すぐ実施するという話ではない上、勤労意欲を維持させるため個人の自由は国家の要求に反しない限り認めるとも記していた。しかし、国民は陸軍の問いかけに拒否反応を示したのである。この頃再び永田は国民が「神経衰弱」に陥っていると愚痴をこぼしていた。永田は国民との国防意識のギャップの大きさに戸惑いを隠せなかったのだろう。

大岸頼好大尉は、一九三五年一月二八日付で『国家革新運動における二大潮流』という怪文書を匿名で頒布した。二大潮流とはすなわち皇道派と統制派のことである。大岸によれば皇道派とは指導原理を国体の正しい姿に求めて理解する理念であり、統制派は幕僚ファッショとも呼ばれ、一にも二にも統制〻、で諸般の事務を革新までも含めて処理することであった。大岸と親しかった青年将校の末松太平は「皇道派」「統制派」という二つの概念を明確に意識したのはこのときが初めてであったと回想している（末松太平『私の昭和史』一五六頁）。こうして永田は「統制派」の代表格として青年将校らから認知されることとなる。

＊ちなみにパンフレットでは、やはり満州国の強化育成が国防政策の第一に掲げられている。中国に関しては、政府内における親英米派に警戒しつつも、日中提携論者が現れつつあることを評価している。この時点でも永田ら陸軍省が対中国静観主義を貫いていることが確認できる。

敵視されてゆく永田

林陸相は自らパンフレットに目を通し、捺印もしたことを明言したが、永田がこのパンフレット発表の影の首謀者として、パンフレットに批判的な皇道派から睨まれた。真崎教育総監のもとへは、六月一七日に佐賀出身の北島卓美陸大教官（二五期、中佐）、柳川平助中将（第一師団長）が林、永田の悪評を伝えに来ている。一九日は秦真次中将（第二師団長）が鈴木喜三郎政友会内閣工作に東条と永田が関与していると吹聴している。永田はとりわけ政友会系貴族院議員の山岡万之助（前関東長官）と関係が深いと噂された。七月九日には満井《みつい》佐吉《さきち》陸軍省新聞班員（中佐、後に相沢事件公判で相沢の弁護人となる）が「今回の〔岡田〕内閣は陰謀の結果にして、その背後に元老重臣あり」と述べていたが、柳川はこれに「永田も参画しある徴あり」と疑った。こうして真崎は、「永田を局長に持ち来せしことに就ては半分の責任あることを自白」した（七月一七日）。

八月一四日には佐賀出身の民政党議員石井三二馬《いしいみつま》が、官僚グループが憲政常道への復帰として民政党内閣を画策し、永田も彼らと通じていることが伝えられた（石井は永田を嫌悪）。在満機構改革問題においては、永田が林陸相を十分に補佐しないため行き詰まっていると山岡重厚整備局長は述べている（一〇月一日）。真崎のもとには憲兵や荒木や真崎に近い右翼や代議士から有象無象の情報が寄せられ、永田のイメージを急速に悪化させていった。盟友真崎の脳裏に、かつての信頼すべき有能な部下のイメージはなかった。

林も彼らの空気を察してか、一二月の定期異動ではほとんど手をつけることが出来なかった。『東京朝日新聞』は「取り立てて評する価値なし」とこき下ろした。注目されるのが、岡村寧次が関東軍参謀副長から兵器本廠付となった人事である。この人事に対し、「内部的にはかなりの紆余曲折があって結局当分待機させる意味で閑職につかせた」と鋭い観測をしている。真崎のもとでは、岡村（に加えて磯谷廉介。共に一六期で永田の同期）の人事について反林派が集まり何事かを話し合っていた。林にも相当の圧力をかけたのだろう。

青年将校はどうか。陸軍パンフレット問題が起こった時、荒木・真崎派の高級軍人とは異なり、安藤輝三ら青年将校たちは嬉々として自分たちも国防思想普及のためパンフレット配布の下働きをしようとしたほどパンフレットを支持した。村中孝次も軍の上下が一体とならねばならぬと考え、陸軍首脳部に意見を聞くため会合を開こうとした。ところが、永田は安藤に対しては「現役軍人としてはそんなことをせんでもよい」と叱り、村中に対しては「そんなことは余計なお世話である」と一蹴したのである。

青年将校たちを大きく失望させたのは十一月事件、いわゆる士官学校事件であった。一一月二〇日、村中孝次、磯部浅一、片岡太郎らが、陸士生徒五名と共に、クーデタ計画の容疑で逮捕された。この逮捕は生徒隊中隊長の辻政信大尉が生徒にスパイを送り、計画をでっち上げたものだと村中は軍法会議で主張し、辻らを誣告罪《ぶこくざい》で訴えたが、辻らは不起訴となった。彼らの不満は陸軍首脳部へ向けられていくこととなる。しかも真崎派の平野助九郎少将は、この事件は永田が後ろで糸を引いているとの情報を青年将校へ流していた（前掲「磯部浅一公判調書」『二・二六事件裁判記録』七四頁）。

3 内政・外交の同時危機——天皇機関説問題と華北分離工作

現地軍幕僚らの自立化

林陸相は、満州事変以来中国政策をリードしてきた板垣征四郎満州国軍政部顧問（関東軍司令部付）を現地の要望に応じて関東軍参謀副長（同期の岡村寧次の後任）に就けるかわりに、前陸軍大臣の南次郎を関東軍司令官に登用して睨みをきかせようとした。林は南でなければ宇垣系の阿部信行（宇垣一成陸相時代の陸軍次官）を採用するつもりだったようで、関東軍を野戦軍から行政機関として拡充させるねらいがあったものと思われる。

ところが、中国では駐在武官らが集まり、独自の中国政策を固めつつあった。一九三四年（昭和九）一一月一二日には青島で、一六日には上海で駐在武官会議が開かれた。陸軍の記録は残っていないが、外務省が駐在員から得た情報によると、駐在武官らは国民政府を打倒し、華北一帯に親日区域を拡大することを「国策」として遂行することで合意したという（『満州事変／華北事変　松本記録』外務省外交史料館所蔵）。

翌年の一月四、五日には、大連の星ヶ浦星ノ家にて関東軍幕僚会議が開かれ、華北分離工作を推進することが協議された（一一名程度が参加）。新聞には板垣少将、土肥原賢二少将の顔写真を載せ、中国が停戦協定を無視して排日侮満行為を続けるなら「直ちに積極的行動に出づることは差控ふべきも断乎たる決意を断行する用意があることを示し」たと報じた（『東京朝日新聞』一九三四年一月五日）。

このように、関東軍が陸軍中央ひいては政府の方針を超えて独自の行動に出ることを新聞紙上に堂々と表明するというのは異例のことであった。こうした動きを懸念する木戸幸一内大臣秘書官長は、永田に説明を求めている。永田は、前年一一月から一月にかけて行われた武官会議は「国策にあらざる」華北の攻略を計画するものではなく、心配には及ばないと伝えた。ただし「人の配置は花谷（正）、影佐（禎昭）、板垣（征四郎）等強き連中なれば、中央も背負投を喰はざる様充分注視しつつあり」と、永田は板垣などの要注意人物を名指しして、人事異動を試みていることまで率直に打ちあけた（『木戸幸一日記　上』一九三五年一月一一日）。木戸は永田の言葉をそのまま牧野内大臣へ伝えており、牧野も永田の人事計画に期待した（『牧野伸顕日記』一九三五年一月一二日）。

だが幕僚会議を受けて、三月三〇日に関東軍は独自の対中国政策を決定した。内容は、(1)国民政府の親日政策の監視、(2)塘沽《タンクー》停戦協定の遵守強化と華北への政治的・経済的進出の強化、(3)反蔣介石運動への武力及び経済的援助、を主な方針とした（秦郁彦『日中戦争史』巻末付録）。林陸相が期待した南関東軍司令官は、現地で板垣らのロボットと化していた。

林陸相と永田は、この時期出先の不穏な動き以上に深刻な問題を抱えていた。それは陸軍内の派閥対立の激化であった。林と永田に敵意をむき出しにする荒木・真崎派が、国粋主義団体による岡田内閣攻撃に加勢する構えを見せたのである。林と永田は、自らの地位すら危ぶまれる状況に立たされた。

天皇機関説事件

真崎教育総監は、大陸政策については永田らと対立することはなかった。三五年二月に報知新聞記者から対中政策について聞かれた真崎は、自分は支那通ではないが蔣介石がいまだ日中親善ではないと語り、甘言に欺かれないことが大事であると答えた（前掲『真崎甚三郎日記Ⅰ』一九三五年二月六日）。日中親善に対する日本の腹を確かめに来た王寵恵《おうちょうけい》ハーグ国際司法裁判所判事が訪れた際にも、真崎は口頭での日中親善に価値はなく、中国が満州国承認問題の棚上げ、排日取締り、共産党撲滅を実施することを求めた。真崎は、大陸政策ではなく、全軍が一致しなければならない状況にもかかわらず自分たちを中央から排除しようとする林・永田の人事政策が気に入らなかったのである。だが真崎は、陸軍パンフレット問題でもそうだったように、旗幟を鮮明にすることには慎重であった。

そこへ事件が起こる。二月一八日、貴族院本会議における国務大臣質問で、菊池武夫陸軍予備役中将が東京帝国大学名誉教授の美濃部達吉と枢密院議長一木喜徳郎の憲法学説である天皇機関説を反逆思想であるとして糾弾したのである。これをきっかけとして天皇機関説が大きな政治争点となった。

全国では一五〇もの国家主義団体が演説会などの国体明徴運動を開始した。運動には在郷軍人などが多く参加していた。真崎は早速、二月二六日に天皇機関説排撃の上奏も想定して、機関説問題の研究を部下に命じた。二八日には、真崎のもとを出入りしていた同郷の江藤源九郎衆議院議員（陸軍予備役少将）が、美濃部を不敬罪で東京地方検察局へ告訴した。

林陸相は陸相の座を譲る気など毛頭もなかった。林は機関説問題に疑義を挟む気はなく、ある程度在郷軍人や青年将校らのガス抜きをするため何らかの声明を出して事態を鎮静化するつもりであった。第六七議会で林は、天皇機関説は法理上の問題であり、陸軍が首を突っ込む問題ではないとの見解を表明した。永田も三月一四日に原田熊雄へ、「陸軍も陰謀は警戒中であって、政争の具にしたり、外部と連絡して騒ぐことは禁じているつもりだが、しかし或る程度までこの美濃部問題については、陸軍大臣も相当に強いことを内閣に向って言わなければ、内が収まらないかもしれない。しかし閣内の統制を乱すようなところまでは勿論行かない」と述べた（『西園寺公と政局』第四巻、二一二頁）。永田も天皇機関説に対しては反対していなかった。西欧の法理論からすれば無理からぬ解釈で、別にこれをもって激昂する必要はなく、一応の理屈はあると部下にも洩らしていた（『牧達夫談話速記録』二一九～三〇頁）。南次郎関東軍司令官も児玉秀雄拓相（児玉源太郎の長男）へ「機関説問題の善後処置には先ず発売禁止を実行し、細部の工作は新設の審議会に附するを適当と存じ候。陸軍部内の対立は困ったものに候」と四月二日に書簡を送ったように、林・永田と同様の考えであり、陸軍内の派閥対立を懸念していた（『児玉秀雄関係文書Ⅱ』二七二頁）。しかし、真崎は教育総監訓示を出し、機関説が国体に反することを明らかにし、林・永田を牽制した。また在郷軍人会などは機関説を排撃するパンフレットを出しており、永田は「陸軍の意志でなくて、陸軍の将校が偕行社の雑誌に投書したものを在郷軍人会がパンフレットに出したので、陸軍そのものは関係していない」という弁明をしきりに行い、火消しに奔走しなければならなかった（『西園寺公と政局』第四巻、二四一頁）。

一九三五年初頭は永田のピークであった。軍務局長という要職にあって、林陸相を補佐し、陸軍統制回復の処方がもう少しで実施されるところであった。しかし、現地軍の蠢動と天皇機関説問題という内政・外交の同時危機に加え、永田が青年将校の標的となりつつあった。永田がピークを迎えると同時に、永田の試みも一歩一歩「終焉」へと近づいていたのである。

人事抗争の激化

林陸相は三月定期人事で、慎重にではあるが断乎とした態度で粛清人事を行った（三月五日内奏）。新聞でも、前回見送った松浦淳六郎人事局長の転出に踏み切ったこと、持永《もちなが》浅治《あさじ》東京憲兵隊長の更迭に踏み切ったこと等を、「大成功と迄はゆかぬにしてもまづ一応首肯し得られる程度の無難なものである」と及第点を下している。松浦は「ある勢力の傀儡であるとなして非難する向もあり」、持永も「各方面で問題になっていた」と歯に衣着せず二人を非難している（『東京朝日新聞』一九三五年三月七日）。当然二人のバックに誰がいるのかを把握した上での批評であろう。『東京日日新聞』も松浦更迭を「最も苦心した人事」と評し、持永人事を「憲兵再建」「栄転の形をとって東京から遠ざけた」ものと見、総合的に見て公正であるとした（『東京日日新聞』一九三五年三月七日）。また、どちらの新聞も、岡村寧次の第二部長就任、磯谷廉介《いそがいれんすけ》第二部長の支那公使館付武官就任を「統制問題で重要」（『東京朝日新聞』）、「同期の永田軍務局長と相提携して日支関係調整の名トリオを構成することとなろう」（『東京日日新聞』）と評したように、統制回復の一環として評価している。各紙は八月の定期人事に期待を込めた。

「日中親善」の逆効果

広田弘毅外相は、陸軍と共同歩調をとっていた対中国静観主義から大きく踏み出そうとしていた。国民政府は、広田外相が満州国育成を基礎に据えた外交方針の下で、満州国承認問題を不問にして日中経済提携を目指していることを熟知していた（「外交部亜州司第一科　日本広田外相外交政策集成」台湾中央研究院近代史研究所所蔵）。ただ大陸に配属された陸軍「少壮派」を岡田内閣の「穏健派」が統制することが難しくなっているとも見ており、汪兆銘、蔣介石や彼に近い何応欽や黄郛らも、外交ルートを通じて日中関係改善を推進すれば、少壮軍人らの勢いを衰えさせることが出来ると楽観的に考えていた。そこで三四年八月国民政府は、長年の宿願であった日中公使館の大使館昇格を広田外相へ持ちかけた。この中国の動きをうけた広田外相は、三五年一月、自分の在任中は戦争はないと議会で演説し、日中親善を派手に呼びかけた。汪兆銘外交部長も広田に対応して親日演説を行うなど、この時期日中親善ムードがにわかに高まった。

だが停戦区域を監視する関東軍の置かれた環境は、親善からは程遠い状況にあった。というのも戦区をめぐって日中の対立は激化しており、一月二三日には軍事衝突が起こっていた（察東事件、熱西事件）。関東軍は陸軍中央の頭越しに、「重大な決意をもって対処せざるべからず」と国民政府に武力を背景に圧力をかけたことが新聞紙上へ大々的に取り上げられた。少なくともこのような状況で、広田

支那公使館（国立国会図書館提供）

外相のように日中親善を推進することには慎重にならざるをえなかった。

ところが、広田外相は突如として日中公使館の大使館昇格に踏み切ったのである。五月六日に岡田首相の了解を求め、天皇に内奏した後、七日には閣議において有吉明《ありよしあきら》をそのまま公使から大使へ昇格することを決定した。昇格は、林陸相はもちろん外務省の桑島主計東亜局長や守島伍郎課長すら知らされていなかったようである。

林・永田の面子は丸つぶれである。これまで外務省と共同歩調をとってきただけに、関東軍や中国駐在武官らに陸軍中央が外務省の言いなりになったのではないかと疑われても仕方なかった。今回も大々的に現地軍や駐在武官らが昇格反対は「陸軍の総意」であるとして強く反対したため、林陸相はどうにか彼らを抑え、外務省へ遺憾の意を表明することに止め、問題を打ち切ったが、彼らの統制はより難しくなった。永田は、磯谷廉介大使館付武官に対して「外務省は認識不足」であると愚痴をこぼしたように、現地の状況を軽視して親善を性急に追求する広田外相に苛立ちを隠さなかった。無理もない。林と永田は満州の現状を視察することが決まっており（二六日に辞令が発令）、その間に現地軍が暴発すれば陸軍省は機能不全に陥ってしまうからである。そしてその危険は現実のものとなってしまう。

華北分離工作

五月二一日、林対満事務局総裁（陸相）一行は東京を出発した。永田は首席随員である（横溝光暉『戦前の首相官邸』一五一〜一七六頁）。満州国建国から早二年、匪賊討伐こそ一段落ついたものの、まだ思い描いた理想には程遠かった。今回の約三週間にわたる視察では、治外法権撤廃問題、日本人官吏問題、満州国軍育成問題などが関東軍との協議事項となっていた。

一行は二三日に門司港を出発、二五日に大連に到着した。このとき大陸ではすでに関東軍が動き出していた。五月二五日、孫永勤が義勇軍を率いて満州国熱河省へ進入しては戦区に逃げ込み、攪乱行為を繰り返していたのに対して、関東軍は長城を越えて孫軍の掃討作戦に出た。支那駐屯軍もそれに呼応し、酒井隆参謀長が「協定の権利に基づき、自由かつ有効な自衛手段を講ずべきは当然であり、いかなる時期にいかなる方法をとるべきかは言明の限りではない」と公言した（『東京日日新聞』一九三五年五月二五日）。二六日にも酒井は孫永勤を庇護していた于学忠河北省首席に対して戦区を北平・天津まで拡張するよう提議したが、遂に酒井は関東軍代表の高橋坦とともに二九日に華北軍事当局のトップである何応欽のところへ談判にゆき、⑴蔣介石の二重政策の放棄、⑵国民党部や中央軍の河北省からの撤退、⑶于学忠の罷免、等を迫った。天津軍は装甲車、軽砲、機関銃部隊によって河北省首席公邸を包囲し、関東軍は歩兵一個大隊、騎兵旅団の一部を山海関に、歩兵一個連隊主力を古北口に、飛行二個中隊を錦州にそれぞれ集結して南下の姿勢を見せ、何応欽に圧力をかけたのである。

新京、ハルビン、チチハル、公主嶺と視察を終えたあと、六月三日奉天にいた林と永田は、日本で初の機械化兵団の演習を見学した後、事件を知ることとなった。林陸相の命で、永田は東京の橋本虎之助陸軍次官へ電報を送った。

北支政権に対する天津軍の交渉の件は、只今関東軍参謀の報告に依り承知せり。右交渉の内容及び方法に付ては多少意見あるも、既に矢は弦を離れたるものなれば、中央に於ても之を支持すべく、又関東軍としては飽くまで天津軍を支持し、その要望事項の達成に協力するを適当とし、之が為今直ちに兵力を行使するが如きことは予期せざるも、執拗に要求を反復するを要すとの方針に決しある趣にて、大臣は之を了承せられたり。

（「満州事変・華北問題」松本記録第六巻、外務省外交史料館所蔵）

永田は止められなかった。ゴーサインを出せば今後の現地軍統制もますます難しくなるのは見えていた。だがどうすることもできなかった。南司令官も新京へ発つ前に林陸相から「北支那のことは当分かれこれ事を起こさんように頼む」と言われていたが、全く統制が効いていなかった（『西園寺公と政局』第四巻、二六〇頁）。

永田と同期の梅津美治郎支那駐屯軍司令官も林・永田一行と打ち合わせをするために新京に出発する際、酒井参謀長から「貴下の留守中に好意的に極めて軽い意味の警告を発したいと思いますがどうでしょうか」と言ってきたのに対して「それなら宜しい」と返事をした結果このような事態となったようである、と岡田首相は原田熊雄へ語った（同右、二七〇頁）。常に永田より一歩先に、永田とほとんど同じ軍政官僚の出世コースを歩んできた梅津は、軍の統制を重んじた。それゆえ、統制を期待されて支那駐屯軍司令官に就いたのであった。しかしこの事件では永田らと同様、全くなすすべもなかった。ここへきて大きく権威を傷つけられた。統制を期待された首脳部が部下に軽んぜられ、ことごとく出し抜かれたのであった。

九日に日本側が出した期限付き最後通牒を中国側がのみ、一一日には排日を禁ずる「邦交敦睦令」を出した。ここに「梅津・何応欽協定」が成立した。自主的に河北省から撤退し日本の要求に応じることで、国内の強硬派の非難をかわすねらいが蔣介石らにはあった。

＊片倉衷の回想によると、永田が「梅津・何応欽協定」にかけたねらいは、関東軍を華北工作から手を引かせ、対ソ政策に専念させるためであったという（『片倉衷氏談話速記録（上）』三七八～三八一頁）。永田の死後、数カ月たってから酒井隆参謀長が異動し、永見俊徳が後任となった（一九三五年一二月）のも、同様のねらいがあったようで、関東軍の関与を排除するよう中央から命じられたと永見本人が証言している（前掲「永見俊徳回想録」）。

視察一行は湯崗子、吉林を経て六月一〇日に朝鮮へ赴いた。永田は体調を崩しており、大好きな酒を一滴も傾けなかった。持病の腹痛が悪化していたようである。加えて永田を患わせたのは、ここでも派閥対立であった。馘首して朝鮮に転出となった持永浅治前憲兵隊長（京城憲兵司令官）が、永田ら一行を尾行しているのに気づいた（有末精三『政治と軍事と人事』一二〇頁）。林と永田は、実にこのとき暗殺の対象となっていたという。先の公主嶺視察で食事を共にした河辺虎四郎関東軍参謀に対して永田は、「東京なぞに帰ってくるなよ。満州部隊の気分は実によいと見たが、東京は全くいたたまらんよ」と憂鬱な表情で嘆いたという（河辺虎四郎『市ヶ谷台から市ヶ谷台へ』一一四頁）。

満州視察の一行

肩書	氏名
陸相兼対満事務局総裁	林銑十郎大将
軍務局長	永田鉄山少将
陸相秘書官	有末精三少佐
陸軍省軍事課満蒙班長	大城戸三治少佐
軍事課課員	牧達夫大尉
軍事課課員	岩畔豪雄大尉
対満事務局総務課長	横溝光暉
庶務課長	増田甲子七
商工省工政課長	小金義照

六月一六日、一行は旅程を終えて帰国した。帰国後、矢次一夫が永田の慰労会を主催した。そのとき永田は矢次一夫に向かって、「関東軍の満州国に対するいわゆる『内面指導』は、甚だしい軍人による内政干渉行為であり、それでは満州国が国家として自存自衛して行くことは難しい。ゆえに早く打ち切ることが必要である。または、軍備と外交をのぞき、国内自治を許す方向にもって行く必要を痛感した」と語り、朝鮮についても「これからは満州国の育成発展、国力の増強をはかりながら、朝鮮も漸次、独立を許容する方向にもって行き、そして満鮮と日本とは同盟か連合関係で結合、協力し得るよう、その方策を考究するのが賢明であろう」と語った

という。矢次は軍人と話しているというよりも、大学教授と語っているような気がしたと回想している（矢次一夫『昭和動乱秘史』上、一一六頁）。満州の現状を見た永田は、満州国育成を中心にすえた大陸政策が、行き詰まりつつあることを否定することはできなかった。満州国育成が遅れるなか、ソ連の極東軍備は飛躍的に増強され、中国との関係は静観主義では済まされなくなってしまっていた。

＊当時労働事情調査所所長であった矢次一夫は一九三四年、政・官・学の有識者を集めて国策研究会なる総合国策の立案機関を立ち上げた。矢次は交流のあった池田純久（軍務局軍事課課員）や武藤章（同）らの斡旋で永田と知己の間柄になった。国策研究会にはかの美濃部達吉も名を連ねていた（矢次一夫「国策研究同志会報告書」）。

4　伸るか反るか――真崎甚三郎教育総監の罷免

現地軍抑制への意欲

永田が案じた通り、現地軍に「背負い投げ」を食らわされた形となった。しかし、諦めてはいなかった。中国政策を建て直すために意見調整を求めてきた外務省と協同して、海軍と共に政府の中国政策の再検討を開始した。調整にあたるのは橋本群《ぐん》軍事課長であったが、永田は上官としてその監督指導に当たっていた。外務省側の担当であった守島伍郎は、永田を「陸軍には珍しい紳士で、話の良く解る人であった」と回想している（守島伍郎『昭和の動乱と守島伍郎の生涯』八一頁）。七月二〇日に陸軍省軍務局対策として提出した案は、三つの目的の達成を掲げた。

一、中国中央・地方政権に排日・排日貨の徹底的取締りを行わせ、日中経済提携を図る
二、満州国の事実上の承認。少なくとも華北・チャハル地方での満中経済文化提携を図る
三、外モンゴルからの赤化（共産化）脅威の排除に共同であたる

以上の点が着実に実行され、中国側が真に日本と提携する態度が確認できるまでは、日中の相互独立尊重提携共助の原則による日中親善の一般的取り決めは行わない、というものであった。ただし、実行方策は、一九三四年一二月三省協定（「対支政策に関する件」）をこれに代わるべき具体的方策の決定を見るまで依然存続させるものとするとした（『現代史資料8　日中戦争一』一〇二〜一〇八頁）。

外務省や海軍省は、日本が中国の統一や分立を援助あるいは阻止しないことを方針としようとしており、永田らがそれに反対したことはなかったが、華北の分治を承認するものとして現地軍に利用された前回の文書がそのまま生き残っていた。守島は陸軍の多数派の強硬論者を抑えられずに提起したのではなかったかと観測している（前掲『昭和の動乱と守島伍郎の生涯』八三〜八四頁）。というより、永田は現地軍の人事入れ替え策などを林陸相に進言し、現地への統制を確立した後「これに代わるべき具体的方策」を提示する算段だったのではないだろうか。文書のみで現地軍の行動に規制をかけようとしても全く効果がないことは永田自身が良く知っていたはずだからである。

というのも永田は七月一四日、中国駐日大使館の蕭叔萱《しょうしゅくけん》首席駐在武官に対して、少壮軍人の言動を抑えようとしていること、少壮軍人の個人的言動は重視することはないということ、我々軍部当局者こそが軍の意見を代表しているということをはっきりと明言しているのである。永田の鬼気迫る様子に蕭武官は、「永田の見解、眼光、胸襟、そのどれをとっても少壮軍人とは異なると感じ、永田こそが軍部当局の最重要人物である」と、その時の様子を交えて本国の外交部へ報告した（「特交文電」『蔣中正総統文物档案』台湾国史館所蔵）。

早速八月四日に非戦闘区内で事件が起こってしまった（灤州《らんしゅう》事件）。日本の守備隊が狙撃され負傷者が出た今回の事件は、五月の事件以上に重大であった。だが今回は中央に林も永田もいた。陸軍中央は六日、中国側への要求等は「予め中央と密接なる連絡の下に慎重に決定、実行せらるるを必要と認む。これが為、事件に関する情報並貴方意見は機を失せず詳細報告ありたし」と釘を刺した。そして、事件処理は「天津軍をして」あたらせ、関東軍には関与させない方針を取り、外務省とも連携していること等も明示した。加えて同日に、陸軍省は差し当たり先に述べた「代わるべき具体的方策」として「対北支政策」を決定し、各現地軍へ配布した。それは梅津・何応欽協定で設定された新たな非戦闘区域（北支那）を日満両国の国防上に不安とならないような地域にすることを方針とするものであった。具体的には、華北の各政権（山東、山西、綏遠）との親善、産業・交通の開発を通じた経済提携を推進することであった。こうして南京政権に対して自治的色彩濃厚なる親日満地帯となるようにするが、その実行は「燥急且露骨なる工作を避け、軍の厳正なる態度による暗黙的威力と適正公明なる指導により支那側をして自発的に発動せしむるの如く誘導するもの」と念を推した。しかもこの方針は、「外務側も趣旨異存なき旨言明あり」（永田自筆）とあるように、外務省と協議済みであった（「灤州事件処理に関する件」「満受大日記（密）」昭和十年其十一之内九、国立公文書館所蔵）。

また関東軍が華北への経済進出のため考え出した、満鉄全額出資の国策会社「興中公司」が、八月二日ようやく政府の認可を得た。これについても陸軍省は、認可を得る経緯でとりわけ岡田首相、広田外相、高橋是清蔵相らの猛反対があったことを受けて、彼らが渋った理由は「軍部が独自の考えを以て政治的施策乃至《ないし》経済的謀略に興中公司を利用するに非ずやとの不安」からであり、「出先軍部より公司が経済関係を無視せる事業を強要せらるるに至らずやとの懸念も濃厚に看取」したからである。これらに対して軍部は「断じて前段不安の如き企図なく、又後段懸念の如きも軍の本質上全然無用なりとの厳乎たる説明を与え」た次第であるから、「将来陸軍として信を失うが如き事態を惹起せざる様特に御留意相成度し」と関東軍その他の現地軍へ命じた（「興中公司に関する件」前掲「満受大日記（密）」）。八月九日にも陸軍省は、「軍が北支に於て一般経済問題に表面的たると裏面的たるとを問わず、主動の位置に起て行動するが如きは差控うべき筋合いなり」と念を押した（「北支経済開発に関する件」前掲「満受大日記（密）」）。陸軍省は、経済開発を興中公司に任せ、関東軍に華北工作から手を引かせるねらいをここに込めていたのである。

真崎を更迭する

永田は、林陸相が荒木や真崎らの攻勢にあい弱気になっているのではないかと危惧していた。永田は陸相を補佐する軍務局長の立場から、林に強く献策していたようである。竹山護夫が発表した林直筆の史料の中に「参考　Nの意見」がある。Nは永田と推定されている。そこには教育総監の更迭、退却（予備役編入）、松井石根《まついいわね》軍事参議官の退却、秦第二師団長と香椎浩平《かしいこうへい》第六師団長の退却、山岡整備局長の転出、牟田口廉也《むたぐちれんや》参謀本部庶務課長、小藤恵《こふじめぐみ》人事局補任課長、第二〔部か〕の潜勢力更迭とある。橋本陸軍次官も真崎罷免には同意見であったが、林は永田の意見を「強硬論」として保留し、閑院宮参謀総長の意見を待った。真崎嫌いの閑院宮は罷免に賛成であったが、「穏やかな方法で止めること」と述べた。その一方で秦の退役を強く要請していた。林はどちらの意見も参考にしつつ、自らの人事案で臨もうとした（竹山護夫「昭和十年七月陸軍人事異動をめぐる政治抗争」（その1）～（その6））。周到に準備してきた林は、ついに真崎教育総監の罷免に打って出た。

すでに三月頃から更迭人事の噂は真崎の耳にも届いていたが、七月一〇日に林の口からその噂が真実であることを知らされる。真崎は「大義名分の問題故、斃《たお》る迄争うと断言」した。真崎はこの席上で、永田を名指しで激烈に批判している。「軍務局長は三月事件の発頭人なり。陰謀の中心なり。先ず之ら処分するを要す」。さらに真崎は、永田が南関東軍司令官と結託して林に真崎罷免という火中の栗を拾わせようとしていると信じ込んでいた。もはや激突は避けられなかった。

一二日、一五日と三長官会議が開かれた。林は一二日の会議で「〔真崎が〕党閥の主脳たるは陸軍内の輿論なり」と述べ、真崎辞任の理由を説明したが、保留に終わった。弱気になった林は、一五日の会議では事前に、他の人事については悉く要求をのむ代わり、真崎辞任だけは認めるよう妥協を持ちかけた。だが真崎はこれを一蹴。徹底抗戦の構えを見せた（『真崎甚三郎日記Ⅱ』一九三五年七月一五日）。七月一五日に永田は原田熊雄に対して、「どうしても今度は一つ、思い切ってやらなければならない。ただ陸軍大臣は、他から圧迫されてぐらついてやしないかと、それが心配だ。なんとか陸軍大臣を鞭《べん》撻《たつ》してもらいたい」と意気込みを電話で語った（『西園寺公と政局』第四巻、二九三頁）。物別れに終わった結果、林は陸相の権限で即日単独上奏に踏み切った。人事案は裁可され翌日辞令が交付された。後任には林と同期の渡辺錠太郎大将が採用された。

真崎更迭は「大英断」として新聞各紙で好評を博した。『東京朝日新聞』は部内外で好評であることを報道し、『東京日日新聞』は部内の大勢は統制的に動いていると評価し、両紙は社説まで著して林の部内統制を激励した（「陸軍の統制強化」『東京朝日新聞』七月一七日、「陸相の決意断行」『東京日日新聞』七月一七日）。

七月一七日、林が軍事参議官たちに説明するため非公式軍事参議官会議を開いた。その席上で待っていたのは、林・永田に対する荒木の攻撃であった。荒木の攻撃対象はとりわけ永田であった。林は永田に対する誹謗中傷は証拠がないとして認めなかった（前掲『真崎甚三郎日記Ⅱ』七月一七日）。結局、真崎らが納得しないまま真崎教育総監罷免が実現した。むしろ真崎・荒木らの林攻撃はここから激化する。そしてこの禍根は青年将校たちへ飛び火することとなった。

八月定期人事が発表されたが、やはり林は真崎更迭とのバランスをとってか、全体的に遠慮がちな人事になったことは、部外から見ても明らかであった。『東京朝日新聞』は「遠慮した陸相の深い配慮」と甘口であったが（七月二三日）、『東京日日新聞』も「今一歩の感あり」と評している（七月二三日）。永田が主張していた山岡整備局長の転出、香椎第六師団長の予備役編入、牟田口庶務課長の更迭などはどれも実現しなかった。

永田に批判が集中

青年将校らの批判の対象も林と永田に集中していた。ちょうど林が人事案を真崎に打ちあけた翌日の七月一一日、獄中の村中大尉と磯部一等主計が「粛軍に関する意見」を発表した。彼らは、士官学校事件で逮捕されていたが、それが辻政信大尉と片倉衷少佐らのスパイ行為によるでっち上げであるとして彼らを告訴した。だがそれだけにとどまらない。事件の根本的解決のためには、桜会結成から三月事件、十月事件に連なる国家改造運動とそれをめぐる陸軍内の派閥闘争そのものを断罪しなければならないとして、「粛軍」を訴えたのである（「粛軍に関する意見」『現代史資料4　国家主義運動1』六〇九～六七〇頁）。彼らの中では、永田が三月事件はおろか十月事件にも関わり、挙句の果てに辻、片倉と「密接不可分の連絡」があったことになっていた。

真崎罷免後の七月二五日には「軍閥重臣閥の大逆不逞」なる怪文書が撒かれたが、そこには永田に対するいっそう激しい誹謗中傷が並べたてられていた。そこには当事者でなければ知ることのできないはずの三長官会議の模様が克明に記されていた。真崎周辺から情報が漏れていることは確実であった。怪文書はこう結論づける。林陸相の今次の処置は、「明らかに統帥を干犯し皇軍を私兵化するものである。名を軍統制に仮りて親裁規定を蹂躙し、与論を理由として重大統帥事項たる軍教育の輔翼者を恣に更迭するとは不敬不逞も極まると云わねばならぬ」。その林は永田の傀儡であるというのだ

（前掲『現代史資料4　国家主義運動1』六七三～六七七頁）。

この怪文書を読んだある中佐が、ある決意に至った。彼の名は相沢三郎（歩兵四一連隊付）。真崎のところへしばしば出入りしていた軍人であった。

相沢三郎という男

相沢三郎は一八八九年九月六日に福島県白河町（現・白河市）で生まれた。父相沢兵之助は旧仙台藩士で、家庭も中流以上であった。相沢は仙台地方幼年学校、中央幼年学校を経て陸軍士官学校に二二期生として入校した。同期生には鈴木貞一らがいる。士官学校卒業後は、ほとんどの陸軍軍人と同様に、歩兵第四連隊（仙台）、第一三連隊（熊本）中隊長などの部隊勤務に携わった。他方で相沢は得意の剣術を活かして、陸軍戸山学校（歩兵戦技、体育、軍楽などを教育する）で剣術を教えた。一九二七年には日本体育会体操学校に配属され、学校教練を担当した。学校教練は先述した通り、永田が中心になって推進したものであった。相沢は剣道四段の持ち主で、小手先の技術というよりも、相手の股ぐらに踏み込んで、真っ向打ち下ろす剣を得意とした。相沢に一本面を打ちこまれると、脳天どころか足の裏がしびれると言われた（末松太平『私の昭和史』二四五頁）。一九三〇年に入り、国内ではロンドン軍縮条約批准をめぐる統帥権干犯問題、国外では満蒙の危機が叫ばれる中、相沢は国家改造運動に惹きこまれていく。

相沢は激情家で、信頼する人間にはとことん信頼して胸襟を開いたが、普段は極めて無口であった。第五連隊（青森）大隊長時代に、部下の大岸頼好中尉に「大岸先生」と呼ぶほど心酔し、大岸らの国家改造を目指すテロに共鳴する。一九三一年に一〇月事件が起こったときは、演習中に部隊を置き去りにして大岸のいる東京へ向かったがテロは未遂に終わった。翌年の五・一五事件が起こったときは、居てもたってもいられず青森を飛び出したが、盛岡で憲兵につかまり新聞沙汰となった。第五連隊は満州事変で出征したが相沢の部隊は留守部隊となり、相沢に出番は回ってこなかった。相沢は鬱憤だけが募っていた。秋田の連隊へ転任となってからは、中耳炎で体調を崩し、脳膜炎を患い、東京慶應病院に入院していた（『読売新聞』一九三五年八月一四日）。一九三四年一一月に士官学校事件が起こると、相沢は事件の背後に軍務局長の永田がいると信じて疑わなかった。大岸は普段から柳川平助第一師団長、秦真次第二師団長（大岸や相沢の上官にあたる）と接近しており、永田の悪評を耳にしていたであろうし、相沢にも偏った情報が入っていたものと思われる。相沢は一九三五年初めに永田を暗殺することを大岸に相談した。その場で大岸に反対されたが、怪文書「粛軍に関する意見書」を読み、相沢は永田を「悪魔の総司令部」であると決めつけるに至った（菅原裕『相沢中佐事件の真相』二〇八頁）。ちなみに大岸は二・二六事件に関与するも不起訴処分となる。

真崎罷免直後の七月一九日、福山の連隊に転任していた相沢は永田に直接会って辞職を迫ることとした。多忙な軍務局長とは簡単に面会できなかったため、かつて青森の連隊で共に大隊長をしていた有末精三陸相秘書官を口説き落として予約を入れた。多忙にもかかわらず、永田は約二時間も割いて相沢の話を聞いた。相沢によると次のような会話がなされたという。

相沢「閣下はこの重大時局に軍務局長としては誠に不適任である。軍務局長は大臣の唯一の補佐官であるのに、その補佐が悪いから、何卒自決されたらよろしかろうと思います。」
永田「一体君は今日初めて会うのだが、君の心持もよく判らないが、一体自決とはどういう事か。」
相沢「早速辞職しなさい。」
永田「君のように注意してくれるのは非常に有り難いが、自分は誠心誠意やって居るがもとより修養が足りないので、力の及ばない処もあるが、私が誠心誠意、大臣に申上げても採用にならない事は仕方ない。」
相沢「あなたの考えは下剋上である。」
永田「君の言う事は違う。下剋上というのは下の者が上の者を誣ゆる事だ」

永田は、話を聞くために相沢を椅子に座らせた。

永田「君は私を悪いと言うが具体的に言え。」
相沢「真崎大将が交代したというのは間違った補佐である。」
永田「人は各々見方があるが、自分は情を以て人事を取扱わない、理性を以て事をする。」
相沢「情という事は日本精神の方から云うと真心即ち至情で最も尊いものだが、あなたの云われる情と云うのは感情の事か。」

永田はそれには応えず。

永田「自分は漸進的にこの世の中を改革する。」

この後永田は、十一月事件への関与も笑って否定し、ゆっくり話せなかったので次の機会に会って話すか、手紙で往復して話そうと相沢を諭し、帰らせた。相沢はこのとき殺害しようとまでは考えていなかった（「第三回被告人尋問調書」前掲、菅原裕『相沢事件の真相』一八五〜一八七頁所収）。福山へ帰ると、「軍閥重臣の大逆不逞」（七月二五日付発行）を手に取った。ここへきて遂に相沢は暗殺を決意するに至る。永田が憎いのではなかった。相沢は、永田を斬れば軍の指導者や政治の指導者は考えを改め、世の中がよくなると信じて疑わなかったのである。

死を賭して

林陸相は、永田が攻撃の対象になっていることを気に病んでいたのだろう。林は橋本陸軍次官と共に、永田を暫く身の安全を確保するため満州へ行くことを勧めていた（「陸軍次官橋本虎之助業務要項覚」『現代史資料23　国家主義運動3』）。永田は七月頃からそのことで煩悶していたようである。永田と同郷出身で内務省警保局長であった唐沢俊樹《からさわとしき》は、職務柄永田の所へ内務情報を通報していた。その唐沢に対して、永田は満州へ行くだの行かないだのと一カ月くらい言っていたが、あるときこう言ったという。「唐沢君、わたしはね、つくづく考えたんだけれども、ようやく結論を得たよ。もうなるようにしかならんから、やはり真っすぐなことをやって行くよりしようがないよ」と(『唐沢俊樹』三一八〜三一九頁)。満州へ行けば命は助かる。しかし自分がやらないと務まらない。永田も人間である。悩むのも当然だろう。しかし悩んだ結果、永田は殺される覚悟で、統制回復と陸軍の信頼回復、ひいては自らが理想とした軍民一致の国防体制の確立へと邁進することを心に誓ったのである。

永田は、「軍を健全に明くする為の意見」と題する意見書を認めている。永田はこの中で、軍中央の統制、すなわち下剋上を排して大臣中心に団結することの重要性を強調した。永田に言わせれば陸軍省すら統制できていなかった。また、自分についても統制が回復されるまでは職務を全うする決意を示し、皇道派が攻撃していた三月事件関与についても全く否定し、むしろ小磯国昭や建川美次らを積極的に登用すべきとすら述べている。永田は言う。妥協は不統制を生む、それゆえ中央には「正しく強き者」を用いるべき、と。軍務局長としてやらなければならない重要な問題は山積していたにもかかわらず、永田は陸軍統制のこと以外、頭に入らなかった。残念ながらこれは、永田の絶筆となってしまう。

八月一一日、別荘

満州視察中から病んでいた胃病もようやく快方に向かっていた。この頃永田は、東京帝国大学教授の真鍋嘉一郎に診てもらっていた。真鍋は、遭難後の浜口雄幸首相の主治医としても知られた名医である。真鍋とは東京ガス重役の太田亥十二《おおたいそじ》の紹介で知り合った。永田は八月一〇、一一日の土日に神奈川県横須賀市久里浜の別荘で静養し、久しぶりに家族水入らずで生活していた。子供たちも久しぶりの父との団欒とあって、喜びもひとしおであった。このとき娘の昌子が百日咳に罹っていたこともあって、別荘での休暇に決めたのだ。

八月一一日に久里浜別荘を訪れた真鍋は永田と色々と物語をした。永田は自分の大尉時代に軍事教育に携わったことを回想したという。真鍋は「軍隊は万事上官の命令に服従せざるべからず、然らざれども時と場合とには独断専行をなすべしということがある。これは大いに其意を得たり」と述べたところ、永田は「真鍋先生のことなれば恐らくこの独断専行を広義に解釈したのであろう」と談笑したという。永田は、まさにこの独断専行の拡大解釈に悩まされ続けてきたのだから、苦々しく思っただろう。また、話はこの別荘にも及んだ。永田は興味深い話をしている。

久里浜にて（1935年）（永田家所蔵）

少壮気鋭の時代には富豪・貴族が山紫水明の仙境に別荘を構え、慰安の生活があるを見て、大いに反感を持ちて、別荘無用論を懐きしも、おいおい年も老け要務も繁劇となる身となれば、折々休養の効果を体験し、なる程社会に真の活動をするものには是非休養の天地の必要なることを感じ来れり。しかし疲労の身体を回復するという意味丈の休養では『プラスマイナス』にて意味をなさず。明日に於てより善き仕事、よりよき考を出すという準備として、積極的に気分涵養の趣旨に於て時々別荘的生活が必要にて、余生の閑日月を送るための別荘では無用の長物の様に思うが、別荘生活は飽くまでも活動人の潜勢力涵養の方法としてこれを礼賛するものである。

おそらく、若い頃は山県への反感もあって別荘が嫌いだったのだろう。五一歳になって、永田はようやく彼らの心境を理解できるようになっていた。そして、永田が充分静養した後、再び統制回復へ打って出るつもりであったことが、ここに良く表れている（真鍋嘉一郎「凶変前夜の永田鉄山」『改造』一九三五年一〇月号）。もっとも、別荘といっても非常に質素なものであった。住まいは太田亥十二が斡旋したものだったが、中央大学の寮で、バラック作り、夏以外は絶対に使えず、畳の敷いてある場所は八畳二間と質素なものであった。しかも一五円の家賃まで払っていたという（『太田亥十二翁聞書抄』二一七頁）。それが青年将校のところへは、財閥と結託し、三〇万円もする別荘を買ってもらっていたというデマに変わっていた。

八月一二日

翌日朝早く永田は東京へ戻り、陸軍省へ出勤した。その日は朝から格別暑い日だった。

永田は出勤してまず新見英夫東京憲兵隊長から、軍隊内の不穏状況がないか報告を受けていた。同席していた山田長三郎兵務課長は、橋本群軍事課長を呼びに隣の軍事課長室へ出ていった。

そこへ、一人の長身の軍人がどかどかと足音を立てて局長室に侵入してきた。相沢三郎中佐である。

局長室には受付や秘書もおらず、暑い日だったので扉も開け放しであった。

相沢は、軍帽を帽子掛けにかけると、軍刀を抜き、部屋の中央に立ててあった衝立をよけ、無言のまま永田のもとへ一直線に詰め寄った。そして、持っていた軍刀で永田をめがけて一閃。永田は左腕で刀を受け、倒れた。新見大佐は相沢中佐を後ろから羽交い締めにしようとしたが振り切られ、その際左腕を切りつけられた。永田は起き上がり軍事課長室へ向かおうとしたが、そこを背後から胸を貫かれた。刀は胸を貫通して柱に突き刺さった。意識朦朧とするなか、さらに頭部を斬りつけられ、頸部にとどめの一刺しを受けた。あっという間の出来事であった（池田純久『日本の曲がり角』三九〜四二頁）。相沢は永田を斬った後、林も斬る積もりだったというが、林は運よく不在だった。

新見大佐が大声を上げたため、異変に気づいた軍事課課員たちがいっせいに局長室に入った。そこには、血の海のなかで右ひじをついて倒れている永田がいた。武藤章は血まみれになった永田を抱きかかえ、人工呼吸をしたが手遅れだった。長男の鉄城、甥の守矢親人は陸軍省にかけつけた。しかし鉄城は部屋に入らずして卒倒してしまった。妻の重は午後五時に久里浜から子供を連れて戻り、松濤の家に運び込まれた亡骸と対面した。重は凶報を聞いた時はさすがに受話器の前で茫然自失となった（永田松子「父永田鉄山の面影」）。しかし、自宅に帰ると、「陛下に捧げてある体、予て覚悟は致して居ります」と記者に気丈に答えた（『東京朝日新聞』一九三五年八月一三日）。

陸軍省は死亡時間を遅らせ、進級昇叙の手続きを済ませた。陸軍中将、正四位、勲一等瑞宝章が最終軍歴と勲位である。一九三五年八月一二日、永田は満五一歳という余りに短かすぎる生涯を閉じた。

一三日午後一時に正式に事件の詳細が報道された。

凶変の軍務局長室（永田家所蔵）

松濤の自宅に帰る亡骸（永田家所蔵）

葬儀

葬儀は八月一五日、午後一時青山斎場にて執り行われた。葬儀委員長は橋本虎之助陸軍次官、副委員長は岡村寧次参謀本部第二部長が務めた。喪主は遺児の永田鉄城である。陸軍三長官の弔辞が朗読された後、長野県諏訪郡高島小学校の同級生、藤原咲平博士が総代として弔辞を読み上げげた。藤原は、永田が終生にわたって付き合ってきた親友であった。藤原は怒りに咽びつつ弔辞を読み上げた。

永田鉄山の葬儀
（永田家所蔵）
前列左から，林銑十郎陸相，杉山元参謀次長（総長代理），渡辺錠太郎教育総監。

永田鉄山墓碑
（青山霊園立山墓地／著者撮影）

残念である遺憾千万である。誤解や盲信の為にこれだけの頭、これだけの人格を有無も言わせずにあの世にやってしまう事は、あきらめろと言われてあきらめられるか。あの整備した脳細胞の排列、一度破壊しては亦求める方法はない。損害だ、大損害だ、国軍の為にも大損害だ。（後略）

藤原はその後、永田が愛用していた杖を形見分けに譲り受けた。国難の際にはこの杖をもっていつでも馳せ参じる、といつも家族に話していたという（霜田かな子談）。

終わって午後二時半より告別式が営まれた。告別式には岡田首相以下各閣僚らが参列し、盛大に行われた。告別式を終えると、霊柩は火葬場にて荼毘に付された。翌一六日、遺骨は、想い出の地歩兵第三連隊兵営にほど近い青山霊園立山墓地に葬られた。

郷友藤原咲平

郷里上諏訪の同級生で親友だった藤原咲平は、永田のように軍人の道には進まなかったが、学問の分野で永田と競うように立身出世の道をひた走っていた。藤原は一八九八年に県立諏訪実科中学校（現・清陵高校）に入学し、一九〇三年三月に同校を卒業すると七月には帝国大学の予科である第一高等学校に合格した（同期には安倍能成らがいた）。一高では新渡戸稲造や夏目漱石の授業を受け、学問の深奥に触れた。しかし、中央気象台予報課長であった岡田武松と出会い、気象学の道に進むこととなった。一九〇六年七月に東京帝大理科大学理論物理学科に入学（無試験）し、藤原は本格的に研究に目覚めた。一九一〇年八月には弱冠二五歳にして処女論文「候鳥と風向との関係について」を学会誌に発表し、研究者としてのデビューを果たした。これは永田の陸大卒業より一足早かった。

藤原は一九二〇年に東京帝国大学理学部講師となり、一九二四年三月には教授に昇進し、気象学を担当した（一九二七年には地震研究所に転任となった寺田寅彦の後任も務める）。藤原は『関東大震災調査報告（気象篇）』を編集するなど、日本を代表する気象学者となった（根本順吉『渦・雲・人』二～一一章）。ちょうど永田が陸軍省の軍事課高級課員に就任した頃である。お互い競い合うようにして出世街道をひた走ってきた。かたや帝大教授、かたや軍事課高級課員である。肩書と給料こそ差はあるもののお互いに尊敬しあい、気も許せた。永田が軍務局長になって五一歳、まだまだこれからというときであった。藤原は無念やる方なかったのだろう。

岩波書店の創業者岩波茂雄もまた諏訪の人であった。藤原の中学の先輩であった岩波は藤原と昵懇の仲であった。一流の人物が好きな岩波は、藤原の恩師である寺田寅彦と永田を招いて星ヶ岡茶寮で懇談したことがあった（荒川俊秀『国史小品集』三一二頁）。この縁がきっかけで寺田も著作も出していた岩波書店の『岩波講座　教育科学』シリーズで、「軍隊と教育」の執筆を担当することになった。

永田が斃れたとき、岩波はアメリカにいた。だが帰国後永田家へ焼香に現れ、戦後社長となった二男の雄二郎も永田家の世話をしたという（前掲『秘録永田鉄山』三九九頁）。

寺田寅彦も永田の死を悼んだ。八月一三日、寺田は藤原へ、「永田さんの遭難は痛恨事であります。実に困った事であります。此の事件は現時の国家の病根の所在を暗示するもののやうに思われます。凡てが偏狭な小自我の為に、邦家の大事を忘れたり誤認するからの事ではないかと思われます」と手紙につづった（「藤原咲平文書」諏訪市図書館所蔵）。

惜しまれた死

永田の死は、新聞各紙で大きく報じられた。しかし、派閥抗争の結果とあって永田の評価についてはトーンが抑えられた。『東京朝日新聞』は社説において、「これをもって禍を転じて幸となすの方法を講ずるの機会とすることが今後に取るべき唯一の途である。しかして我が帝国陸軍の健全性と正義性を信じる国民は、そのことあるを疑わない」と粛軍の強化を望んだ。『東京日日新聞』は、「陸軍希有の逸材」としてその経歴を振り返った（八月一四日）。社説では「永田局長の死が国軍の純化に幾分でも役立つということになればそれも決して意義なしとはいえないだろう」と陸軍首脳部へ統制強化を激励した（八月一六日）。

陸軍当局者が永田の死に衝撃を受け、それを惜しんだのは言うまでもない。橋本次官は、「永田君の遭難は誠に遺憾の至りで、永田君の如き有為の材を失ったことは国軍の重大損失である」と嘆いた（『東京朝日新聞』八月一三日）。林陸相は悲しみに暮れる暇もなく、善後処置を行った。後任には今井清人事局長を登用し、統制回復を図った。その後、遺族の求めに応じて柘植《つげ》秀峰《しゅうほう》画伯の肖像画に「韜略縦横意気凛然惜未振満腔之経綸」と寄せた。最高の賛辞である。また永田の伝記刊行にあたっては題字を担当した。後年大日本武徳会長として長野県下を旅行したとき、車中で「永田の墓はこの近くです。良くできる男でしたが、敵が多かったたな」と感慨深げに洩らしていたという（宮村三郎『林銑十郎』下、三一七頁）。林は、内心永田を庇いきれなかったことに申し訳ない気持ちがあったのかもしれない。

陸軍外にもその衝撃は大きかった。昭和天皇は「御宸襟を悩まされ、更に状況真相等を取調べ更に上奏すべく」本庄侍従武官長に命じた。昭和天皇は、前日の新聞で「北支問題に付中央の指示一切を排す」とあり本当なのか、と心配して本庄へ問いただしていた。天皇の悩みはつきなかった（「本庄繁日記」一九三五年八月一一、一二日、防衛省防衛研究所図書館所蔵）。牧野伸顕内大臣も、「永田少将は眼界

永田鉄山肖像画（永田家所蔵）

も広き見識ある軍人にて、今日の陸軍にては有数の人物と兼ねて聞込みのところ、果して事実とすれば痛惜の至りなり。先般の人事異動より生じたる余波と察せらる。またまた不安の出来事起れり。歎ずべし」とその死を惜しんだ（『牧野伸顕日記』八月一二日）。木戸幸一は戦後、「どっちかというと、私と永田は人間的にもウマが合うというか、話がしやすかったですね。だから原田の所で会ったときなんかでも、割合に色々話してくれたし、私の位置がこういう位置だったものだから、永田君としてはやっぱり、自分の調べ上げた材料を一応聞かせておこうという気持ちだったろうと思うのです」と想い出を語っている（「木戸幸一政治談話録音速記録第一巻」、国立国会図書館憲政資料室所蔵）。

石原莞爾は事務系の人として永田を余り高く評価していなかったようで、事件の際に「何だ、殺されたじゃないか」と如何にも当然の帰結の如く言い放ったと、片倉衷は回想している（片倉衷『片倉参謀の証言　叛乱と鎮圧』五一頁）。事件当日参謀本部作戦課長に就任した石原を登用したのは永田であるとの説もあるが、軍務局長に参謀本部人事を動かす権限はない上、この発言を見ただけでも二人に特別な関係もなく、あまり信用できない。

意外な人物も永田の死を惜しんだ。東京帝国大学経済学部教授の河合栄治郎である。河合は軍の台頭を警戒しており、一九三四年一二月に「ファシズム批判」なる著作を発表して自由主義擁護を主張し、陸軍を堂々と批判した気骨ある学者（「戦闘的」自由主義者）であった。その河合が一三日の新聞で永田の死を知り、「同志がやられたという感じがして、一日頭を離れなかった」と日記に記しているのである（『河合栄治郎全集』第二三巻、七一頁）。陸軍統制にかけた永田の勇気ある姿勢は、軍人嫌いの自由主義者河合にとっても頼もしかったのであろう。

他方、真崎は自分を罷免に追い込んだ永田を心底憎んだ。相沢事件翌日朝、永田邸を弔問した真崎は、「人物も死すれば万事を解決す。かかる恩知らず無節操の不徳漢にても、神仏とならば別物にして予は自然に哀悼の念に打たる。」と冷ややかに日記に綴り、なにより派閥対立の「解決」を喜んだ（前掲『真崎甚三郎日記Ⅱ』一九三五年八月一三日）。

戦後も真崎の永田に対する憎しみが癒えることはなかった。満州事変以降の戦争遂行に関わった旧陸軍軍人に対する連合国側の尋問が、極東国際軍事裁判設置に先行して行われたのだが、真崎は尋問に対して、自分を教育総監から追いやったのが永田であること、そればかりか林・永田が全体主義の指導者（totalitarian leaders）で、（自分とは異なり）積極的な軍事行動の主唱者であったと語った。また永田は長州閥が主催する政治的グループ（朝飯会）に参加し、荒木と自分を追い落とそうと彼らに働きかけたのだと力説した（粟屋健太郎・他編『国際検察局（ＩＰＳ）尋問調書』一二巻、一五二頁、一八五〜一八六頁）。真崎は、永田が軍人であるにもかかわらず、宮中政治家や官僚などの政治的権力と結びついて陸軍を主導することがどうしても許せなかったのだろう。しかし、木戸幸一の日記や原田熊雄の『西園寺公と政局』を見る限り、永田が朝飯会に参加したのは一度きりだった。

統制派とは何か

ところで同時代に使われた「統制派」という言葉は、いったいどういう意味で用いられたのだろうか。真崎は永田に対して、統制派という言葉をほとんど用いていない。国家改造を唱える青年将校たちも、永田らを統制派と呼び出したのは一九三五年以降のことである。使い手によって微妙に異なる統制派の概念をここで細かく論じるつもりはない。ただ真崎や青年将校らはともに、永田らが元老・宮中グループや財界と結託して陸軍を抑え込もうとしていることが特に許せなかったのである。だが、外部の政治権力を通じて軍を統制する、この仕組みは一九二〇年代後半の政党内閣が陸相を通じて陸軍を統制してきた仕組みそのものなのであった。陸軍は単独では何の政策も実現できず、外部と協調する、すなわち必然的に陸相やそのスタッフである軍政官僚が「政治」に関与しなければならない。他方で、統帥権独立制のもとでは首相や内閣の文官閣僚らが単独で軍を統制することも不可能である。それゆえ、彼らにとっては閣内の軍部大臣の協力が不可欠であった。軍部大臣も外部の強力な政治権力と協力することで軍内を抑えることができた。

こうした統制のあり方は当然ながら強固なシステムと呼べるものではなかった。個人のリーダーシップに依存するあまり、一方が失墜すれば他方も失墜する。また統帥権独立の建前上、外部と結託して軍を抑え込む陸相（陸軍省）は「統帥権干犯」ということになるからだ。実は、統帥権干犯という言葉は、軍事に介入した文官に対してよりも、軍人が軍人に対して頻繁に使った言葉であった。要するに、真崎や青年将校が攻撃した「統制派」とは、永田らに限定されず、広い意味では近代日本の陸軍統制の担い手すべて、言い換えれば彼らが打破しようとした既成勢力全体を指すのである。真崎がこれほどまで永田に怒りをあらわにしたのは、永田が自分たちを裏切ったと感じたからであろう。永田からしてみれば、田中義一や宇垣一成の後継者でありながら彼らが蔑ろにしてきた「軍の団結」を図るべく、幅広い人脈を作ってきたつもりであった。しかし、真崎らにはそうは映らなかった。真崎は統制の担い手として軍事課長にまで上りつめたが、機密費の適正な使用を訴えたため田中義一に睨まれその座を追われることとなったという（前掲『真崎甚三郎日記Ⅰ』六頁）。真崎は田中と重ね合わせて永田を見るようになったのではないだろうか。

永田鉄山没後

永田没後、林陸相は引責辞職する（九月五日）。後継に選出された川島義之大将は、真崎や荒木と縁が深く、思うように粛軍を実施できなかった。それればかりか青年将校は永田軍務局長時代とは異なり上層部との意見交換を頻繁に行うようになり、彼らは決起しても川島陸相らは弾圧してこないだろうと高を括った。現地軍は強引に中国要人を立てて華北自治運動に本格的に乗り出していった。陸軍中央は関東軍の南下を何とか食い止めようとするものの、十分な統制が行えなかった。華北自治工作も、国民政府の圧力を恐れた彼らが日本の思い通りになることはなかった。やがて中国は対日融和路線を修正し、日本は中国との親善の可能性を自ら狭めていった。

事件から約五〇日たった一〇月二日、悲歎に暮れていた永田家の人々に久しぶりに笑顔が戻った。二四歳になる長女の松子がこの日晴れて花嫁となったのである。花婿は近衛第一連隊付の宮林正義二等主計（二六歳）である。宮林は、富山県高岡市の素封家の柳瀬久蔵の三男として生まれ、同郷の宮林立作の養子嗣となり、昭和八年東京帝国大学法学部を卒業後陸軍に入った。永田は宮林が東大出身の優秀な経理畑の軍人だと随分目にかけていたようである（『サンデー毎日』一九四九年一一月号、一二三頁）。永田は自分の娘婿に、省部の大将や中将の息子、あるいは将来省部のエリート軍人になるような軍人を選ばなかった。ここにも軍閥を嫌う永田のこだわりが垣間見える。激務のなかで娘の幸せを思っていた永田はこの年の春ごろ花婿を選び、七月には密かに箪笥、鏡台その他の嫁入り道具を全て揃え、結婚の日取りまで決めて楽しみにしていた（『東京朝日新聞』一九三五年一〇月二日）。妻の重は、軍人恩給で子供三人と暮らした。松濤の家には、永田を慕った軍人や教え子、郷里の友人など、挨拶に訪れる人が絶えなかったという（『週刊新潮』一九八九年六月号）。

足に病気を抱えた息子の鉄城は、一九三五年二月に荻窪の郵便局に就職させ、何とか自立させることができたが、体が不自由ゆえに、鉄山は心配が絶えなかったであろう。

一九三六年一月二八日、ようやく相沢事件の軍法会議第一回公判が開かれた。相沢は犯行の一部始終を供述し、内容は新聞にも掲載された。元老・重臣と結託して真崎教育総監を罷免した永田の行為を統帥権干犯と強調した。永田は「悪魔の司令部」と相沢が述べるなど、公判に現れた内容が永田の軍人としての人格と名誉を傷つけるもので黙視できないと陸士一六期生会（永田と同期）が同期を証言台に立たせることを主張したほどだった（『東京朝日新聞』一九三六年二月二〇日）。公判に注目していた青年将校らは勢いづいた。また第一師団が満州に派遣される予定であったことも、彼らを後押しした。二月二五日には非公開のもと真崎本人が証言台に立った。だが判決を待つことなく、ついに二月二六日に第一師団管下の青年将校が決起し、岡田首相、斎藤実内大臣（前首相）、鈴木貫太郎侍従長、渡辺錠太郎教育総監ら高官を襲った（二・二六事件）。林前陸相はこのときも暗殺リストに入っていたようであるが、再び難を逃れた。周知の通り、真崎や荒木らは、青年将校との会見で曖昧な態度を取り続けた。事件の後、本格的な粛軍が行われ、荒木、真崎ら四人の大将が予備役に編入された（相沢三郎は一九三六年七月死刑が確定。真崎は日中戦争勃発後、不起訴処分となる)。

陸軍内には永田の衣鉢を継ぐ軍人は現れなかった。永田を中心に統制派と称された軍人は、東条英機のほか主に軍務局で勤務した武藤章、池田純久、片倉衷などが挙げられるが、彼らは皇道派のように公私ともに親しいわけでもなく、横の団結も弱かった。ましてや永田は彼らの事務能力を買いこそすれ、徒党を組むことは決してなかった。永田は東条英機の行政能力を高く買っており、整備局動員課長を辞める際自分の後任に推している。一九三五年八月人事においても、東条が不当な扱いを受けていると主張していたほどである。しかし東条は日中戦争が勃発すると、関東軍参謀長として中国一撃論を声高に主張することとなる(武藤も中国一撃論、池田は支那駐屯軍で戦争回避に奔走した)。

おそらく彼らは永田を非常に尊敬しており、陸軍は陸相を中心に一つにまとまって合法的に国防政策を実現していかなければならないという統制の考えを共有していた。しかし、重要なことが彼らに欠けていた。それは、陸軍は軍人の占有物ではなく、国防は国民が一致団結して担わなければならないという考えである。永田は部外の理解を得るためには意を尽くして説得にあたったし、決してそれを強圧的に言い包《くる》めたり無理強いしたりすることはなかった。陸軍には中心となる核がなくなった。政府や議会ひいては国民も陸軍という中心を失った大組織に翻弄されながら、ずるずると日中全面戦争へと向かっていった。

おわりに——永田鉄山を通して見た戦前日本のすがた

永田鉄山の生涯は明治・大正・昭和全てにわたっている。その生涯を通して見たとき、日本陸軍の栄枯盛衰、ひいては日本という近代国家の発展と迷走が浮かび上がってくる。

日本陸軍の模索

日本陸軍は、戦後ながらく、日本を破滅の道へ追いやったと言われてきた。陸軍稀代の俊秀と謳われ、生涯を陸軍に捧げ、そして儚く散っていった永田。彼が目指したものは軍部独裁でもなく、戦争への道でもなかった。それはまさしく、デモクラシーという新しい時代の潮流に葛藤し、陸軍組織の改革を経て、陸軍を時代に適応させることであった。

永田が軍人として身を立てた日露戦後、すでにデモクラシーの足音は日本社会へと着実に迫っていた。その後、超が付くほど優秀な成績を修め、渡ったヨーロッパで見たものは、日本よりはるかに成熟を遂げていた社会であった。永田は将来の日本陸軍のあり方を模索した。しかもそのタイミングでヨーロッパ全土を巻き込んだ第一次世界大戦が起こる。そこで永田は、国民が一丸となって戦う姿を目の当たりにした。もはや、軍人だけが戦争の担い手である時代は過去のものとなった。これからは、国防を担うのは軍人だけではない、国民が担うのだ。永田はそう確信した。本書が明らかにしたように、永田の国家総動員論の要はまさにここにあったのだ。青年永田の関心は、旧態依然たる日本陸軍を改革することに向けられた。

若き永田は、陸軍を「占有」し、憲政の発展を阻害する軍閥として国民から非難の的となっていた山県有朋ら長州閥を目の敵とし、その一方で、国民からの信頼を取り戻し、軍民一致を実現すべく、国防思想の普及活動に取り組んだ。

しかし前途有望の永田を、長州閥の系譜を引く田中義一や宇垣一成が放っておくはずはなかった。彼らも同様に陸軍の改革を目指していることを知った永田は、陸軍行政の中枢であった陸軍省に入って彼らをよく補佐し、一九二四年以降発展していく政党内閣の時代に、陸軍改革を下支えしていったのである。ただ田中や宇垣が配慮を欠いていたのは、彼らが強権を振るうあまり、多くの敵を内部に作ったことであった。それゆえ永田は、省部のエリートになるであろう軍人たちとの意思疎通を図った。それが双葉会であり、一夕会であった。

永田は元来中国問題にそれほど関心が高いわけではなかった。同期では、後に対中国政策に深く関わることとなる岡村寧次、板垣征四郎、土肥原賢二といった面々がいて、彼らは陸軍士官学校時代から中国大陸へ渡ることを決めていたのである。だが、政党内閣が日本の死活的権益と言われた満州をめぐって中国と対立し、その権益が損なわれようとしたとき、永田も無関心ではいられなくなった。もっとも永田は、石原莞爾や板垣征四郎らのように、軍事行動を起こして一挙に満州を占領しようとは考えなかった。永田は一貫して、国民が一丸となって臨まなければならないと考えていたのである。

結果的に満州事変は、関東軍が計画的に引き起こした。永田は軍の暴走とその機会に乗じた非合法の国家改造運動を恐れた。そのため、それらを抑え得るリーダーとして荒木貞夫大将を推した。しかし荒木が行ったのは、自分を含めた非主流派の要職独占と軍民離反だった。永田が目指した改革は、ここに挫折した。

我々は「軍人」に対して、どうしてもバイアスをかけて見てしまいがちである。独善的で威圧的で好戦的。そんなイメージを払拭してくれるのが永田である。政党政治が自壊せず満州事変を収拾できたなら、その後の日本の進路も違った可能性がありえたのではないだろうか、と思わずにはいられない。また他方で、彼の軍人生活を追体験する時、古い体質を残す大組織を改革する困難さ、組織全体のマイナスにつながりかねない内部の不祥事を処理する困難さ、そして一度崩れた組織の統制を回復する困難さに、実感をもって直面する。永田が直面した陸軍組織の問題は、現代にも通じる「病理」を浮き彫りにしているといえよう。

「国民」との葛藤

永田は軍の独走を最も嫌った。それゆえ、国民世論に対して非常に敏感であった。しかし、永田が力を入れてきた国防思想の普及にもかかわらず、それに対する国民の反応は冷ややかとも言えた。永田は、デモクラシーの時代に適応するための陸軍改革に努めてきたが、それは行きすぎた平和主義が反戦思想を浸透させたためであると考えた。また永田は、日本人の国民性として熱しやすく冷めやすいという欠点があると考えた。つまり最悪の場合、陸軍が日本全体を引きずったとしても、初めは熱狂で迎えるであろうがすぐに反戦に向かうかもしれないと考えられたのである。まさに満州事変は、永田が案じた通りに進展した。永田は、関東軍の独走を何とか抑えようと外務省と連携したが、国民は事変に歓喜した。だが連盟脱退が現実に迫ってくると、一部の世論は委縮した。永田は、以来、国民が「神経衰弱」に陥ったと嘆いた。永田は、ここに自分の限界を感じたのではないだろうか。永田が世論や国民の実態をどれだけ把握していたかどうかは問題として残されている。いずれにせよ満州事変以降の展開は、永田にとって少しも満足のいくものではなかった。

そして軍政の中枢に返り咲いた永田は、陸軍パンフレット「国防の本義と其強化の提唱」を陸軍省新聞班が大々的に一六万部も刷って、国民の国防への準備を訴えたとき、国民の反応に落胆したであろう。内容は、一〇年以上前から永田が様々な形で国民に訴えてきたこととさして違いはなかった。だが国民はNOを付きつけた。パンフレットは陸軍の政治関与として鋭い批判にさらされた。永田はこれ以降、陸軍そのものの秩序が動揺する中で、陸軍の建て直しに埋没していった。

国民一人ひとりが国の安全を守る意識を持つということは、民主主義が発達した現代だからといって、なおざりにしてよいことはない。国家の安全というものは、外国によって守ってもらえるものではないし、軍人に任せておけばよい、あるいは一地域の国民に負担させておけばよいという問題でもないはずである。永田が直面した国民による国防の実現という課題は、長い間平和を享受してきた現代日本がいまだに抱えていることなのかもしれない。

強い信念の持ち主

永田は小学生で父を失ったとき、軍人を志すことを誓った。異母兄である十寸穂の養子になって、士官学校の受験勉強に励んだ時から、母と兄弟三人の面倒を自分が見ると決めた。そこから彼の強靭な精神が育まれた。決して権勢を誇る軍人と姻戚関係を持とうとしなかったり、徒党を組むことを嫌ったのは、まさにその表れである。永田は優秀なだけではなく努力を惜しまなかった。ドイツ語を主に習得して渡欧してからも、家庭教師を雇って英語やフランス語にまで幅を広げて学習する姿勢は、学者顔負けである。その努力が自信につながっているのであろう。

ここまで来ると近寄りがたい、無能な人間に対して冷酷な姿を想像してしまう。だが、永田はオンとオフの使い分けが上手かった。酒と煙草をこよなく愛し、酔うと裸踊りもするし、とにかく人を笑わせた。ヨーロッパでは現地の女性をも魅了、ドイツ語で自由に対話した。

精神の強さに加えて特筆すべきは、軍人には珍しい、類まれなるスケールの大きさである。永田は、合理的で話のわかる軍人、あるいは有能な軍事官僚としばしば言われる。だがそれ以上に永田は、軍人という枠に収まらない高い理想とそれに向かう強い信念を持っていた。繰り返しになるが、それは軍人の軍隊から国民の軍隊へ陸軍を改革すること、言いかえれば、陸軍本来の任務は平和維持であり、陸軍は独走してはならず、国民の一致団結で動かさなければならないということであった。

晩年永田は内部の派閥抗争に泣かされ、大陸政策の完成や軍民一致といった彼本来の使命を全うすることが出来なかった。軍隊の分裂は、国防そのものを危機に追いやるばかりか、外国から嘲笑の的となり外交にも悪影響を及ぼしかねなかったため、永田は粛軍に身血のすべてを注いだ。怪文書に誹謗中傷を書き立てられ、暗殺の脅しをかけられても、彼の信念は決して揺るがなかった。

永田の前に永田なく、永田の後に永田なし。永田がいれば太平洋戦争への道は避けられたのではなかったかという声が、戦争の最中から聞かれた。筆者もそう思いたい。

永田が生きていれば

しかし、永田が直面した課題は余りにも大きく、永田一人でどこまでやれたのか疑問が残る。永田が派閥抗争に忙殺されるなかで、中国大陸では現地軍が華北分離から華北自治運動へと動き出していた。永田が現地軍の統制を真剣に考えていたことは確かであるが、派閥抗争を終息させ、陸軍中央が団結して出先を統制しなければ、彼らを止めることは難しかったのではないだろうか。一九三五年八月人事に先立ち永田が林陸相に意見具申した人事案には、出先の人事入れ替えについて一切ふれていなかった（「板垣」との記述があるがその意味する所は分からない）。永田がいかに中央の粛軍（陸軍省すら統制できていないと感じていた）に専心していたかを示していよう。日本陸軍という大組織が抱える「病い」は、永田の高い理想と強い信念を摘み取って余りあるほど深刻だったのである。

だが永田があの時期にあのような殺され方をしても、決して犬死ではなかった。その死は現代に生きる我々に多くの示唆を与えてくれている。生きていればという仮想よりも、死から様々なことを学ぶことを永田も望んでいることだろう。

参考文献

永田鉄山伝記

志道保亮『鉄山永田中将』川流堂小林又七本店、一九三八年
＊入手しにくいが、エピソードが沢山つまっていて、永田を知る上で欠かせない。最も早く出た伝記とあって信用度も高い。ただし、満州事変以降はほとんど内容という内容がない。
永田鉄山中将胸像復旧期成同盟会編『陸軍中将永田鉄山小伝』非売品、一九六五年
永田鉄山刊行会編『秘録永田鉄山』芙蓉書房、一九七二年

永田鉄山が執筆した論稿等

ＴＮ生『小戦術』誠志堂、一九〇八年三月
本郷房太郎口述（永田筆記）『軍隊教育令の精神』平和堂、一九一三年
永田鉄山「国防に関する欧州戦の教訓」『中等学校地理歴史科教員協議会議事及講演速記録』第４回、中等学校地理歴史科教員協議会、一九二〇年
臨時軍事調査委員『国家総動員に関する意見』陸軍省、一九二〇年五月
永田鉄山「国家総動員の概説」『大日本国防議会会報』九三号、一九二六年九月
永田鉄山「国家総動員準備施設と青少年訓練」沢本孟虎編『国家総動員の意義』青山書院、一九二六年

永田鉄山「現代国防概論」『社会教育講習会講義録』第二巻、義済会、一九二七年
永田鉄山「国家総動員」『昭和二年帝国在郷軍人会講習会講義録』帝国在郷軍人会本部、一九二七年
永田鉄山「陸軍の教育」岩波茂雄『岩波講座教育科学』一八巻、岩波書店、一九三一年
永田鉄山「満蒙問題感懐の一端」『外交時報』一九三二年一〇月一日号
永田鉄山『新軍事講本』青年教育普及会、一九三二年
永田鉄山「国家総動員に就て」松下芳男『永田鉄山論』小冊子書林、一九三五年、付録
永田鉄山「伊太利の怪傑ベニト・ムソリニと黒シヤツ団」『偕行社記事』五八四号、一九二三年

永田鉄山に関する論評

岩淵辰雄「陸軍の新潮流（永田、橋本、梅津）」『改造』一九三二年一月
松下芳男「永田鉄山論」小冊子書林、一九三五年
阿部真之助「永田鉄山論」『改造』一九三五年九月号
江戸川清「刺された永田鉄山」『文藝春秋』一九三五年九月号
真鍋嘉一郎「凶変前夜の永田鉄山」『改造』一九三五年一〇月
森五六「鉄山永田を追憶して」『日本評論』一九三六年八月号
永田松子「父永田鉄山の面影」『婦人公論』一九三五年一〇月号
高宮太平「暗殺された二将軍――渡辺錠太郎と永田鉄山」『文藝春秋』一九五〇年一〇月号
矢次一夫「永田鉄山斬殺さる」『文藝春秋』一九五五年八月号
荒川俊秀「永田鉄山中将と藤原咲平先生」『日本歴史』二四〇号、一九六八年五月
湘南隠士「永田鉄山と麻生久の密約」『論争』一九六三年一月号

半藤一利「永田鉄山と小畑敏四郎」同『コンビの研究』文藝春秋、一九八八年

未公刊史料

国立国会図書館憲政資料室
「片倉衷文書」
「財部彪日記」
「田代皖一郎文書」
「田中義一文書」
「牧野伸顕文書」
「真崎甚三郎文書」
「今村均政治談話録音速記録」
「木戸幸一政治談話録音速記録」
「迫水久常政治談話録音速記録」
憲政記念館
「宇垣一成関係文書」
防衛省防衛研究所図書館
「陸軍省大日記」
「満受大日記」
「密大日記」
「磯谷（廉介）資料」

「極秘　陸軍大臣文官制に関する研究」
「鈴木重康関係文書」
「高嶋辰彦書簡綴」
「永見俊徳回想録」
「文官を以て陸海軍大臣に任用するの制度に関する是非論」
「連隊歴史」第四巻、歩兵第三連隊
「本庄繁日記」
「森五六回想録」
「軍政調査報告号外喜一　教育休典礼半条例規則一般の制度旧雑件」
「臨時軍事調査委員解散顚末書」
東京大学法学部近代日本法政史料センター原資料部
「荒木貞夫関係文書」
外務省外交史料館
『満州事変／華北事変　松本記録』
国立公文書館
「満受大日記（密）」昭和一〇年
長野県諏訪市図書館
「藤原咲平文書」
埼玉県狭山市立博物館
「遠藤三郎関係文書」

台湾国史館
「蔣中正総統文物档案」
「外交部档案」
台湾中央研究院近代史研究所
「外交部档案」

新　聞

『東京日日新聞』
『東京朝日新聞』
『時事新報』
『読売新聞』
『国民新聞』
『信濃毎日新聞』（国立国会図書館、長野県立図書館、信州大学所蔵）

政党機関紙

『憲政』
『憲政公論』
『政友』
『民政』

公刊されている一次史料

粟屋健太郎・他編『国際検察局（ＩＰＳ）尋問調書』一二巻、日本図書センター、一九九三年
角田順校訂『宇垣一成日記』(1)(2)、みすず書房、一九六八、七〇年
小川平吉文書研究会『小川平吉関係文書』2、みすず書房、一九七三年
『偕行社記事』
木戸日記研究会編『木戸幸一日記』上・下、東京大学出版会、一九六六年
軍事史学会編『元帥畑俊六回顧録』錦正社、二〇〇九年
『現代史資料』みすず書房、(4)国家主義運動（一九六三年）、(7)満洲事変（一九六四年）、(11)続満州事変（一九六五年）、(8)日中戦争（一）（一九六四年）、(23)国家主義運動3（一九六三年）、『続・現代史資料』(4)陸軍（一九八三年）。
尚友倶楽部児玉秀雄関係文書編集委員会『児玉秀雄関係文書』同成社、二〇一〇年
原田熊雄述『西園寺公と政局』一〜四巻、岩波書店、一九五〇〜五一年
波多野澄雄他編『侍従武官長奈良武次日記回顧録』（一）〜（四）、柏書房、二〇〇〇年
池田俊彦編『二・二六事件裁判記録――蹶起将校公判廷』原書房、一九九八年
岡義武・林茂編『大正デモクラシー期の政治』岩波書店、一九五九年
永田志解理編『明治二七年三月諏訪医会記事　第九号』上諏訪町、一八九五年
林銑十郎『満州事変日誌』みすず書房、一九九六年
原奎一郎『原敬日記』一〜六巻、福村出版、一九六五年
伊藤隆他編『牧野伸顕日記』中央公論社、一九九〇年
伊藤隆他編『近代日本史料叢書1―1真崎甚三郎日記　昭和七・八・九年一月〜昭和一〇年二月』山川出版社、

一九八一年
伊藤隆他編『近代日本史料叢書1―2真崎甚三郎日記　昭和一〇年三月～昭和一一年三月』山川出版社、一九八一年
『日本外交文書　満洲事変』第一巻第一～三冊、第二巻第一～二冊、第三巻、外務省、一九七三～一九八一年
『満州事変経過の概要』陸軍省調査班、一九三三年
『緊急兵備充実の急務』陸軍省、一九三三年一〇月一九日発行

伝記・回想録等

荒川秀俊『国史小品集』地人書館、一九六八年
有末精三『政治と軍事と人事』芙蓉書房、一九八二年
有竹修二『唐沢俊樹』唐沢俊樹伝記刊行会、一九七五年
池田純久『日本の曲がり角』千城出版、一九六八年
板垣征四郎刊行会編『秘録板垣征四郎』芙蓉書房、一九七二年
今村均『今村均回顧録』芙蓉書房、一九八〇年
岩淵辰雄『軍閥の系譜』中央公論社、一九四八年
遠藤三郎『日中十五年戦争と私』日中書林、一九七四年
岡田正之『支那歴史』兵林社、一八九七年
片倉衷『片倉参謀の証言　叛乱と鎮圧』芙蓉書房、一九八一年
桑木崇秀『桑木崇明とその兄弟たち』展転社、二〇〇三年
河野司編『二・二六事件――獄中手記・遺書』河出書房新社、新装版一九八九年（旧版一九七二年）

河辺虎四郎『市ヶ谷台から市ヶ谷台へ』時事通信社、一九六二年
小磯国昭『葛山鴻爪』丸ノ内出版、一九六八年
古島一雄『一老政治家の回想』岩波書店、一九五一年
小島直記『太田亥十二』太田亥十二伝記編纂会、一九七四年
小林一博『「支那通」一軍人の光と影』柏書房、二〇〇〇年
桜井忠温『大将白川』松獄社、一九三三年
社会思想研究会編『河合栄治郎全集』第二三巻、社会思想社、一九六七年
末松太平『私の昭和史』みすず書房、一九六三年
菅原裕『相沢中佐事件の真相』経済往来社、一九七一年
高山信武『陸軍大学校の戦略・戦術教育』芙蓉書房、二〇〇二年（旧版一九七八年）
田代重徳『思ひ出つるま丶』田代重徳、一九三五年
橘川学『嵐と闘ふ哲将荒木』荒木貞夫伝記編纂刊行会、一九五五年
秩父宮を偲ぶ会『秩父宮雍仁親王』秩父宮を偲ぶ会、一九七〇年
土橋勇逸『軍服生活四十年の想出』勁草出版センター、一九八五年
東郷茂徳『東郷茂徳外交手記――時代の一面』原書房、一九六七年
根本順吉『藤原咲平伝　渦・雲・人』筑摩書房、一九八五年
中野雅夫『橋本大佐の手記』みすず書房、一九六三年
秦郁彦『軍ファシズム運動史』河出書房、一九六二年
林三郎『関東軍と極東ソ連軍――ある対ソ情報参謀の覚書』芙蓉書房、一九七四年
船木繁『支那派遣軍総司令官　岡村寧次大将』河出書房新社、一九八四年

船越光之丞述『日独国交断絶秘史』日東書院、一九三四年
本郷大将記念事業期成会編『陸軍大将本郷房太郎伝』本郷大将記念事業期成会、一九三三年
前田利為侯伝記編纂委員会『前田利為　軍人編』前田利為侯伝記編纂委員会、一九九一年
馬島健『軍閥暗闘秘史』協同出版社、一九四六年
帝国連隊史刊行会編『歩兵第三連隊史』帝国連隊史刊行会、一九二八年
松本清張『昭和史発掘』五、文藝春秋、一九六七年
宮村三郎『林銑十郎』上、原書房、一九七二年
森克己『満州事変の裏面史』国書刊行会、一九七六年
守島伍郎『昭和の動乱と守島伍郎の生涯』葦書房、一九八五年
矢次一夫『昭和動乱秘史』上、経済往来社、一九七一年
矢次一夫『国策研究同志会報告書』国策研究同志会、一九三五年
横溝光暉『戦前の首相官邸』経済往来社、一九八四年
石戸頼一『大日本医家実伝』石戸頼一、一八九三年
橘川学『秘録陸軍裏面史（将軍荒木の七十年）』大和書房、一九五四年
『別冊知性12　秘められた昭和史』河出書房、一九五六年
陸軍士官学校編『陸軍士官学校の真相』外交時報社、一九一四年
須山幸雄『作戦の鬼　小畑敏四郎』芙蓉書房、一九八三年
秩父宮記念会『雍仁親王御事績資料』秩父宮記念会、一九六〇年
『雍仁親王実記』吉川弘文館、一九七二年
安藤良雄編『昭和史への証言』原書房、一九九三年

若槻礼次郎『古風庵回顧録』読売新聞社、一九七五年（初版一九五〇年）

研究書等

伊藤之雄『大正デモクラシー』岩波ブックレット、一九九二年
伊藤之雄『大正デモクラシーと政党政治』山川出版社、一九八六年
伊藤之雄『政党政治と天皇』講談社、二〇〇二年
伊藤之雄『昭和天皇と立憲君主制の崩壊』名古屋大学出版会、二〇〇六年
伊藤之雄『山県有朋』文春新書、二〇〇九年
臼井勝美『満州事変』中公新書、一九七四年
臼井勝美『満洲国と国際連盟』吉川弘文館、一九九五年
臼井勝美『日中外交史研究——昭和前期』吉川弘文館、一九九八年
遠藤芳信『近代日本軍隊教育史研究』青木書店、一九九四年
鹿子木員信『永遠之戦』九州帝国大学皇道会、一九三七年
川田稔『浜口雄幸と永田鉄山』講談社選書メチエ、二〇〇九年
＊永田鉄山の論稿を初めて本格的に分析した著作。もっともここでのメインはあくまで浜口雄幸である。
川田稔『政党政治と満州事変』講談社選書メチエ、二〇一〇年
北岡伸一『日本の近代5　政党から軍部へ』中央公論社、一九九九年
熊谷光久『日本軍の人的制度と問題点の研究』国書刊行会、一九九四年
黒沢文貴『大戦間期の日本陸軍』みすず書房、二〇〇〇年
黒野耐『参謀本部と陸軍大学校』講談社現代新書、二〇〇四年

纐纈厚『総力戦体制の研究』三一書房、一九八一年
纐纈厚『近代日本政軍関係の研究』岩波書店、二〇〇五年
高坂正顕訳『永遠平和のために』岩波文庫、一九四九年（イマニュエル・カント『一般歴史考其他』一九二六年より再録）
黄自進『蔣介石と日本――友と敵のはざまで』武田ランダムハウスジャパン、二〇一一年
小林道彦『日本の大陸政策』南窓社、一九九六年
小林道彦『桂太郎』ミネルヴァ書房、二〇〇六年
小林道彦『政党内閣の崩壊と満州事変』ミネルヴァ書房、二〇一〇年
＊政党内閣の崩壊という大きなテーマに取り組むなかで、一九二〇年代の永田鉄山の軍備政策や、中国への武器輸出といった多くの事実を明らかにした研究書である。
芝崎厚士『近代日本の国際関係認識』創文社、二〇〇九年
諏訪市史編纂委員会編『諏訪市史』下巻、諏訪市役所、一九九五年
諏訪史料叢書刊行会編『諏訪史料叢書』四、鮎沢商店印刷所、一九二六年
諏訪郡医師会百年史編纂委員会編『諏訪郡医師会百年史』諏訪郡医師会、一九八六年
諏訪教育会編『諏訪の近現代史』諏訪教育会、一九八六年
『戦史叢書　陸軍軍需動員〈1〉計画編』朝雲出版社、一九六七年
臧運祜『七七事変前的日本華北政策』社会科学文献出版社、二〇〇〇年
高橋正衛『昭和の軍閥』講談社、一九六九年
筒井清忠『二・二六事件とその時代』ちくま学芸文庫、二〇〇六年（旧版有斐閣、一九八四年）
戸部良一『日本の近代9　逆説の軍隊』中央公論社、一九九八年

戸部良一『日本陸軍と中国』講談社選書メチエ、一九九九年
朝永三十郎『カントの平和論』改造社、一九二二年
奈良岡聰智『加藤高明と政党政治』山川出版社、二〇〇六年
日本国際政治学会太平洋戦争原因研究部『太平洋戦争への道』一〜三、別巻資料編、朝日新聞社、一九六二〜六三年
野邑理栄子『陸軍幼年学校体制の研究』吉川弘文館、二〇〇六年
服部龍二『東アジアの国際変動と日本外交　一九一八〜一九三一』有斐閣、二〇〇一年
広岡裕児『皇族』読売新聞社、一九九八年
秦郁彦『軍ファシズム運動史』新装版、原書房、一九八〇年（旧版は河出書房新社、一九六二年）
秦郁彦『日中戦争史』新装版、原書房、一九七九年（旧版は河出書房新社、一九六一年）
朴永錫『万宝山事件研究』第一書房、一九八一年
松浦正孝『財界の政治経済史』東京大学出版会、二〇〇二年
松尾尊兊『普通選挙制度成立史の研究』岩波書店、一九八九年
森靖夫『日本陸軍と日中戦争への道』ミネルヴァ書房、二〇一〇年
李君山『全面抗戦前的中日関係一九三一―一九三六』台湾、文津出版社、二〇一〇年
劉維開『国難期間応変図存問題之研究』台湾、国史館、一九九五年
鹿錫俊『中国国民政府の対日政策　一九三一〜一九三三』東京大学出版会、二〇〇一年

論文等

五十嵐浩司「第一次大戦後における日本陸軍の総動員体制構想——永田鉄山を中心に」『駒澤大学史学論集』三五、二〇〇五年
伊藤之雄「原敬内閣と立憲君主制（一）～（四）」『法学論叢』一四三巻四号～一四四巻一号、一九九八年七～一〇月
伊藤隆・佐々木隆「鈴木貞一日記——昭和八年」『史学雑誌』第八七編第一号、一九七八年
北岡伸一「陸軍派閥対立の再検討」『年報・近代日本研究』一、一九七九年
小林道彦「日本陸軍と中原大戦」『北九州市立大学法政論集』三二（一）、二〇〇四年六月
佐々木隆「陸軍『革新派』の展開」『年報・近代日本研究』一、一九七九年
佐藤勝矢「満州事変勃発当初の軍部の新聞対策と論調に対する認識」『日本大学大学院総合社会情報研究科紀要』六、二〇〇六年一二月
佐藤元英「北満鉄道譲渡問題をめぐる日ソ関係」『駒澤大学文学部研究紀要』五四号、一九九六年
重光葵「戦争と外交に関する一つの教訓——第一次上海事変で私たちはいかに戦争拡大を阻止したか」『毎日情報』六（一二）、一九五一年
菅谷幸浩「帝人事件と斎藤内閣の崩壊」『日本歴史』七〇五、二〇〇七年
関寛治「満州事変前夜」『太平洋戦争への道』第一巻、一九六三年
高橋秀直「総力戦政策と寺内内閣」『歴史学研究』五五二号、一九八六年
竹山護夫「昭和十年七月陸軍人事異動をめぐる政治抗争」（その1）～（その6）『山梨大学教育学部研究報告』第一分冊、人文社会学系、二四～三〇号、一九七三～七九年
長南政義「史料紹介　陸軍大将松川敏胤の手帳および日誌——日露戦争前夜の参謀本部と大正期の日本陸軍」

『国学院法政論叢』第三〇輯、二〇〇九年三月
中田実「根本博中将回想録」『軍事史学』一一号三巻、一九六七年一一月
永井和「日本陸軍の華北占領統治計画について」『人文学報』六四号、一九八九年三月
奈良岡聰智「立憲民政党の創立」『法学論叢』一六〇巻五・六号、二〇〇七年三月
奈良岡聰智「加藤高明と二一カ条要求」小林道彦・中西寛編『歴史の桎梏を越えて』千倉書房、二〇一〇年
西田敏宏「ワシントン体制の変容と幣原外交――一九二九～一九三一年（一）（二）・完」『法学論叢』一四九巻三号、一五〇巻二号、二〇〇一年六月、一一月
坂野潤治「外交官の誤解と満州事変の拡大」『社会科学研究』三五（五）、一九八四年
樋口秀美「東三省政権をめぐる東アジア国際政治と楊宇霆」『史学雑誌』一一三（七）、二〇〇四年七月
堀田慎一郎「平沼内閣運動と斎藤内閣期の政治」『史林』七七（三）、一九九四年五月
掘茂「『長閥』の数量的実態に関する一考察」『軍事史学』一六九、二〇〇六年
松尾尊兊「山本地震内閣の普選構想」『日本史研究』二五五号、一九八三年一一月
美濃部達吉「陸軍省発表の国防論を読む」『中央公論』一九三四年一一月号

資料1　陸軍幼年学校授業科目および授業回数

陸軍中央幼年学校訓育部	第1学年 前期		第1学年 後期		第2学年 前期		第2学年 後期	
術　科	各個教練 柔軟体操 器械体操 射撃予行演習 野外勤務 距離測量 狭窄射撃 剣術 馬術 ラッパ聴習	112	前期の科目 小隊教練 教練射撃 路上測図 号令調声 遊泳	161	第1学年の科目 中隊教練 衛戍勤務 歩兵工作	128	前期の科目	128
学　科	軍隊内務書の摘要 歩兵操典の摘要 射撃教範の摘要 野外要務令の摘要 武器装具の名称，手入法 装鞍法馬匹手入法 馬体馬具名称の摘要 各兵種性能及所要武器の摘要 陸軍刑法及懲罰令の摘要 陸軍礼式の摘要 軍制の大要		前期の科目 路上測図の摘要		第1学年の科目 衛戍勤務の摘要 工作教範の摘要 救急法の摘要		前期の科目 赤十字条約の摘要	

資料２　陸軍士官学校組織図

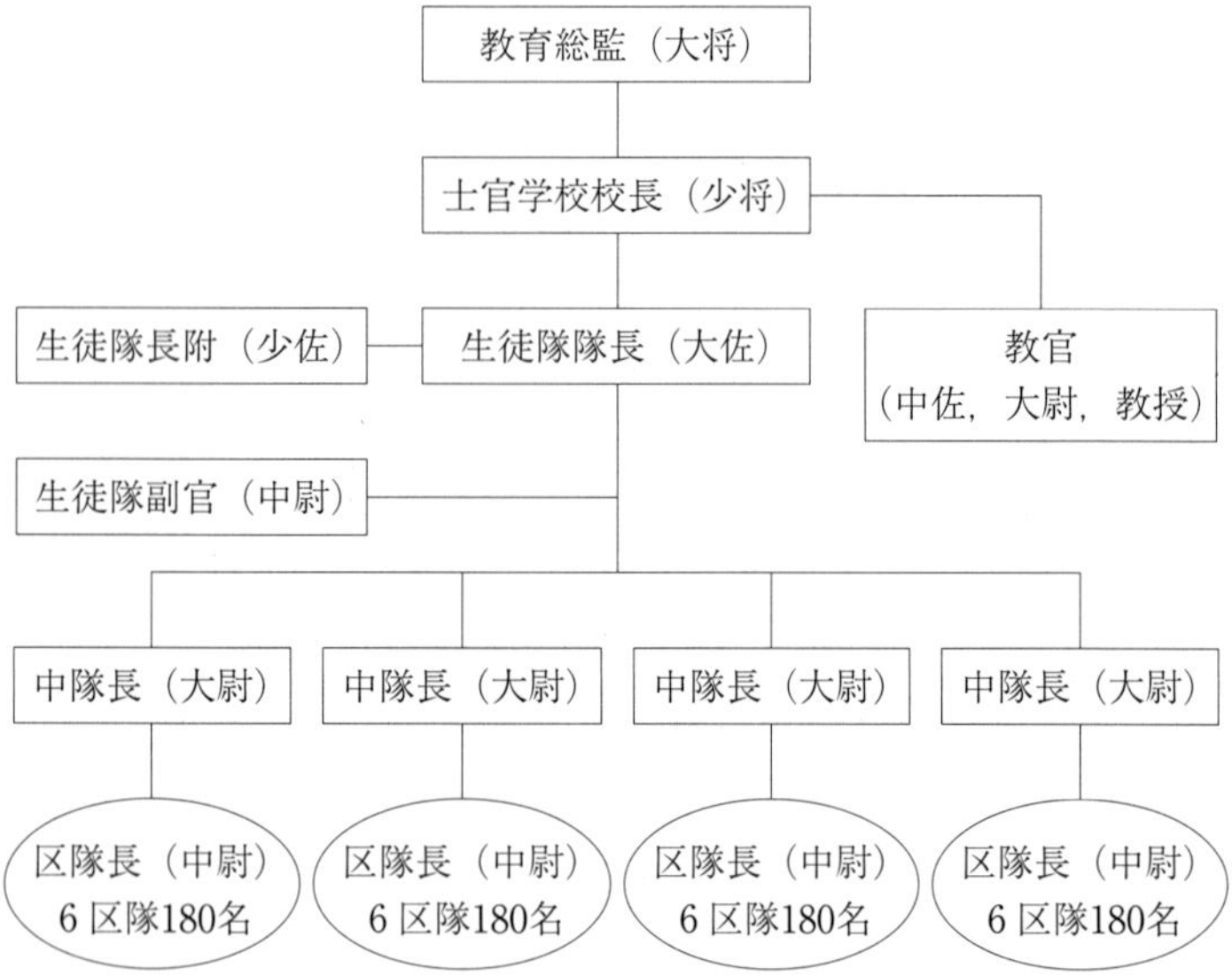
教育総監（大将）
士官学校校長（少将）
生徒隊長附（少佐）
生徒隊隊長（大佐）
教官
（中佐，大尉，教授）
生徒隊副官（中尉）
中隊長（大尉）
中隊長（大尉）
中隊長（大尉）
中隊長（大尉）
区隊長（中尉）
６区隊180名
区隊長（中尉）
６区隊180名
区隊長（中尉）
６区隊180名
区隊長（中尉）
６区隊180名

資料3　教育総監部課員時代の陣容

教育総監	浅田信興大将
本部長	斎藤力三郎少将
庶務課長	長尾駿郎大佐
第一課長	内野辰次郎大佐
第二課長	志岐守治大佐
副　官	中川茂雄少佐 梅沢銀蔵大尉 山田有一大尉
課　員	香椎秀一中佐 赤柴幾太郎少佐 柴山重一少佐 高園竹一大尉 毛内靖胤大尉
本部附	佐山兼吉郎一等主計 英健也三等軍医
総監部附勤務	瀬川章友大尉 永田鉄山中尉 江橋英次郎中尉 佐藤友兄中尉 小林竹八中尉

（出所）大正2年（1913）『職員録』をもとに作成。

資料4　臨時軍事調査委員の構成（1917年9月）

分担業務	氏名	陸士	階級	欧州駐在
委員長	菅野尚一	2	少将	
幹事	山本芳輔	12	歩少佐	
第1課長(代)	二宮治重	12	歩少佐	英
第1課	井上圓治		二等軍医正	連合国各国
	佐野会輔		三等主計正	(独)
	河村恭輔	15	砲大尉	(独)
	百武晴吉	21	歩中尉	
	飯田祥二郎	20	歩中尉	
	渡辺良三	12	砲少佐	独→瑞
	村上啓作	22	歩中尉	
	豊島房太郎	22	歩中尉	
	永田鉄山	16	歩大尉	独→瑞→(墺)
第2課長	竹内赳夫	1	工大佐	
第2課	金子直	10	砲少佐	連合国各国
	安藤利吉	16	歩大尉	
	服部英男	11	輜少佐	(英)
	栗原幸衛	10	騎中佐	仏
	竹島藤次郎	14	工少佐	
第3課長	津田時若	4	砲中佐	
第3課	上村良助	10	砲少佐	独→(独)
	岸本綾夫	11	砲少佐	
	鈴木元長	16	工大尉	

（注1）　第1課は建制・編制その他の諸制度，動員・補充・教育，経理，人馬衛生，第2課は外交戦略・戦術，兵站・築城・運輸交通，第3課は兵器，器材についてそれぞれ調査。

（注2）　兼任者は除く。

（注3）　括弧内は1917年9月以降発令されたもの。

（注4）　黒沢文貴『大戦間期の日本陸軍』（みすず書房，2000年）48～52頁をもとに作成。

資料5　軍事課職員（永田課長時代）

軍事課長	軍事課高級課員（在勤期間）	軍事課課員（在勤期間）
永田鉄山大佐	吉本貞一中佐 （1928. 3/8～31. 8/1）	原田熊吉中佐 （1929. 4/12～31. 8/1）
	村上啓作中佐 （1931. 8/1～33. 8/1）	鈴木貞一中佐 （1931. 1/9～33. 8/1）
		土橋勇逸中佐 （1931. 8/1～32. 8/8）
		柳田元三少佐 （1929. 8/1～32. 7/15）
		山田清一少佐 （1929. 10/3～32. 6/30）
		西原一策少佐 （1930. 3/20～32. 9/15）
		下山琢磨少佐 （1930. 8/1～32. 8/8）
		綾部橘樹少佐 （1930. 1/27～33. 11/1）
		秋永月三少佐 （1932. 2/25～35. 3/15）
		平岡薫少佐 （1932. 2/25～32. 12/7）
		田村義富大尉 （1929. 8/1～31. 7/15）
		寺田雅雄大尉 （1930. 3/6～32. 6/30）
		島貫忠正大尉 （1930. 12/9～32. 6/9）
		川村参郎大尉 （1931. 3/11～31. 5/15）
		国分新七郎大尉 （1931. 5/15～33. 12/20）
		西浦進大尉 （1931. 10/2～34. 3/31）
		園田晟之助大尉 （1931. 6/24～34. 8/1）
		平井豊一一等主計 （1932. 2/25～ ？）

（参考文献）　上法快男『陸軍省軍務局』（芙蓉書房，1979年）。

資料6　軍務局職員（永田局長時代）

軍務局長	軍事課長（在勤期間）	軍事課高級課員（在勤期間）	軍事課課員（在勤期間）
永田鉄山少将	山下奉文大佐 （1932. 4/12～34. 7/31） 橋本群大佐 （1934. 8/1～）	清水規矩中佐 （1933. 7/1～34. 8/1） 土橋勇逸中佐 （1934. 8/1～）	大城戸三治中佐 （1931. 10/2～34. 3/31） 吉積正雄中佐 （1931. 12/24～34. 8/1） 武藤章中佐 （1935. 3/15～） 園田晟之助少佐 （1931. 12/24～34. 8/1） 高嶋辰彦少佐 （1933. 11/1～） 秋永月三少佐 （1932. 2/25～35. 3/15） 久野村桃代少佐（中佐） （1933. 12/26～35. 5/9） 吉田喜八郎少佐 （1934. 2/8～） 田村義富少佐 （1933. 12/28～） 川村参郎少佐 （1934. 12/10～） 片倉衷少佐 （1934. 12/26～） 西浦進大尉 （1932. 2/25～35. 3/15） 松谷誠大尉 （1932. 9/1～） 青木重誠大尉 （1932. 9/5～34. 8/1） 永井八津次大尉 （1932. 12/7～34. 6/2） 花本盛彦大尉 （1933. 12/20～） 松下勇三大尉 （1933. 12/20～） 増田繁雄大尉 （1934. 6/2～） 島貫忠正大尉 （1934. 7/30～） 牧達夫大尉 （1934. 12/10～） 山崎正男大尉 （1935. 5/9～）

（参考文献）　上法快男『陸軍省軍務局』。

（注）　第二部長時代の職員は，職員を特定できる史料が見あたらなかったため，資料は作成できなかった。

あとがき

ある歴史上の人物について無我夢中で研究を深めていくと、毎日その人物のことで頭が一杯になり、とうとう夢にまで出てくるという。そんな話を修士課程の院生時代に聞いて、自分には研究対象に対してそれほどまでの愛着を持つことができるだろうか、もし持てないのならそれは研究に対するひたむきさが自分に足りないからなのだろうか、と自問自答した。だがその一方で、もし伝記を書くことがあるならあの人物しかいないと密かに心に決めてもいた。それが永田鉄山であった。

これまで筆者は、近代日本において軍を統制する制度や慣例がどのように形成され、崩壊していったのかという問題について研究を進めてきた。軍を統制する制度・慣例は、一九二〇年代後半から陸軍大臣を中心に形成され、それが政党内閣を下支えしていた。しかし、人材枯渇と陸相の人事采配の失敗、関東軍の謀略に始まる満州事変により、その制度・慣例は動揺していく（拙著『日本陸軍と日中戦争への道』）。この歴史的展開のなかでひときわ異彩を放っていたのが永田鉄山であった。永田は「昭和の軍閥」の代表的人物とされてきたが、一次史料の中から現れてきた実際の永田は、それとは全く違う像であった。すなわち、政党政治に適応するために旧態依然たる排他的組織にメスを入れようとする姿、満州事変の拡大をなんとか阻止しようと奮闘する姿、そして何より国民の動向に強く影響を受けて行動する姿である。永田はまぎれもなく「政党政治の時代の軍人」だと確信した。同時に、陸軍軍人は概して閉鎖的で独善的、強圧的だという偏見はいとも簡単に覆った。しかも、永田は単なる有能な一軍事官僚にとどまらない幅広いスケール、高い理想、柔軟な思考、そして揺るぎない自信を兼ね備えた人物であることが分かってきた。もっとも強烈だったのは、台湾の国史館で見た史料だった。華北分離に突き進む現地軍の抑制を中国駐日武官に力説する永田の気魄が史料から溢れ、筆者は強く胸を打たれた。他にも永田が幅広い交友関係をもっていたこともあり、史料調査は新しい発見の連続だった。

筆者は二〇一〇年一月に拙著を刊行し、早速本書の執筆準備に本格的に取り掛かった。すでに構想の八割は固まっていたが、この年の二月、御遺族のお力添えを受け、永田がヨーロッパ駐在時代に家族や軍人とやりとりした大量の葉書を手にすることができた。それらを夢中で読みふけるうち、ここへきてついに永田が夢に現れたのである。永田の自宅へインタビューしに行くという設定だった。残念ながら何を聞いたのかすら覚えていない。史料では分からない多くの点についてもっと質問しておけばよかったと少し後悔しつつも、ようやくあの頃の自分が目指した研究者像（研究へのひたむきさと愛着という点で）に近づくことができたのかとほくそ笑んだ。

しかし、そこから本にまとめるまでに一年もかけてしまった。前作の出版から現在に至るまで三度も肩書きが変わり、落ち着かない日々が続いたせいもあった。内容についてもまだまだ不十分な点が少なくない。史料不足に悩まされ、伝記や回想といった信憑性の落ちる二次史料で補わざるをえなかったのは内心忸怩たる思いでいる。だが、「史料の行間を読む」ことで説得的で一貫性のある永田像を筆者なりに提示したつもりである。それらについては、読者からのご叱正を乞う。

本書を執筆するにあたり、多くの方々から支援や助言をいただいた。とりわけ大学院時代の指導教官であった伊藤之雄先生（京都大学法学部教授）は、大学院修了後も頻繁に私を叱咤激励してくださった。ここに深くお礼申し上げたい。伊藤ゼミでの最後の研究報告となった「『永田鉄山』中間発表」（二〇一〇年四月）は、相変わらず手抜きなしの「一方的打撃戦」であった。だがそこで得た貴重なご意見によって、本書は間違いなく「肉体改造」を遂げているはずである。

次にお礼を申し上げたいのは、小林道彦先生（北九州市立大学基盤教育センター教授）である。先生と永田鉄山の話になると、つい熱くなって時間はいつも無制限となった。自分の作り上げる永田イメージに自信を持つことができたのも、こうした貴重な時間があってこそだったと感じている。また先生は惜しげもなく史料の情報を提供してくださった。本当に感謝に耐えない。

そして永田家の皆さま（大竹昌子さま、永田公子さま、永田泰子さま）には、色々と史料面で便宜を図っていただいた。皆さまのご厚意がなければ、本書は成立していない。父君に対する皆さまの熱い想いに十分応えられたかは分からないが、本書が皆さまにとって納得のいくものとなっていることを心より願っている。またドイツ語史料解説では、加藤哲理君（京都大学大学院法学研究科助教・西洋政治思想史）に負っている。惜しみない援助に心から感謝したい。

永田に関連する史料調査にも快く応じていただいた長野県諏訪市図書館の茅野充代さん、藤原咲平のご息女霜田かな子さんにもこの場をお借りしてお礼を申し上げたい。

妻の幸にもお礼を言いたい。初めての上諏訪調査も妻と一緒だった（妻も仕事で別行動だったが）。本書を書き終えたらもう一度一緒に上諏訪に行きたいと思う。

最後に、何度も大学まで出向いていただき、大量に朱の入った原稿の校正を快くお引き受けくださり、私と共に本書の完成に情熱を注いでくださったミネルヴァ書房編集部の田引勝二さんにお礼を申し上げる。

二〇一一年五月　京都御苑近くの寓居にて

森　靖　夫

永田鉄山年譜

和暦	西暦	齢	関係事項	一般事項
明治一七	一八八四	0	1・14長野県諏訪郡上諏訪町本町（現・諏訪市）に生まれる。	
	一八九〇	6	4・1高島高等小学校へ入校。	
二七	一八九四	10		8・1日清戦争始まる。
二八	一八九五	11	8・26父志解理永眠。10月東京市牛込区愛日尋常高等小学校へ転校。	4・17下関講和条約調印。
三一	一八九八	14	9・1東京陸軍幼年学校へ入校。	6・30第一次大隈内閣成立。
三四	一九〇一	17	5・30同校卒業。9・1陸軍中央幼年学校へ入校。	9・15伊藤博文、立憲政友会結成。
三六	一九〇三	19	5・31士官候補生として歩兵第三連隊に入隊。12・1陸軍士官学校へ入校。	
三七	一九〇四	20	10・24同校卒業。歩兵第三連隊補充大隊へ帰隊。見習士官となる。11・1歩兵少尉。歩兵第三連隊補充大隊附。12・8正八位。	2・10日露戦争始まる。

三八	一九〇五	21		3・1〜10奉天会戦。5・27〜28日本海海戦。9・5ポーツマス講和条約調印。
三九	一九〇六	22	1・18歩兵第五八連隊附（朝鮮守備隊として平壌駐屯）。	
四一	一九〇八	24	3・20従七位。12・1陸軍大学校へ入校。	
四二	一九〇九	25	12・8轟文子と結婚する。	
四三	一九一〇	26	11月長男鉄城誕生。	
四四	一九一一	27	11・29同校卒業（恩賜の軍刀を拝受）。歩兵第五八連隊へ帰隊。	10・10辛亥革命起こる。
四五 大正 元	一九一二	28	5・29教育総監部附。	12・2二個師団増設問題で上原勇作陸相単独辞職。第一次護憲運動起こる。
二	一九一三	29	5・30正七位。8・31歩兵大尉。歩兵第五八連隊中隊長。10・19軍事研究のためドイツ駐在を命じられる。	
三	一九一四	30	8・23第一次世界大戦勃発のため帰国。9・24母順子永眠。	6・28サラエヴォ事件。8・23日本はドイツに宣戦布告。
四	一九一五	31	3・9俘虜情報局御用掛。6・24軍事研究のためデンマーク駐在を命じられる。11・16スウェーデンに	

			駐在する。	
六	一九一七	33	9・13教育総監部附を命じられ帰国。11・3臨時軍事調査委員を命じられる。	
七	一九一八	34		8・2日本政府、シベリア出兵を宣言。11・11ドイツが休戦協定に調印し、第一次大戦が終結。9・29原敬内閣成立。
九	一九二〇	36	6・18ウィーン出張を命じられる。	
一〇	一九二一	37	6・13スイス公使館付武官を命じられる。	11・4原敬東京駅で刺殺。
一一	一九二二	38		2・1山県有朋没。
一二	一九二三	39	4・6スイスより帰国。8・6歩兵中佐。正六位。8・26作戦資材整備委員会議幹事を命じられる。9・8関東戒厳司令部を命じられる。9・11陸軍震災救護委員（横浜配給所）。10・5陸軍大学校教官。	9・1関東大震災。
一三	一九二四	40	12・15陸軍省軍務局軍事課高級課員（兼陸大教官）になる。	6・11護憲三派（第一次加藤）内閣の成立。
一四	一九二五	41	6・6国本社評議員を嘱託される。	5・1宇垣軍縮で四個師団廃止。11・22郭松齢事件。
一五 昭和元	一九二六	42	4・29国家総動員機関設置準備委員会幹事。10・1陸軍省整備局動員課長に任命。	1・28加藤高明没。
二	一九二七	43	3・5歩兵大佐。	5・28第一次山東出兵声明。

三	一九二八	44	3・8歩兵第三連隊長。	4・29第二次山東出兵を閣議決定。6・4張作霖爆殺事件。
四	一九二九	45	5・19一夕会に参加する。	7・2浜口雄幸内閣成立。
五	一九三〇	46	4・25妻文子永眠。6月永田家の墓を東京に移す。8・1陸軍省軍務局軍事課長に就任。満州出張。	4・22ロンドン海軍軍縮条約に調印。統帥権干犯問題起こる。10・2条約批准。
六	一九三一	47	3月宇垣内閣成立の順序について文書作成を命じられる（三月事件の関与を疑われる）。6月五課長会に参加する。6・12有川重と結婚。	7・2万宝山事件。8月中村大尉事件の公表。9・18満州事変の勃発。10・17橋本欣五郎らのクーデタ未遂事件（十月事件）起こる。
七	一九三二	48	1・27昌子誕生。4・11陸軍少将。参謀本部第二部長。5・2上海出張を命じられる（～5・14）。5・16正五位。10・10満州出張を命じられる（～11・10）。	1・3関東軍、錦州占領。1・28第一次上海事変勃発。2・9血盟団事件。2・29リットン調査団来日。3・1満州国建国。5・15五・一五事件。9・15満州国承認。
八	一九三三	49	3・24征外雄誕生。8・1歩兵第一旅団長。	1・3日本軍、山海関占領。2・23熱河作戦開始。3・27日本、国際連盟脱退を通告。5・

				31塘沽停戦協定成立。
九	一九三四	50	3・5陸軍省軍務局長。	1・23荒木貞夫陸相辞職。林銑十郎が後任となる。7・3斎藤実内閣、帝人事件で総辞職。10・1陸軍省「国防の本義とその強化の提唱」（陸軍パンフレット）を発表。11・20磯部浅一ら陸軍青年将校、クーデタ計画容疑で検挙（士官学校事件）。
一〇	一九三五	51	1・28対満事務局参与を命じられる。2・2忠昭誕生。5・15満州国出張（〜6・15）。8・12相沢三郎中佐によって軍務局長室で刺殺。陸軍中将、正四位、勲一等瑞宝章。	1・21中東鉄道譲渡の協定成立。2・18天皇機関説事件起こる。4・6真崎甚三郎教育総監、国体明徴を陸軍に訓示。5・17日中公使館の大使館昇格。5・29酒井隆ら支那駐屯軍、国民党機関の河北省撤退等を要求。8・3岡田内閣、第一次国体明徴声明を発表。

美濃部達吉　237, 242, 243
宮林正義　275
宮林（永田）松子　40, 55, 84, 141, 150, 216, 275
深山亀三郎　129
三善靖之　109
牟田口廉也　255, 257
武藤章　265, 277
武藤信義　134, 140, 149, 203, 204
村井倉松　190
村岡長太郎　128, 134, 135
村中孝次　239, 240, 257
明治天皇　4, 12, 17, 21, 22, 41
持永浅治　244, 250
本野一郎　53, 64, 65
森恪　177
森五六　22, 40, 72
守島伍郎　246, 251, 252
森島守人　212
森田利八　124
森鼻保一　43
森連　215
守矢（永田）伊知　216
守矢親人　216, 265

や　行

矢崎勘十　157, 232
安井藤治　111
矢次一夫　250, 251
柳川平助　222, 225, 227, 229, 230, 238, 259
矢部善夫　72
山岡重厚　138, 188, 189, 214, 215, 225, 229, 239, 255, 257
山岡万之助　238
山県有朋　9, 14, 31-34, 36, 47, 49, 60, 61, 65, 66, 69-71, 73, 87, 104, 105, 264, 280
山下奉文　80, 231
山田長三郎　264
山梨半造　81, 90, 93
山本権兵衛　42, 88, 89, 92, 93, 194
山本達雄　220
山本悌次郎　177
山脇正隆　154
湯浅倉平　93
尹奉吉　190
楊宇霆　129
横山勇　130
吉岡豊輔　44
芳沢謙吉　179, 181
吉田豊彦　135
吉野作造　90

ら　行

ランプソン　189
リットン卿　187, 195
レーニン　57

わ　行

若槻礼次郎　110, 113, 114, 148, 149, 162-164, 166, 168, 177, 194, 198
渡辺錠太郎　256, 267, 276
渡辺満太郎　105
渡辺良三　54, 58
渡久雄　154
和知鷹二　173

根本博　130, 153, 158, 173, 225, 229
乃木希典　47
野村吉三郎　190, 191

は　行

橋本欣五郎　145, 153, 154, 158, 164, 170, 171, 173
橋本群　251, 264
橋本虎之助　229, 230, 248, 255, 261, 266, 270
蓮沼蕃　47
畑英太郎　81, 111, 140, 148, 222
畑俊六　54, 133
秦真次　79, 227, 229, 230, 238, 255, 259
鳩山一郎　177, 226, 227
華房英麿　22
花谷正　158
浜口雄幸　135, 138, 139, 148
林桂　54
林狷之介　22, 72
林権助　43
林銑十郎　47, 135, 136, 167, 194, 211, 221–226, 228–231, 233, 238, 239, 242–244, 246–250, 253–257, 261, 265, 267, 270, 271, 275, 276, 284
原敬　60, 62, 66, 69–71, 73, 87, 88, 99
原田熊雄　174, 193, 210, 223, 227, 229, 232, 243, 249, 256, 273
原嘉道　132
東久邇宮稔彦王　122
百武源吾　185
平沼騏一郎　145, 193, 226, 228
平野助九郎　240
広田弘毅　225, 245–247, 254
裕仁親王　→昭和天皇
ファルケンハイン　45
馮玉祥　143
フェルディナント，フランツ　48
フォッシュ　74
溥儀　169, 176, 182, 186
福田彦助　126
福田雅太郎　93, 97
藤井真信　233
藤岡万蔵　22, 27, 59, 62
藤原咲平　5, 267–270
古荘幹郎　188, 229
ベートマン　58
ペタン　74
補永茂助　43
堀内文次郎　25
堀切善次郎　227
本郷房太郎　37, 40, 52, 69, 81, 135, 191
本庄繁　165, 186, 271

ま　行

前田利為　27, 44, 47, 59, 72, 74, 80, 222
牧野伸顕　134, 135, 192, 194, 241, 271
真崎甚三郎　36, 81, 134–137, 149, 150, 158, 187–189, 194, 199, 201–204, 221–224, 226–228, 231, 232, 238, 239, 242, 243, 254–257, 273–276
松井石根　255
松井清助　200
松井命　22
松浦淳六郎　244
松方巌　109
松方正義　66
松木直亮　91, 111
松田源治　109
馬奈木敬信　173
真鍋嘉一郎　262, 263
満井佐吉　238
三土忠造　220
南次郎　133, 148–150, 154, 156, 162–164, 166, 168, 169, 173, 174, 179, 221, 224, 226, 229, 231, 240, 242, 243, 248, 255

262
田中義一　36, 38, 39, 46, 47, 64, 69-71, 75, 81, 86, 91, 93, 97, 98, 103, 110, 113-117, 121, 122, 124, 126, 128, 131, 133, 142, 275, 280
田中清　171
田中新一　187
田中隆吉　192
谷口尚真　185
谷口元治郎　72
秩父宮雍仁親王　123, 124
長勇　145
張学良　128, 129, 138, 143, 144, 152, 153, 157, 164, 165, 169, 180, 181, 200, 201, 208
張作相　129, 169, 200
張作霖　109, 127, 128, 131
張宗昌　200
柘植秀峰　270
辻政信　240, 257
土橋勇逸　129, 130, 214
土屋義幹　22
津野一輔　26, 81, 135, 136, 148
程国瑞　201
出渕勝次　184
寺内正毅　32, 37, 60, 65, 69, 135
寺田寅彦　269, 270
土肥原賢二　10, 13, 22, 37, 78, 80, 164, 176, 241, 280
湯玉鱗　200
東郷茂徳　212
東郷平八郎　89, 170, 194
東条英機　78, 80, 129, 182, 225, 238, 244, 277
徳川義親　109
床次竹二郎　98
轟侑　216
轟哲美　216
轟亨　29
轟文子　→永田文子
轟元彦　216
ドラモンド　176
トロヤノフスキー　212
頓宮寛　190

な　行

長岡外史　109
永田恵美　7, 14, 46, 47
永田（有川）重　150, 216, 265, 276
永田志解理　1-6, 283
永田（轟）順子　1, 2, 7, 24, 41, 51, 283
永田須見　7
永田叢庵　3
永田征外雄　216
永田忠昭　216
永田列根　7
永田鉄城　30, 55, 84, 102, 141, 216, 265, 266, 276
永田虎尾　6, 7, 14, 141, 150
永田（轟）文子　29, 44-46, 56, 72-75, 85, 86, 141
永田昌子　216, 263
永田十寸穂　6-8, 13, 14, 25, 26, 41, 283
永田松子　→宮林松子
永津佐比重　200
中野正剛　113
永見俊徳　191
中村震太郎　162
中山蕃　23, 24
奈良武次　168, 199, 222
難波大助　93
新見英夫　264, 265
ニコライ2世　57
西田税　170
新渡戸稲造　196
二宮治重　176, 188

桑木崇明　10, 16, 22, 59, 71, 72, 74, 215
桑島主計　246
小泉六一　93
小磯国昭　107, 108, 146, 163, 166, 188, 201, 203, 208, 262
黄郛　245
河本大作　128, 131-135
児玉源太郎　9, 32
児玉友雄　81
児玉秀雄　243
呉鉄城　183
近衛文麿　193, 194, 211
小藤恵　255
小山介蔵　93

さ　行

西園寺公望　41, 66, 92, 98, 132, 134, 135, 138, 147, 193, 194, 226, 228
蔡廷鍇　184
斎藤実　194, 219, 225-227, 276
酒井隆　247, 249
坂本俊秀　4
櫻内幸雄　163
佐々木到一　142, 143
佐野光信　72
沢田廉三　184
重藤千秋　127, 153, 154, 158
重光葵　49, 184, 189-191
幣原喜重郎　49, 89, 138, 140, 151, 161, 162, 164, 166, 169, 175, 177, 178
篠塚義男　27, 59
柴山兼四郎　152
釈雲照　14
蔣介石　114, 124, 139, 143, 181, 184, 201, 207, 242, 245, 247, 249
蔣光鼐　184
蔣作賓　169
蕭叔萱　253
昭和天皇　73, 74, 94, 132-134, 140, 189, 190, 207, 246, 271
ジョッフル　74
白上佑吉　227
白川義則　115, 116, 126, 131-134, 136, 140, 174, 179, 186, 189, 190-192
末松太平　238
菅波三郎　225
菅野尚一　59, 81, 135
菅緑太郎　43
杉山元　95, 103, 142, 156, 166, 188, 229, 230, 267
鈴木朝資　81
鈴木栄作　43
鈴木貫太郎　276
鈴木喜三郎　192, 194, 198, 238
鈴木荘六　131, 134, 140
鈴木貞一　129, 130, 143, 174, 176, 193, 194, 210, 224, 225, 229, 258
スティムソン, ヘンリー　177, 181
須磨彌吉郎　207
瀬川章友　51
石友山　165
関和知　103
孫永勤　247
孫文　180

た　行

高嶋辰彦　206, 211, 220
高橋是清　71, 88, 106, 220, 225, 254
高橋坦　247
高宮太平　76
財部彪　106
竹山護夫　255
田代晥一郎　229
田代重徳　83
立花小一郎　135
建川美次　153, 154, 164, 165, 171, 188,

汪兆銘　184, 201, 245
大岡育造　90
大川周明　146, 147, 154, 170
大岸頼好　214, 237, 258, 259
大隈重信　11, 47, 49, 87
大蔵栄一　214, 225
大杉栄　92
太田亥十二　262, 264
大庭二郎　86
大町豊五郎　12
大山巌　32
岡田啓介　132, 228, 229, 231, 246, 249, 254, 268, 276
岡田正之　11
岡田良平　101
岡村寧次　10, 22, 23, 37, 76-80, 82, 86, 146, 154, 158, 171, 172, 192, 201, 239, 244, 266, 280
岡本一巳　226
岡本武三　43
小川平吉　178
尾崎行雄　11, 105, 106
小田切政純　53
小野寺長治郎　229
小畑敏四郎　10, 22, 23, 27, 53, 71, 72, 74, 76, 80, 82, 86, 137, 138, 147, 171, 188, 189, 193, 210-215, 224
小畑英良　194
小畑美稲　82
小幡酉吉　152

か　行

何応欽　245, 248, 247
郭松齢　109
影佐禎昭　173
香椎浩平　255, 257
片岡太郎　240
片岡直温　114
片倉衷　145, 257, 272, 277
桂太郎　32, 34, 147
加藤高明　49, 60, 98, 99, 105, 106, 110, 113, 147
加藤友三郎　88, 89, 92
加藤寛治　226, 228
金谷範三　26, 47, 140, 149, 154, 174, 176
鴨脚光弘　80
萱野長知　180
唐沢俊樹　261
河合栄治郎　272
川上操六　32
川越茂　53
川崎克　102
川島義之　86, 91, 134, 275
川端貞次　190
河辺虎四郎　250
河村正彦　37, 45, 81
閑院宮載仁親王　132, 188, 190, 221, 255
カント　118
菊池慎之助　135
菊池武夫　242
木越安綱　38
北一輝　170
北島卓美　238
北白川宮成久王　84, 85
木戸幸一　174, 175, 193, 210, 241, 272, 273
熙治　167
清浦奎吾　97, 98, 194
グスタフ・アドルフ王子　56
屈原　18, 196
工藤義雄　225
久邇宮良子（香淳皇后）　73
久原房之助　196
倉富勇三郎　114, 194, 228
栗原安秀　225
黒木親慶　52, 79, 226

人名索引

あ　行

相沢三郎　147, 258-261, 264, 265, 276
青木宣純　78-80
安達謙蔵　177-179
阿部信行　142, 178, 179, 240
安保清種　162
甘粕正彦　92, 93
荒木貞夫　13, 128, 134-137, 149, 150, 170, 172, 178, 179, 181, 182, 184, 185, 187-190, 193-195, 200, 203, 209, 210, 214, 215, 219-228, 230-232, 239, 254, 256, 275, 276, 281
蟻川五郎作　105, 109
有川作次郎　150
有川重　→永田重
有末精三　250, 259
有吉明　246
安藤輝三　124, 239
安藤利吉　10
池田純久　171, 236, 277
石井猪太郎　167
石井三二馬　239
石原広一郎　226
石原莞爾　129-131, 144, 145, 153, 162, 164, 198, 272, 280
磯谷廉介　10, 22, 23, 37, 78, 158, 244, 246
磯部浅一　226, 240, 257
板垣征四郎　10, 13, 22, 37, 144, 145, 153, 157, 164, 165, 182, 192, 198, 200, 202, 203, 205, 207, 208, 235, 240-242, 280
板垣退助　11
井田守三　72
一木喜徳郎　228, 242
伊東二郎丸　160
伊藤野枝　92
伊藤博文　14, 31
稲葉正夫　77
犬養毅　90, 179, 180, 187, 192
井上幾太郎　81
今村均　156, 167, 168, 171, 174
岩波茂雄　5, 269, 270
岩波雄二郎　270
ヴィルヘルム２世　66
植田謙吉　190, 191
上原勇作　41, 71, 91, 97, 105, 115, 132, 140, 179, 194
ウェントフ，アドルフ　14
宇垣一成　81, 86, 87, 97-103, 105, 106, 108-111, 113, 115, 126, 132, 139-142, 144-148, 149, 179, 188, 200, 226, 228, 280
于学忠　247
牛島本蕃　17
内田定槌　53
内田康哉　92, 186
梅崎延太郎　51, 62, 85
梅津美治郎　29, 37, 46, 54, 59, 74, 75, 79, 95, 122, 136, 142, 182, 189, 202, 203, 249
江木翼　106
江藤源九郎　243
閻錫山　143
遠藤三郎　91, 203
王樹常　169
王寵恵　242

《著者紹介》
森　靖夫（もり・やすお）
1978年　兵庫県生まれ。
2008年　京都大学大学院法学研究科博士課程修了。
2010年　京都大学次世代研究者育成センター助教（白眉）。
現　在　同志社大学法学部助教。京都大学博士（法学）。
著　書『日本陸軍と日中戦争への道――軍事統制システムをめぐる攻防』ミネルヴァ書房，2010年。

ミネルヴァ日本評伝選
永《なが》田《た》鉄《てつ》山《ざん》
――平和維持は軍人の最大責務なり――

2011年6月10日　初版第1刷発行　〈検印省略〉
2013年5月20日　初版第2刷発行

定価はカバーに
表示しています

著　者　森　靖　夫
発行者　杉　田　啓　三
印刷者　江　戸　宏　介

発行所　株式会社　ミネルヴァ書房
607-8494 京都市山科区日ノ岡堤谷町1
電話代表 (075)581-5191
振替口座 01020-0-8076

共同印刷工業・新生製本

ISBN978-4-623-06074-0
Printed in Japan

刊行のことば

歴史を動かすものは人間であり、興趣に富んだ人間の動きを通じて、世の移り変わりを考えるのは、歴史に接する醍醐味である。

しかし過去の歴史学を顧みるとき、人間不在という批判さえ見られたように、歴史における人間のすがたが、必ずしも十分に描かれてきたとはいえない。二十一世紀を迎えた今、歴史の中の人物像を蘇生させようとの要請はいよいよ強く、またそのための条件もしだいに熟してきている。

この「ミネルヴァ日本評伝選」は、正確な史実に基づいて書かれるのはいうまでもないが、単に経歴の羅列にとどまらず、歴史を動かしてきたすぐれた個性をいきいきとよみがえらせたいと考える。そのためには、対象とした人物とじっくりと対話し、ときにはきびしく対決していくことも必要になるだろう。

今日の歴史学が直面している困難の一つに、研究の過度の細分化、瑣末化が挙げられる。それは緻密さを求めるが故に陥った弊害といえるが、その結果として、歴史の大きな見通しが失われ、歴史学を通しての社会への働きかけの途が閉ざされ、人々の歴史への関心を弱める危険性がある。今こそ歴史が何のためにあるのかという、基本的な課題に応える必要があろう。評伝という興味ある方法を通じて、解決の手がかりを見出せないだろうかというのも、この企画の一つのねらいである。

狭義の歴史学の研究者だけでなく、多くの分野ですぐれた業績をあげている著者たちを迎えて、従来見られなかった規模の大きな人物史の叢書として、「ミネルヴァ日本評伝選」の刊行を開始したい。

平成十五年（二〇〇三）九月

ミネルヴァ書房

ミネルヴァ日本評伝選

企画推薦
梅原　猛
ドナルド・キーン
佐伯彰一
角田文衛

監修委員
上横手雅敬
芳賀　徹

編集委員
石川九楊
伊藤之雄
猪木武徳
今谷　明
今橋映子
熊倉功夫
佐伯順子
坂本多加雄
武田佐知子
竹西寛子
西口順子
兵藤裕己
御厨　貴

上代

*俾弥呼　古田武彦
日本武尊　西宮秀紀
仁徳天皇　若井敏明
雄略天皇　吉村武彦
*蘇我氏四代　遠山美都男
推古天皇　義江明子
聖徳太子　仁藤敦史
斉明天皇　武田佐知子
小野妹子・毛人　大橋信弥
*額田王　梶川信行
弘文天皇　遠山美都男
天武天皇　新川登亀男
持統天皇　丸山裕美子
阿倍比羅夫　熊田亮介
*藤原四子　木本好信
柿本人麻呂　古橋信孝
*元明天皇・元正天皇　渡部育子
聖武天皇　本郷真紹
光明皇后　寺崎保広
孝謙天皇　勝浦令子
藤原不比等　荒木敏夫
吉備真備　今津勝紀
*藤原仲麻呂　木本好信
道　鏡　吉川真司
大伴家持　和田　萃
*行　基　吉田靖雄

平安

*桓武天皇　井上満郎
嵯峨天皇　西別府元日
宇多天皇　古藤真平
醍醐天皇　石上英一
村上天皇　京樂真帆子
花山天皇　上島　享
*三条天皇　倉本一宏
藤原薬子　中野渡俊治
小野小町　錦　仁
藤原良房・基経　瀧浪貞子
菅原道真　竹居明男
*紀貫之　神田龍身
源高明　所　功
*安倍晴明　斎藤英喜
藤原実資　橋本義則
*藤原道長　朧谷　寿
藤原伊周・隆家　倉本一宏
藤原定子　山本淳子
清少納言　後藤祥子
紫式部　竹西寛子
和泉式部　ツベタナ・クリステワ
大江匡房　小峯和明
阿弖流為　樋口知志
坂上田村麻呂　熊谷公男
*源満仲・頼光　元木泰雄
平将門　西山良平
藤原純友　寺内　浩
空　海　頼富本宏
最　澄　吉田一彦
*空　也　石井義長
奝　然　上川通夫
*源　信　小原　仁
後白河天皇　美川　圭
式子内親王　奥野陽子
建礼門院　生形貴重
藤原秀衡　入間田宣夫
平時子・時忠　元木泰雄
平維盛　根井　浄
守覚法親王　阿部泰郎
藤原隆信・信実　山本陽子

鎌倉

源頼朝　川合　康
*源義経　近藤好和
源実朝　神田龍身
後鳥羽天皇　五味文彦
九条兼実　村井康彦
九条道家　上横手雅敬
北条時政　野口　実
熊谷直実　佐伯真一
*北条政子　関　幸彦
北条義時　岡田清一
曾我十郎・五郎　杉橋隆夫
北条時宗　近藤成一
安達泰盛　山陰加春夫
平頼綱　細川重男
竹崎季長　堀本一繁
西　行　光田和伸
藤原定家　赤瀬信吾
*京極為兼　今谷　明

*兼好　島内裕子
重源　横内裕人
*運慶　根立研介
快慶　井上一稔
法然　今堀太逸
慈円　大隅和雄
明恵　西山　厚
親鸞　末木文美士
恵信尼・覚信尼　西口順子
覚如　今井雅晴
道元　船岡　誠
叡尊　細川涼一
*忍性　松尾剛次
*日蓮　佐藤弘夫
一遍　蒲池勢至
夢窓疎石　田中博美
*宗峰妙超　竹貫元勝

南北朝・室町

後醍醐天皇　上横手雅敬
護良親王　新井孝重
*赤松氏五代　渡邊大門
*北畠親房　岡野友彦
楠正成　兵藤裕己
*新田義貞　山本隆志
光厳天皇　深津睦夫
足利尊氏　市沢　哲
佐々木道誉　下坂　守
円観・文観　田中貴子
足利義詮　早島大祐
足利義満　川嶋将生
足利義持　吉田賢司
足利義教　横井　清
大内義弘　平瀬直樹
伏見宮貞成親王　松薗　斉
山名宗全　山本隆志
日野富子　脇田晴子
世阿弥　西野春雄
雪舟等楊　河合正朝
宗祇　鶴崎裕雄
*満済　森　茂暁
一休宗純　原田正俊
蓮如　岡村喜史

戦国・織豊

北条早雲　家永遵嗣
毛利元就　岸田裕之
毛利輝元　光成準治
*今川義元　小和田哲男
*武田信玄　笹本正治
*武田勝頼　笹本正治
*真田氏三代　笹本正治
三好長慶　天野忠幸
*宇喜多直家・秀家　渡邊大門
*上杉謙信　矢田俊文
島津義久・義弘　福島金治
長宗我部元親・盛親　平井上総
吉田兼倶　西山　克
山科言継　松薗　斉
*雪村周継　赤澤英二
織田信長　三鬼清一郎
豊臣秀吉　藤井讓治
*北政所おね　田端泰子
*淀殿　福田千鶴
前田利家　東四柳史明
*黒田如水　小和田哲男
*蒲生氏郷　藤田達生
*細川ガラシャ　田端泰子
伊達政宗　伊藤喜良
*支倉常長　田中英道
ルイス・フロイス　エンゲルベルト・ヨリッセン
*長谷川等伯　宮島新一
顕如　神田千里

江戸

徳川家康　笠谷和比古
徳川家光　野村　玄
徳川吉宗　横田冬彦
*後水尾天皇　久保貴子
光格天皇　藤田　覚
崇伝　杣田善雄
春日局　福田千鶴
*池田光政　倉地克直
シャクシャイン　岩崎奈緒子
*田沼意次　藤田　覚
*二宮尊徳　小林惟司
末次平蔵　岡美穂子
*高田屋嘉兵衛　生田美智子
*林羅山　鈴木健一
吉野太夫　渡辺憲司
中江藤樹　辻本雅史
山崎闇斎　澤井啓一
山鹿素行　前田　勉
*北村季吟　島内景二
貝原益軒　辻本雅史
松尾芭蕉　楠元六男
*ケンペル　B・M・ボダルト＝ベイリー
荻生徂徠　柴田　純
*雨森芳洲　上田正昭
石田梅岩　高野秀晴
前野良沢　松田　清
平賀源内　石上　敏
本居宣長　田尻祐一郎
杉田玄白　吉田　忠
上田秋成　佐藤深雪
木村蒹葭堂　有坂道子
*大田南畝　沓掛良彦
菅江真澄　赤坂憲雄
*鶴屋南北　諏訪春雄
良寛　阿部龍一
*山東京伝　佐藤至子
*滝沢馬琴　高田　衛
平田篤胤　山下久夫
シーボルト　宮坂正英
本阿弥光悦　岡　佳子
小堀遠州　中村利則
狩野探幽・山雪　山下善也
尾形光琳・乾山　河野元昭
*二代目市川團十郎　田口章子
与謝蕪村　佐々木丞平
伊藤若冲　狩野博幸
鈴木春信　小林　忠
円山応挙　佐々木正子
*佐竹曙山　成瀬不二雄
葛飾北斎　岸　文和
酒井抱一　玉蟲敏子

孝明天皇　青山忠正
＊和宮　辻ミチ子
徳川慶喜　大庭邦彦
島津斉彬　原口泉
＊古賀謹一郎　小野寺龍太
＊栗本鋤雲　小野寺龍太
西郷隆盛　家近良樹
＊塚本明毅　塚本学
＊月性　海原徹
＊吉田松陰　海原徹
＊高杉晋作　海原徹
ペリー　遠藤泰生
オールコック　佐野真由子
アーネスト・サトウ　奈良岡聰智
緒方洪庵　米田該典
冷泉為恭　中部義隆

近代

＊明治天皇　伊藤之雄
＊大正天皇　F・R・ディキンソン
＊昭憲皇太后・貞明皇后　小田部雄次
大久保利通　三谷太一郎
山県有朋　鳥海靖
木戸孝允　落合弘樹
井上馨　伊藤之雄
＊松方正義　室山義正
北垣国道　小林丈広
板垣退助　小川原正道
長与専斎　笠原英彦
大隈重信　五百旗頭薫
伊藤博文　坂本一登
井上毅　大石眞
井上勝　老川慶喜
＊桂太郎　小林道彦
渡辺洪基　瀧井一博
＊乃木希典　佐々木英昭
林董　君塚直隆
＊児玉源太郎　小林道彦
＊高宗・閔妃　木村幹
山本権兵衛　室山義正
高橋是清　鈴木俊夫
小村寿太郎　簑原俊洋
＊犬養毅　小林惟司
加藤高明　櫻井良樹
加藤友三郎・寛治　麻田貞雄
牧野伸顕　小宮一夫
田中義一　黒沢文貴
内田康哉　高橋勝浩
石井菊次郎　廣部泉
平沼騏一郎　堀田慎一郎
宇垣一成　北岡伸一
宮崎滔天　榎本泰子
＊浜口雄幸　川田稔
幣原喜重郎　西田敏宏
関一　玉井金五
水野広徳　片山慶隆
広田弘毅　井上寿一
安重根　上垣外憲一
＊グルー　廣部泉
＊永田鉄山　森靖夫
東條英機　牛村圭
今村均　前田雅之
蔣介石　劉岸偉
石原莞爾　山室信一
木戸幸一　波多野澄雄
＊岩崎弥太郎　武田晴人
伊藤忠兵衛　末永國紀
五代友厚　田付茉莉子
大倉喜八郎　村上勝彦
＊安田善次郎　由井常彦
渋沢栄一　武田晴人
益田孝　鈴木邦夫
山辺丈夫　宮本又郎
武藤山治　阿部武司・桑原哲也
西原亀三　森川正則
小林一三　橋爪紳也
大倉恒吉　石川健次郎
大原孫三郎　猪木武徳
＊河竹黙阿弥　今尾哲也
イザベラ・バード　加納孝代
＊林忠正　木々康子
＊森鷗外　小堀桂一郎
二葉亭四迷　ヨコタ村上孝之
夏目漱石　佐々木英昭
巌谷小波　千葉信胤
樋口一葉　佐伯順子
＊島崎藤村　十川信介
泉鏡花　東郷克美
有島武郎　亀井俊介
永井荷風　川本三郎
北原白秋　平石典子
菊池寛　山本芳明
宮澤賢治　千葉一幹
正岡子規　夏石番矢
高浜虚子　坪内稔典
与謝野晶子　佐伯順子
＊種田山頭火　村上護
＊斎藤茂吉　品田悦一
＊高村光太郎　湯原かの子
萩原朔太郎　エリス俊子
＊原阿佐緒　秋山佐和子
＊狩野芳崖・高橋由一　古田亮
竹内栖鳳　北澤憲昭
黒田清輝　高階秀爾
中村不折　石川九楊
横山大観　高階秀爾
＊橋本関雪　西原大輔
小出楢重　芳賀徹
土田麦僊　天野一夫
岸田劉生　北澤憲昭
松旭斎天勝　川添裕
中山みき　鎌田東二
佐田介石　谷川穣
ニコライ　中村健之介
出口なお・王仁三郎　川村邦光
島地黙雷　阪本是丸
＊新島襄　太田雄三
木下広次　冨岡勝
嘉納治五郎　クリストファー・スピルマン
柏木義円　片野真佐子
津田梅子　田中智子
＊澤柳政太郎　新田義之
河口慧海　高山龍三

山室軍平　室田保夫
大谷光瑞　白須淨眞
*久米邦武　髙田誠二
フェノロサ　伊藤　豊
三宅雪嶺　長妻三佐雄
*岡倉天心　木下長宏
志賀重昂　中野目徹
徳富蘇峰　杉原志啓
竹越與三郎　西田　毅
内藤湖南・桑原隲蔵　礪波　護
岩村　透　今橋映子
*西田幾多郎　大橋良介
金沢庄三郎　石川遼子
上田　敏　及川　茂
柳田国男　鶴見太郎
厨川白村　張　競
天野貞祐　貝塚茂樹
大川周明　山内昌之
西田直二郎　林　淳
折口信夫　斎藤英喜
九鬼周造　粕谷一希
辰野　隆　金沢公子
シュタイン　瀧井一博
*西　周　清水多吉
*福澤諭吉　平山　洋
福地桜痴　山田俊治
田口卯吉　鈴木栄樹

*陸　羯南　松田宏一郎
黒岩涙香　奥　武則
*吉野作造　田澤晴子
野間清治　佐藤卓己
山川　均　米原　謙
岩波茂雄　十重田裕一
*北　一輝　岡本幸治
*穂積重遠　大村敦志
中野正剛　吉田則昭
満川亀太郎　福家崇洋
*北里柴三郎　福田眞人
高峰譲吉　木村昌人
田辺朔郎　秋元せき
*南方熊楠　飯倉照平
寺田寅彦　金森　修
石原　純　金子　務
J・コンドル　鈴木博之
辰野金吾　河上真理・清水重敦
*七代目小川治兵衛　尼崎博正
ブルーノ・タウト　北村昌史

現代

昭和天皇　御厨　貴
高松宮宣仁親王　後藤致人
*李方子　小田部雄次
吉田　茂　中西　寛
マッカーサー　柴山　太
石橋湛山　増田　弘
重光　葵　武田知己
市川房枝　村井良太
*池田勇人　藤井信幸
高野　実　篠田　徹
和田博雄　庄司俊作
朴正熙　木村　幹
竹下　登　真渕　勝
*松永安左エ門　橘川武郎
鮎川義介　井口治夫
*出光佐三　橘川武郎
松下幸之助　米倉誠一郎
渋沢敬三　井上　潤
*本田宗一郎　伊丹敬之
井深　大　武田　徹
*佐治敬三　小玉　武
幸田家の人々　金井景子
*正宗白鳥　大嶋　仁
大佛次郎　福島行一

*川端康成　大久保喬樹
*薩摩治郎八　小林　茂
松本清張　杉原志啓
安部公房　鳥羽耕史
*三島由紀夫　島内景二
井上ひさし　成田龍一
R・H・ブライス　菅原克也
金素雲　林　容澤
柳　宗悦　熊倉功夫
バーナード・リーチ　鈴木禎宏
イサム・ノグチ　酒井忠康
川端龍子　岡部昌幸
藤田嗣治　林　洋子
*井上有一　海上雅臣
*手塚治虫　竹内オサム
山田耕筰　後藤暢子
古賀政男　藍川由美
*吉田　正　金子　勇
武満　徹　船山　隆
*力道山　岡村正史
*西田天香　宮田昌明
安倍能成　中根隆行
サンソム夫妻　平川祐弘・牧野陽子
和辻哲郎　小坂国継

矢代幸雄　稲賀繁美
石田幹之助　岡本さえ
*平泉　澄　若井敏明
安岡正篤　片山杜秀
島田謹二　小林信行
前嶋信次　杉田英明
保田與重郎　谷崎昭男
*福田恆存　川久保剛
井筒俊彦　安藤礼二
佐々木惣一　松尾尊兊
*瀧川幸辰　伊藤孝夫
矢内原忠雄　等松春夫
福本和夫　伊藤　晃
*フランク・ロイド・ライト　大久保美春
大宅壮一　有馬　学
今西錦司　山極寿一

*は既刊
二〇一三年五月現在